Alexander Knoll

Das große Porsche-911-Buch

HEEL

DAS GROSSE PORSCHE-911-BUCH

Alexander Knoll

HEEL

IMPRESSUM

HEEL Verlag GmbH
Gut Pottscheidt
53639 Königswinter
Tel.: (0 22 23) 92 30-0
Fax: (0 22 23) 92 30 26
E-Mail: info@heel-verlag.de
Internet: www.heel-verlag.de

Erstausgabe: 1993

Verantwortlich für den Inhalt: Alexander Knoll

Layout & Satz: Artwork Schumacher, Königswinter,
Michael Grosse, Bonn
Lithografie: Mänken GmbH
Druck: Media-Print Informationstechnologie, Paderborn

Printed and bound in Germany

ISBN 3-89365-741-X

Inhaltsverzeichnis

911S

911

Carrera RS

911

Carrera

911SC

Carrera RSR

911

VORWORT:

Als wir nach dem zweiten Weltkrieg den Porsche 356 entwickelten, war Sportlichkeit nicht alleiniges Ziel. Durch Zuverlässigkeit und Qualität überzeugte er im Alltag ebenso wie auf der Rennpiste.

Nach über einem Jahrzehnt der ständigen Weiterentwicklung war das Potential der 356-Reihe ausgeschöpft gewesen. Wir begannen zu Beginn der 60er Jahre mit den Planungen eines neuen Sportwagens, der sich konzeptionell nicht von seinem Vorgänger unterscheiden sollte: Der luftgekühlte Boxer im Heck blieb erhalten.

Wesentlich zur Entwicklung des 911 haben die Anregungen aus dem Kreis der Porsche-Kunden beigetragen. Sie wünschten sich neben höherer Leistung auch mehr Laufruhe, eine bessere Straßenlage und nicht zuletzt einen größeren Kofferraum. Wir konnten bei der Umsetzung dieser Wünsche ein vollständig neues Auto konstruieren, das mit dem Urahn des 356, dem Käfer, nur noch das Antriebsprinzip gemein hatte.

Niemand von uns hätte vor über 30 Jahren daran gedacht, daß der 911 eine Entwicklung für Jahrzehnte sein würde. Doch er kann sich noch immer überzeugend behaupten. Das liegt neben seiner formalen Eigenständigkeit im wesentlichen an der Technik, die einmalig bleibt und weiterhin ein enormes Entwicklungspotential bietet.

Wie unser 911 entstanden ist und was er in den drei Jahrzehnten alles erlebt hat, wer die Menschen waren, die ihn entwickelt haben, wie er gebaut wurde und wird - das können Sie hier erfahren. Es ist eine spannende Geschichte.

Stuttgart, im September 1993

Prof. Dr. h.c. Ferry Porsche

Nicht ohne meinen Vater –

Die Entwicklungsjahre des 911

Dieses Kapitel könnte auch anders überschrieben sein: „Geburtswehen eines Traums“ zum Beispiel. Oder, wenig seriös, aber zutreffend: „Zoff in Zuffenhausen“. Denn tatsächlich war die Genese des Elfers nicht nur von Zweifeln und Zeitdruck geprägt, sondern auch von persönlichen Animositäten und Querelen, „von innerbetrieblichen Kämpfen, die dafür sorgten, daß die Zeit verging, ohne daß ein Nachfolger für unseren 356 entstand“, wie sich Ferry Porsche in seiner Autobiografie erinnert.

Im September 1963 hätte die Serie starten sollen, es wurde ein Jahr später. Und das, obwohl die ersten Entwicklungsschritte schon Staub angesetzt hatten: Das Projekt 911 nahm seinen Anfang - offiziell - im Jahr 1957. Inoffiziell vielleicht noch zwei Jahre früher: Schon 1955 hatten sich die Porsche-Ingenieure Bott und Romboldt einen 356-Unfallwagen besorgt, um mit neuen Fahrwerksideen spielen zu können. Es war eine Zeit des Experimentierens: Der Wagen hieß werksintern *Gottlieb*, weil sich das junge Team Fahrwerksteile von Mercedes besorgt und eingepflanzt hatte. *Gottlieb* war eine Anspielung auf Auto-Pionier Gottlieb Daimler.

Bott und Romboldt, auch der spätere Rennleiter Peter Falk, der bald dazukam, waren ihrer Zeit weit voraus. Porsche hatte vorerst andere Sorgen, als einen Nachfolger des Urmodells zu entwickeln. 1955 war man gerade wieder damit beschäftigt, die 1938 errichteten Räumlichkeiten zu beziehen, die das amerikanische Militär bisher mit Beschlag belegt hatte. Das Werk in Zuffenhausen war 1955 ein Provisorium. Ein boomendes zwar, aber bis in die sechziger Jahre blieb die Atmosphäre einer sehr privaten Fabrik. Die Produktions-Schallmauer von 50 Fahrzeugen am Tag durchbrach Porsche erst in der Ära des 911ers.

Raum für neue Ideen blieb ein, zwei Jahre später. Mit dem Carrera-Motor Ernst Fuhrmanns hatte Porsche die Grenzen des 356er-Konzepts erreicht. Mehr ging in Zukunft nicht auf der ideellen Basis des Käfers, obwohl sich der 356 rasant emanzipiert hatte von seiner Wolfsburger Basis. Trotzdem: Speziell das Fahrwerk schien keine weiteren Kraftspritzen mehr vertragen zu können. Es fand sich anfangs noch in den Plänen des 356-Nachfolgers - aber da ging es vermutlich eher darum, die (umstrittene) neue Größenklasse des neuen Autos zu definieren.

Ganz oben: Kreatives Trio - von links Karl Rabe, Erwin Komenda, Ferry Porsche. Karl Rabe war Porsches persönlicher Berater in technischen Fragen, Erwin Komenda Chefkonstrukteur der Karosserie-Abteilung.
Darunter: Jugend-Stil: Ferdinand Alexander Porsche am Plastilinmodell eines 911.

Porsche war unversehens in Zugzwang geraten. Der Carrera stellte zwar beeindruckende Leistung zur Verfügung und rannte in seiner ersten Version bis zur 200er-Marke. Allerdings war der Carrera-Königswellen-Treibsatz wenig wartungsfreundlich und sehr kostenintensiv in der Fertigung. Die Stoßstangen-Triebwerke dagegen waren mit dem Super 90, der 1959 kam, am Ende ihrer Potenz angelangt. 180 km/h durften, konstruktiv betrachtet, schon als delikate Angelegenheit gelten. Und außerdem als Fahrwert, dem gegen Ende der 50er Jahre ausgewachsene Limousinen auf der Spur waren, etwa der BMW V8 3200 S, der Mercedes 220 SE, der Jaguar Mark II - und sogar Citroëns futuristische DS-Typen.

Die ersten Planungsvorgaben in Zuffenhausen wirkten wenig konkret: Mehr Innen- und Kofferraum sollte das neue Auto zur Verfügung stellen und stilistisch an die Form des 356 anknüpfen. Es gibt Quellen, die davon sprechen, daß ganz zu Beginn nur an einen vergrößerten 356 gedacht worden sei - wie auch immer, die Strömungen mündeten im Elfer. Später.

Die ersten Zeichnungen eines Nachfolgers, die 1957 entstanden, wären jedenfalls nicht dazu angetan gewesen, einen Mythos zu begründen. Sie wirken merkwürdig zaghaft. Ein früher Entwurf etwa zeigt ein 356-Derivat mit verlängertem Radstand und merkwürdig limousinenhafter Silhouette, ein Auto, das wirkte wie eine Kreuzung aus 356, DKW 1000 und dem späteren VW 1500 Typ 3. Die Schnittzeichnung zeigt vier vollwertige Sitzplätze und eine Front, die dem 356 ähnelt, aber Doppelscheinwerfer trägt, eckig und übereinanderstehend wie später bei einigen Mercedes-Typen. Der verquollen wirkende Entwurf hinterläßt bei heutigen Betrachtern einen zwiespältigen Eindruck - der Wagen sieht aus, als sei er mit Gewalt auf Großräumigkeit getrimmt worden.

Geburtsort der 911-Form war der Modellierraum im Werk I; das Foto datiert von 1958.

Frühe Formen: ein 695er Prototyp von 1957. Ganz zart schält sich schon die Form des späteren 911 heraus.

Links:
Im Stil der Zeit: Panoramascheiben waren der letzte Schrei, als im Juli 1957 diese 695-Studie entstand.

Gemischtes Doppel: 1957 teilten sich "Butzi" Porsche und Graf Goertz ein Tonmodell. Rechts die Linie des Grafen, links die Ideen des jungen Porsche.

Links eine andere Doppelstudie, auch von 1957, rechts der Goertz/Porsche-Wagen von hinten. Die beiden Designer experimentierten hingebungsvoll, aber wenig überzeugend.

Einspruch, Herr Graf! Diese 695-Varianten stammen aus dem Juli 1957 - und fanden in Zuffenhausen nur wenig Zustimmung.

Graf Goertzens Kreationen wirkten aus einigen Blickwinkeln recht amerikanisch, dann wieder romanisch inspiriert - aber "echte Porsches" waren dem berühmten Designer nicht gelungen.

„Porsches Geschichte war mir zu jung", entschuldigt sich der berühmte Formgestalter heute für seine durchgefallenen Studien.

Oben und ganz oben:
Ein Schritt nach vorn: Der T7 lief im November 1960 erstmals im Fahrbetrieb. Front und Heck wirken fast endgültig.

An Inspirationen herrschte in Zuffenhausen kein Mangel im Verlauf des Jahres 1957. Zum einen war der 22jährige Alexander Porsche in die Firma seines Vaters eingetreten. Der junge, talentierte Mann, im Familienkreis liebevoll „Butzi" genannt, hatte zuvor die Akademie für Gestaltung in Ulm besucht - die besonders für ihren progressiven Geist berühmt war. Im Zuffenhausener Werk arbeitete er mit Karosserie-Entwickler Erwin Komenda zusammen. Und traf 1957 auf einen Design-Guru, der sein Handwerk bei Raymond Loewy, dem legendären amerikanischen Formgestalter, erlernt hatte.

Graf Goertz, geboren 1914, hatte sich in den fünfziger Jahren in New York selbständig gemacht, nachdem er bei seinem Lehrvater Loewy in Ungnade gefallen war. Goertz, in Alfeld bei Hannover geboren, hatte für BMW 1955 die Typen 503 und 507 entwickelt - speziell letzterer Sportwagen gelang dem adligen Designer atemberaubend gut, obwohl er seine Form in nur neun Monaten entwickelt haben soll. 1957 arbeitete Goertz bei Porsche in Zuffenhausen an den Formen eines möglichen 356-Nachfolgers. Butzi Porsche, der 22jährige Newcomer, fiel dem Profi-Designer durch sein ausgeprägtes Formgefühl auf.

Bei Ferry Porsche fielen die Vorschläge des Grafen auf wenig Gegenliebe. Der Firmenchef vermißte den Bezug zur weichen Linie des 356, Goertz schwebte ein radikal wirkendes Sportgerät mit kantigen Formen und hinterer Panoramascheibe vor. Die Front ähnelte anfangs dem späteren 911 - später verpaßte Goertz seinem Entwurf noch moderne, runde Doppelscheinwerfer, die unter einem eckigen Blechwulst wohnten, wie das in Amerika gerade der letzte Schrei gewesen war. Goertz reiste Ende 1957 wieder ab - unverrichteter Dinge. „Porsches Geschichte war mir zu jung", entschuldigte er sich später, „sie bot mir zu wenige Anknüpfungspunkte."

„Butzi" konnte sich offenbar besser einfinden in die Philosophie der väterlichen Firma. Allerdings vertrat er eine ganz andere stilistische Weltanschauung als Porsche-Pionier Erwin Komenda. Der Blechtechniker, so ist überliefert, fand vor allem konstruktive Perfektion anziehend - Rundungen hatten für ihn keine künstlerische Funktion, sondern schlicht der Stabilität zu dienen. Das wiederum traf auf Widerspruch des jungen Porsche, der den künstlerischen Geist der Ulmer Hochschule geatmet hatte und nach der zeitlos gültigen, ästhetischen Form suchte. Beide arbeiteten in der Frühzeit noch an einem Viersitzer - später sollte die Größenfrage für Unstimmigkeiten sorgen.

Immerhin fiel in die Viersitzer-Genese eine wesentliche Entscheidung: Ein größerer Porsche brauche einen größeren Motor

- weshalb ein direkter Abkömmling des 356-Stoßstangen-Aggregats ebenso endgültig ausschied wie letztlich auch der Carrera-Treibsatz. „Dem Viersitzer hat der 911 seinen neuentwickelten Motor zu verdanken", notierte rückblickend Reinhard Seiffert, Chefredakteur der Porsche-Hauszeitschrift *Christophorus*: „Ohne den Viersitzer wäre es vielleicht doch bei einem modifizierten 356-Motor geblieben."

Der Entwicklungsauftrag datiert vom 29. Juni 1959 - gedacht war an einen „neuen Zweiliter-Unterflurmotor", was aus heutiger Sicht irritierend klingt. Wie ein Unterflur-Boxer aussieht, das zeigte Volkswagen zur IAA 1961 mit dem VW Typ 3, in dessen Heck ein flaches Vierzylindertriebwerk arbeitete - flach genug, um ein Stockwerk höher noch Platz zu lassen für einen kleinen Gepäckraum. Offenbar hat man eine solche Lösung auch bei Porsche angedacht, als eine der vielen Ideen, den Gepäckraum zu vergrößern, der beim 356 noch käferartig knapp geraten war. Glücklicherweise wurde die Idee dann aber nicht weiterverfolgt. Bei dieser Bauweise drohen thermische Probleme und allerhand Scherereien im Werkstatt-Alltag.

Der erste neue Motor entstand unter Klaus von Rückers Regie mit der Codenummer 745. Von Rücker, ein ehemaliger Studebaker-Mann, realisierte ein flaches Sechszylinder-Triebwerk mit zwei Kühlgebläsen und außergewöhnlicher Vergaserplazierung - die Luftfilter an den Seiten des Aggregats liegen exakt so hoch wie die Gebläse. Dieses Detail könnte tatsächlich auf eine geplante Unterflur-Bauweise hindeuten, weitere Spuren in diese Richtung existieren jedoch nicht.

Ansonsten ähnelte das Stoßstangen-Triebwerk konstruktiv noch deutlich dem 356-Motor. Auch die spätere Entwicklungsstufe des Typs 745, mit nur einem Gebläse ausgestattet, sah den Nockenwellen-Antrieb des Ur-Porsche vor - über kurze Stoßstangen. Dieses Prinzip erklärt eine ausgesprochene Schrulligkeit der Konstruktion: nämlich eine oben-, eine untenliegende Nockenwelle (oben: Einlaß).

Die Gründe hierfür liegen im Boxerprinzip, von dem laut Ferry Porsches Wei-

Jagdszenen aus Schwaben! Porsche verteilte diese Prototypenbilder klammheimlich an die Presse.

Ein 911-Entwurf (von 1962!) mit Stilmerkmalen der Citroën DS.

Ein Vorbote der T7-Karosserie; die Form stand prinzipiell schon fest.

Ein T7-Entwurf von 1959 - was wohl das merkwürdige Kennzeichen bedeutet?

sung keine Abkehr möglich war. Der Boxer verlangt bekanntlich im Vergleich zu konventionellen Triebwerken stets eine „Verdoppelung" des Ventiltriebs: Die Zylinder liegen sich gegenüber, wobei die Kolben von einer gemeinsamen Kurbelwelle angetrieben werden, der Gaswechsel aber muß in zwei weit voneinander entfernten Zylinderköpfen stattfinden. Bei VW und 356 wurde das Problem mit einer zentralen Nockenwelle gelöst, von der lange Stoßstangen zu Kipphebeln in den Zylinderköpfen führten und das Öffnen und Schließen der Ventile bewirkten. Von Rücker suchte in der ungewohnten „Zweistöckigkeit" nach einer Optimierung.

Dieses Konstruktionsprinzip mutet verwirrend an, und es war auch im Hause Porsche das Thema interner Diskussionen. Bekannt ist, daß diese Entwicklungsstufe auf einen Zuwachs von bis zu 2,5 Litern Hubraum ausgelegt war und Drehzahlen von maximal 6500/min verkraftet haben soll. Belegt ist auch ein häßlicher Zug der Entwicklung: Eingebaut in einen Prototyp entwickelte das Triebwerk einen infernalischen Lärm. Außerdem war es viel zu raumgreifend geraten - und verschwand deshalb im Verlauf des Jahres 1962 in der Abstellkammer. Heute steht der Test-Motor im Porsche-Museum.

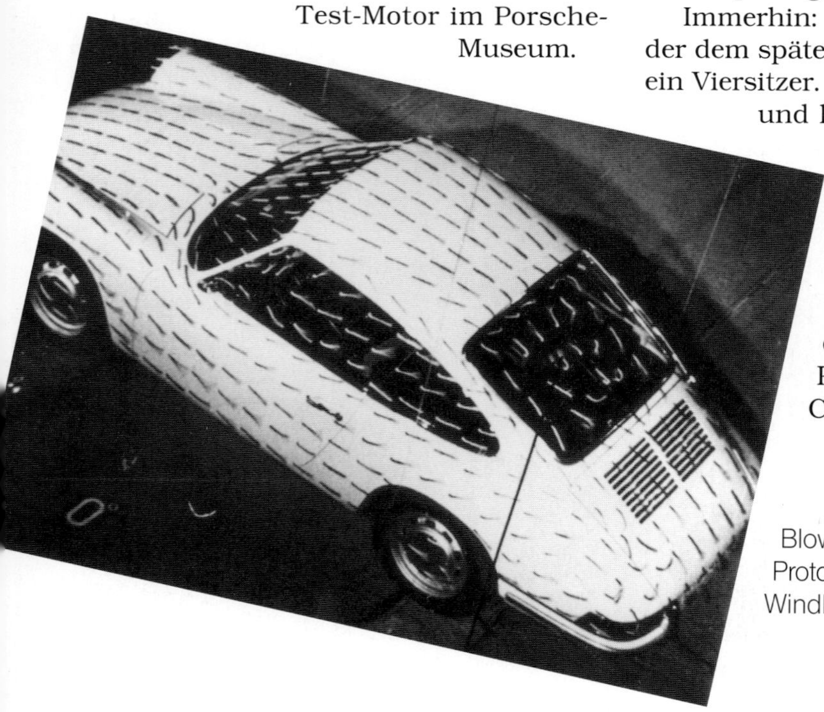

Blowing in the Wind: Ein 911-Prototyp fand sich um 1962 im Windkanal wieder.

Die Nachfolge-Konstruktion war der entscheidende Schritt zum Elfer-Aggregat, doch sie kam später und war nicht mehr das Werk von Rückers. Der Techniker reichte seine Kündigung ein, nachdem Hans Tomala als technischer Leiter Karl Rabe ersetzt hatte; Rabe hatte seinen Ruhestand angetreten. Mit von Rücker ging auch Leopold Schmid, Konstruktionschef für Fahrgestelle. Es hatte gebrodelt hinter den Fassaden der feinen Sportwagenschmiede.

„Es gab Meinungsverschiedenheiten", erinnert sich Butzi Porsche heute an sein Verhältnis zu Erwin Komenda. Das klingt nach nobler Untertreibung. „Er veränderte die Stylingentwürfe stets in jene Geschmacksrichtung, die er und seine Herren vertraten", vermerkte Ferry Porsche in seinen Lebenserinnerungen, und aus dieser Formulierung ist noch heute der Zorn des großen alten Herrn zu lesen - und des Vaters, der erbost darüber war, wie die Ideen seines Sohnes vergrößert, verlängert, verfettet wurden. „Im Haus hat man darüber philosophiert, die Menschen würden größer und wir müssen uns davor hüten, zu kleine Autos zu bauen - Unsinn". Auch die Händler sollen auf einen Viersitzer-Porsche erpicht gewesen sein.

Immerhin: Der erste fahrbare Prototyp, der dem späteren 911 formal ähnelte, war ein Viersitzer. Er erhielt den Code 754/T7 und lief im November 1960 zum ersten Mal im Fahrbetrieb, anfangs mit dem Carrera-Motor des 356, dann mit den Motorkreationen von Rückers im Nacken. Bis heute allerdings streiten sich Porsche-Puristen über die wahre Codenummer des heute dunkelgrün lackierten Autos, denn in seinem Lebenslauf taucht immer wieder die Ziffer 695 auf. Und die war an sich für die erste Entwicklungsreihe seit 1957 reserviert gewesen. Der erste fahrbare Prototyp markierte intern den Beginn einer neuen Stufe - also 754. Nebenbei erhielt der dunkelgrüne Viersitzer das Kürzel T7, was die Karosserievariante dokumentiert - das letzte Blechkleid des 356 hieß T6.

Der T7-Prototyp enthielt erstmals alle Essentials, die Butzi Porsche dem neuen Auto auf den Leib schneidern wollte. War auch die Größendiskussion nicht zu Ende geführt, so wirkt schon die Front des späteren 911 zu Ende gedacht, und das Heck ist bereits als Impulsgeber des späteren Elfer-Designs erkennbar.

Der T7 kurierte Ferry Porsche endgültig von der Idee des Viersitzers, die in Zuffenhausen seit Beginn der Entwicklungsarbeiten leidenschaftlich diskutiert worden war. Im Fond hielt der T7 die Klapplehnen des 356 bereit, vorn die Sessel des Ur-Porsche. Hinten herrschte Platznot: Beim besten Willen war es großgewachsenen Insassen nicht möglich, die hinteren Sitze zu entern, ohne mit dem Hinterkopf die schräge Scheibe des Prototypen zu berühren. „Viersitzer, das können andere besser", bestimmte schließlich Ferry Porsche zum Jahresende 1961. Butzi Porsche hatte inzwischen die Leitung des neu geschaffenen Zuffenhausener Styling-Studios übernommen und sich damit gegenüber Karosserietechniker Komenda emanzipiert.

Ferry Porsche hatte der T7-Prototyp nicht gefallen - im Gegensatz zu seinem Sohn, der den Dachaufsatz mit seinen zierlichen Pfosten und der großen, gewölbten Heckscheibe favorisiert hatte. Der Senior bestimmte schließlich die Abkehr vom Viersitzer, was Ferdinand Alexander Porsche später als „einen Kompromiß" bezeichnete. Die endgültige Form des 911 hatte zwar der Sohn gezeichnet, der Vater aber setzte sie durch - und riskierte dafür natürlich Auseinandersetzungen mit Porsche-Pionier Erwin Komenda, dem nach wie vor ein größeres, viersitziges Auto mit großzügigem Radstand und zeitgemäßen Luxus-Features vorschwebte. Komenda erregte, wie erwähnt, den Zorn Porsches, indem er mehrmals ohne offizielle Genehmigung die Skizzen Butzis unter der Hand vergrößerte.

Im November 1961 gab Ferry Porsche die endgültige Anweisung, direkt auf den späteren 911 zuzusteuern: Mehr als 2200 Millimeter Radstand wollte der Chef nicht zugestehen - der Viersitzer-T7 von 1960 hatte 2400 Millimeter gemessen (ein Maß, das übrigens exakt dem VW Käfer entsprach). Die Differenz genügte für einen akzeptablen 2+2-Sitzer, hätte aber keinen Viersitzer mehr zugelassen. Komenda gab zwangsläufig nach, arbeitete im Verlauf der weiteren Elfer-Entwicklung dann euphorisch am neuen Projekt mit. Der 911 im wegweisenden Design erhielt folgerichtig das Kürzel T8. Bereits im Dezember 1961 entstand ein kleines Plastilinmodell nach Vorstellung Ferry Porsches.

Im Verlauf dieser Monate dachten die Porsche-Entwickler teilweise verblüffende Details an, die schon nach Wochenfrist wieder in der Schublade versanken. Beispielsweise hatten Ferry Porsche und sein Sohn die Idee verfolgt, dem neuen Produkt eine klappbare Heckscheibe mit auf den Weg zu geben - Hintergrund der Idee war das Wehklagen der 356-Fahrer über die unzugänglichen Notsitze ihres Wagens gewesen, die ja meist nicht zum Personentransport, sondern als Gepäckablage genutzt wurden. Ferry Porsche war, wie er in seinen Erinnerungen vermerkt, recht angetan von der Hinterlader-Idee. Bei den Reutter-Karosserieexperten erntete er aber Skepsis. Einmal sei das Detail zu gewöhnungsbedürftig für die potentielle Porsche-Kundschaft, gab man ihm zu bedenken, und zum zweiten sah man keine Möglichkeit, die Konstruktion vor einsickerndem Regenwasser zu schützen. Die Idee verschwand von den Reißbrettern - was sich Ferry Porsche eigentlich nie ganz verziehen haben soll.

Noch aufsehenerregender ist die Existenz einer Fahrwerksskizze, die das neue Auto mit Luftfederung zeigt, datiert von 1960. Das System erinnert in seiner eher überschaubaren Struktur an das Fahrwerk des Borgward P 100, der im selben Jahr sein Debüt abgegeben hatte. Die Idee hätte gut zu Porsches Sportwagenplänen gepaßt: Die Luftfederung hätte die Querlage in Kurven eliminiert und das Eintauchen beim Bremsen dämpfen können. Porsche allerdings brauchte nur über den Zuffenhausener Zaun zu schauen, um skeptisch zu werden. ei Mercedes zum Beispiel war man im Versuchsbetrieb nicht glücklich geworden mit luftgefederten Prototypen. Citroen hatte sich fünf Jahre zuvor mit dem hydropneumatisch gefederten DS ungeheure Probleme aufgeladen. Und Borgward hatte Millionen in das Fahrwerkskonzept gepumpt; Millionen, die er de facto nicht hatte.

Als der 901 auf der Frankfurter IAA stand, hatte sein Fahrwerk keine Schraube mehr gemeinsam mit dem 356 - und erst recht nicht mit dem Käfer. Das war, vor allem aus finanziellen Gründen, noch keine ausgemachte Sache, als 1957 die 695-Entwicklung begann. Zumindest an der Pendelachse gedachte Ferry Porsche anfangs festzuhalten, während die Front-Konstruktion schon frühzeitig überdacht wurde. Denn zu den Konstruktionszielen des neuen Autos gehörte auch ein größerer Kofferraum, groß genug für ein Golfbesteck - eine Formulierung übrigens, die sich überall findet, wo jemals ein paar Zeilen zur 911-Entwicklung geschrieben wurden! Ferry Porsche soll die Golf-Regel geprägt haben, mit Seitenblick wohl auf die amerikanische Klientel, die auf solche Größenmaßstäbe ihren Wert zu legen schien.

Der Entwicklungsauftrag für die neue Vorderachs-Konstruktion erging im Januar 1962, also kurz nachdem die Entscheidung für einen 2+2-Sitzer gefallen war: Der Beginn der Planungen fiel noch in die Porsche-Zeit Leopold Schmids, der im Verlauf des Jahres 1962, wie erwähnt, sein Zuffenhausener Büro räumte. Um einen möglichst großen Gepäckraum erzielen zu können, mußte man mit Traditionen brechen - soviel war klar. Eine McPherson-Vorderachse würde zwar die Traditionalisten schocken, den Planungszielen aber am ehesten gerecht werden - auch darüber waren sich die Porsche-Entwickler einig. Nur Leopold Schmid schien skeptisch: Aus einer Aktennotiz des Jahres 1962 geht hervor, daß er den geplanten Serienanlauf im September 1963 für utopisch halte, wenn tatsächlich eine McPherson-Vorderachse eingebaut werden solle. Später kam es ja dann zu Produktions-Verschiebungen und Komplikationen mit dem Fahrverhalten des neuen Autos. Zu diesem Zeitpunkt war Schmid freilich bei Porsche ausgestiegen.

Ab Anfang 1962 galt also als ausgemacht, daß die Kurbellenker des Ur-Porsche ausgemustert werden sollten. Porsche-Puristen sahen das als eine Art Blasphemie, als der Elfer schließlich auf seinem IAA-Podest stand. Die Vielzahl der Käufer, nicht nur jenseits des Teiches, dachten schließlich praktischer: Im Vergleich zum 356 war der 911-Gepäckraum um 180 Prozent größer geworden. Es war plötzlich keine Marotte der Porsche-Fahrer mehr, „ihre Koffer per Bahn vorauszuschicken“, wie der *Spiegel* noch 1961 angesichts des 356ers gehöhnt hatte.

Natürlich war die McPherson-Achse mit den traditionellen Drehstäben ausgestattet, die aber nicht mehr quer zu liegen hatten wie beim 356, sondern längs plaziert waren. Im Bereich zwischen den Vorderrädern war also kräftig Platz geschaffen worden. Außerdem gab es natürlich keine Federbeine, deren dickliche Dome in den Kofferraum ragen konnten, sondern nur schlanke Stoßdämpfer.

Die Abkehr von der konstruktiv überkommenen Pendelachse kam freilich erst später - wiederum auf persönliche Weisung Ferry Porsches. Bis ins Jahr 1962 gedachte der Herr im Haus an der betagten Konstruktion festzuhalten, die speziell in der Frühzeit des 356 für sehr pikante Fahrerlebnisse im Grenzbereich sorgen konnte. Später war die „Schnappachse“ mit einer Ausgleichsfeder entschärft worden. Eine progressive Offenbarung war sie zu Anfang der 60er Jahre freilich nicht

Dieser Prototyp muß Ende 1962 entstanden sein. Man beachte die eigentümlichen Felgen! Noch etwas roh wirken die Lüftungsschlitze in der Motorhaube.

Abschied vom 356: Die junge Dame posiert neben einem 1963er Prototyp oder einem Exemplar der Vorserie von 1964 - Erkennungszeichen: runder Tankdeckel, keine Zierleisten unter den Türen.

mehr. Porsche hatte das erkannt und seine Techniker mit der Radaufhängung des Typs 718, des Formel-2-Spiders von 1958, spielen lassen. Auf der Kostenseite konnte das Konzept allerdings weniger Punkte sammeln als auf der Piste - deshalb beließ man es dabei. Und kehrte erstmal zur Pendelachse zurück, die auf Dauer kaum eine Lösung sein konnte.

Statt dessen entstand eine Längslenker-Hinterachse mit querliegenden Drehstäben, die vor dem Triebwerk plaziert waren. Sie taucht in den Porsche-Protokollen mit Datum vom 27. Juni 1962 zum ersten Mal auf: „Der Einbau einer Längslenkerachse bedingt eine neue Durcharbeit der Heizschlauchführung und Änderung des ganzen Rahmenholms... Herr Mezger wurde beauftragt, die Mehrkosten der Längslenkerachse gegenüber der Serienachse festzustellen."

Die neue Achse schaffte mehr Platz für die hinteren Notsitzbänke, die beim neuen Radstand von 2200 mm allenfalls für Kinder brauchbar gewesen wären. So wiederum eliminierte Porsche den Mißstand der Sportwagen-Verkäufe „wegen Familiengründung" - der Nachwuchs fand Platz bis zur Pubertät.

Die Stoßdämpfer des Elfers sahen die Techniker hinter den Rädern vor, die dadurch tiefer einfedern konnten. Im Gegensatz zur Pendelachse konnte der Sturz nicht mehr manuell reguliert werden - Fahrwerks-Planer Helmuth Bott wählte einen Negativ-Wert von einem Grad. An allen vier Rädern sollten im übrigen Scheibenbremsen arbeiten, was ausnahmsweise unstrittig war - spätestens, seit der 356er serienmäßig mit vier ATE-Scheiben verzögerte.

Überhaupt widmeten sich die Porsche-Leute verstärkt den Erkenntnissen der passiven Sicherheit. Gegen Ende der 50er Jahre nämlich hatten nicht nur Technik-Gurus, sondern auch viele Fachjournalisten gefordert, die tödlichen Kanten moderner Automobile zu entschärfen. Tiefergelegte Lenkradnaben, gepolsterte Armaturenbrettkanten, versenkte Bedienungsknöpfe gingen zaghaft in die Serie ein. Am Beispiel 356 sei hier an die Schaumstoffwülste am oberen und unteren Rand der Armaturentafel erinnert, die 1955 realisiert wurden.

Anfang der 60er Jahre durften die vier Scheibenbremsen des neuen Porsche keineswegs als Standard gelten, und auch ein anderes Detail mutet im Konkurrenz-Vergleich zukunftsweisend an: die Sicherheitslenksäule. Die zweifach geknickte Lenksäule hatte anfangs einen rein praktischen Effekt - sie durfte möglichst wenig Raum rauben, weshalb zum Beispiel ein Lenkgetriebe mit Schnecke ausschied. Zwei Kreuzgelenke hatten schließlich den doppelten Falz ermöglicht, und sie bewirkten zudem, daß sich die Lenksäule des 911 im Fall eines Frontcrashs nicht lanzenartig dem Fahrer entgegenschieben konnte. Anfang der 60er Jahre war der Prozentsatz

Rechts: Mit einem ganz frühen 356 Coupé auf dem Kapitolsplatz in Rom.

84-3473

Ein Mann, ein Werk: Alexander „Butzi" Porsche auf einem frühen Pressebild von 1963.

Zur gleichen Zeit lief noch der Fahrversuch mit den frühen Prototypen in Weissach. Auch der Neue bewährte sich auf Anhieb bei winterlichen Verhältnissen.

der (Statik-) Sicherheitsgurt-Anhänger schließlich verschwindend gering, hervorstechende Lenksäulen gehörten zu den völlig unnötigen und gleichzeitig lebensgefährlichen Schwachpunkten damaliger Automobile. Porsche gebührt der Verdienst, mit dem 911 einen großen Schritt gegangen zu sein - in Deutschland war man zwar nicht der erste Autobauer, der mit diesem Konzept experimentierte (das tat Mercedes schon zu Beginn der fünfziger Jahre), wohl aber einer der Serien-Pioniere. Porsche verkündete die Neuerung stolz in der Pressemitteilung zur Premiere des neuen Autos: „Im Falle eines Unfalls, wenn das Lenkgetriebe nach hinten verschoben wird, knickt die Lenkzwischenwelle, die selbst nicht gelagert ist, aus, und die Lenksäule wird nicht in Längsrichtung hochgestoßen."

Die Zahnstangen-Neukonstruktion kam außerdem dem regen Exportgeschäft des Hauses Porsche entgegen: Das Zahnstangenritzel lag symmetrisch in der Wagenmitte und erleichterte den Porsche-Bauern die Serienfertigung von Rechtslenkern.

Neue Erkenntnisse also im Fahrwerksbereich - doch auch die Motorentechniker hatten im Verlauf des Jahres 1962 ihre Karten neu gemischt. Sie stellten die Arbeiten am Motortyp 745 ein.

„Der war laut wie eine Dreschmaschine", erinnert sich heute Helmuth Bott, späterer Porsche-Entwicklungschef. Und sein Konstrukteurs-Kollege Hans Mezger erinnert sich an die Gedanken, die letztlich zum Aus des 745 führten. „Wenn wir uns schon Probleme mit zwei Nockenwellen aufhalsten, dann konnten wir sie auch gleich in die Zylinderköpfe verlegen." Die Sportwagenschmiede Alfa Romeo machte das schließlich schon seit Jahrzehnten so - und hatte eine äußerst potente wie auch solide Motorenfamilie zur Welt gebracht.

In diesem Klima machten sich die Porsche-Mannen also an einen Neuentwurf. Die Eckdaten blieben gleich: zwei Liter Hubraum, sechs Zylinder, Fahrwerte wie beim Carrera. Für Diskussionen sorgte allerdings der Ventiltrieb.

Die Stoßstangen-Variante war endgültig zum Ruhestand verdammt - sie hätte, aufgrund ihrer großen zu bewegenden Massen, keine hohen Drehzahlen verkraftet, wäre also einer Leistungs-Aufstockung im Wege gestanden. Von Königswellen wandten sich die Techniker ebenso schnell ab: zu kompliziert, zu teuer, zu komplex im Werkstattalltag.

Daß man daraufhin den Antrieb der Nockenwellen mit Zahnriemen diskutierte, liegt auf der Hand. Die bayrische Landmaschinen-, Kleinstvehikel- und Sportwagenschmiede Glas hatte 1961 eine Motorengeneration mit diesem Erkennungsmerkmal lanciert. Der Mut der Bayern war beeindruckend, ihre Motoren könnten - leicht modernisiert - noch in der Neuzeit bestehen. Bei Porsche allerdings rätselte man über die Zuverlässigkeit der Riemen. Und kam zu keinem greifbaren Ergebnis, weshalb auch die Zahnriemen-Technik in der Schublade verschwand. Sie machte der Bauart Platz, die Sportwagen-Fans von Alfa Romeo kannten: dem Kettenantrieb. Ironie des Schicksals: Ausgerechnet die ölhydraulischen Kettenspanner der Frühzeit sorgten später für hartnäckige Kinderkrankheiten... - aber das ist ein Detail, mit dem wir der Zeit etwas vorgreifen. Zurück zum ersten Ketten-Prototyp!

Das Resultat der neuen Überlegungen trug den Zahlencode 821 und ähnelte dem späteren 911-Motor bereits beachtlich. Der Steckbrief liest sich schon recht seriennah: Maße von Bohrung und Hub 80 x6 6 mm, Ventilwinkel 59 Grad, Ventile natriumgekühlt, Durchmesser: 39 mm Einlaß, 35 mm Auslaß. Die Ölversorgung war allerdings noch per Druckumlaufschmierung sichergestellt - und nicht, wie beim Serien-Elfer, nach Trockensumpf-Prinzip.

In der Zwischenzeit hatte das Entwicklungsteam Zuwachs bekommen - Zuwachs aus der Porsche-Familie: den jungen Ingenieur Ferdinand Piëch, ein Neffe Ferry Porsches. Er war es, der dem neuen Elfer-Triebwerk nach dem Weggang von Rückers Standfestigkeit beibrachte und gleichzeitig die erste große Aufgabe seiner Laufbahn meisterte. Unter der Ägide von Rückers fiel zuvor noch die Entscheidung, den neuen Boxer mit einer nicht vier-, sondern achtfach gelagerten Kurbelwelle auszurüsten. Die Idee fußte, als eine von ungezählten Innovationen, auf den Rennsporterfahrungen des Hauses Porsche: Am GP-Monoposto von 1961 fand sich eine ebenfalls achtfach gelagerte Welle.

Das durfte vor 30 Jahren als ungewöhnlich gelten; manche Mittelklassewagen mußten sich mit dreifacher Lagerung begnügen. Und der 230er Pagoden-SL von Mercedes, der ebenfalls 1963 kam und auch schon seine 200 ging, arbeitete mit vier Kurbelwellen-Lagern. Auch hier stellte der Elfer-Motor ein Zukunfts-Potential bereit: Mit acht Kurbelwellenlagern konnte man an Drehzahlen denken, die anfangs gar nicht geplant waren! Die dann aber doch dafür sorgten, daß der Elfer in seiner

Ein Versuchsmotor vom Typ 821, erkennbar am Lüfterrad mit 17 Flügeln. In der Serie waren es noch elf.

DUNLOP
T 2222

134
MATHÉ

Speedster

Es dauerte einige Zeit, bis sich die 356-Ideologen mit dem 911 angefreundet hatten. Weshalb der 356 noch bis zum März 1965 zu haben war.

Ein Auto und seine Männer - rechts vorne erkennen wir Ferry Porsche, rechts dahinter "Butzi" Porsche, daneben Ferdinand Piëch.

➜ Highway? Gangway! Ein 356 A Convertible D von 1957.

Nächste Farbdoppelseite: Porsche 356 B Coupé von 1961 - ein Werksfoto, das viel vom Geist der späten Fünfziger verrät.

Zeitpunkt des Redaktionsschlusses im März 1964 noch 901 hieß), jenes Auto mit dem Kennzeichen S-TC 1, das auch den Werbefotografen des Hauses in jenen Wochen verstärkt Modell stehen mußte. Es weist bereits das endgültige Armaturenbrett-Layout auf, mit dem schlanken Vierspeichen-Lenkrad im Holzkranz, mit dem eingeprägten Porsche-Wappen auf der mattschwarzen Lenkradnabe, mit dem Scheibenwischer-Schalter an der Lenksäule, mit dem chromgeränderten Uhrenladen aus fünf Rundinstrumenten, eins so heftig spiegelnd wie das andere. Die Uhren (von rechts: Zeituhr, Tachometer bis 250 km/h, Drehzahlmesser mit rotem Bereich bei 6900/min, Öldruck- und -temperaturanzeige, Benzin-/Ölstandsanzeige) waren bereits so angeordnet, daß sie sich dem Elfer-Piloten regelrecht entgegenwölbten, und der mittlere Teil des Armaturenbretts war mit Holzfurnier betäfelt. Der obere und untere Wulst überzeugte bereits durch reichliche Verwendung von geschäumtem Kunststoff - noch ein Vorgriff zum Thema passive Sicherheit, immerhin zu einer Zeit, als Mittelklasse-Automobile noch knallharte, blecherne Instrumentenbretter trugen.

Interessant: Als eines der ersten Automobile aus deutscher Produktion überraschte der 901/911 mit serienmäßigen Anschlußpunkten für Sicherheitsgurte. Und eine Verbundglas-Windschutzscheibe gab's auch. Das war vor 30 Jahren, prinzipiell gesehen, keine Revolution. Die Schwierigkeit lag lange Zeit darin, die Mehrschicht-Fenster in gewölbter Form herzustellen. Porsche ging das Problem an; die Verbundglas-Frontscheibe gehörte vom Serienstart an zum Ausstattungs-Standard.

Im Gegensatz zur kritischen Kundschaft riß die Elfer-Form den *ams*-Rezensenten zu wahren Lobeshymnen hin. „Die Aufgabe, (...) läßt sich kaum überzeugender lösen. Es ist keine Spur an Manieriertheit am ganzen Auto zu entdecken, kein

Haschen nach kurzlebigen Effekten. Manche Formen verlieren, wenn man sie aus dem Neonlicht der Salons in die nüchterne Straßenumgebung bringt. Der 901 gewinnt. Er wirkt klar, einfach und schnell."

Tester-Lob fand die Instrumentierung des Porsche-Produkts. Die Scheinwerfer-Betätigung an der Lenksäule fand ams-Tester Reinhard Seiffert „das Beste, was wir auf diesem Gebiet je gesehen haben." Positiv vermerkte er, daß „am Armaturenbrett lediglich Lichtschalter und Luftregulierung angebracht sind" - daß sich Porsche-Piloten also nicht unter Verrenkungen am Armaturenbrett entlangtasten mußten, denn auch Lichthupe, Abblend- und Parklicht saßen am Multifunktionshebel beim Lenkrad. Zum Thema Heizungsbetätigung freilich gab's in den frühen Tagen des 911 auch böse Worte. Legendär geworden ist die Bedienungsanleitung eines frühen Testers: „Die richtige Einstellung der Belüftung wird Ihnen nicht schwerfallen, wenn Sie ohne Hinsehen die Knöpfe solange hin- und herbewegen, bis Sie sich von ihrer Wirkungslosigkeit überzeugt haben." Huschke von Hanstein, der Pressechef und enge Porsche-Vertraute, hatte aber eine andere Methode als wirksam empfohlen: Der Luftstrom, der an Windschutzscheibe und Dachhimmel entlangstrich, könne mit Hilfe der Sonnenblenden auf Kopf oder Oberkörper der Besatzung gelenkt werden. Daß luftgekühlte Triebwerke konstruktive Probleme mit der Beheizung des Innenraums aufwerfen, war immerhin seit Kindesbeinen des Käfers bekannt - speziell zeitgenössischen Autotestern, die sich diesem Problem mit Wonne annahmen.

Stunde Null eines Mythos: IAA 1963, Premiere des 901.

„Der Kofferraum fasziniert wie eine Hypnose", schrieb Porsche-Hauschronist Richard von Frankenberg 1963. Die Bilder zeigen ausschließlich Modelle im Prototypen - oder Vorserientrim.

„Die gegenüber den Porsche 356 wesentlich verbesserte Heizung genügte den Ansprüchen und Gesetzesauflagen der sechziger Jahre", heißt es dazu noch heute etwas unterkühlt in einer offiziellen Porsche-Chronik. Nach Abhilfe haben die Porsche-Techniker in den Kindertagen des Kult-Autos allerdings schon gesucht. Der Elfer-Prospekt zum Serienanlauf im Herbst 1964 verzeichnet unter „Serienausstattung; sonstiges" neben „Entdröhnung" und „1 Lackstift" auch die „benzinelektrische Standheizung" - ein Detail, das heute selbst langjährigen Fans unbekannt ist.

Aber: Es gab sie. „Die Webasto-Heizung läuft ziemlich laut und läßt sich nicht regulieren; sie ist hauptsächlich als Zusatzheizung bei kaltem Wetter gedacht", schrieb Tester Seiffert 1964 nieder. „Es ist geplant, eine vereinfachte Version ohne dieses Extra anzubieten".

Der Serien-Elfer war dann tatsächlich rund 2000 Mark billiger als ursprünglich geplant, trug den Extra-Brenner aber trotzdem im Wagenbug. Der Grund für die Preiskorrektur lag auf der Hand: Die frühe IAA-Pressemappe hatte potentielle Käufer mit einem Preis von 23.900 Mark verschreckt, wohlgemerkt zu einem Zeitpunkt, als ein 95 PS starker 356 SC in Coupé-Version für knapp 16.500 Mark aus dem Showroom zu fahren war. Mercedes ließ sich gleichzeitig 22.200 Mark für einen 230 SL überweisen. Die ersten Elfer gingen schließlich für 21.900 Mark an die Kundschaft, doch Inlands-Verkaufschef Harald Wagner erinnert sich noch heute an „gehörige Bauchschmerzen" in den Zuffenhausener Büros, weil der Einstandspreis des Elfers partout nicht unter die magische 20.000er-Grenze zu treiben war.

Dafür war der 911 freilich auch fürstlich ausstaffiert - siehe oben. Er beeindruckte die frühen Tester durch sein Anzugsvermögen und seine Drehfreude: „Über die Leistung ist bei 130 PS und 6200/min ... noch nicht das letzte Wort gesprochen. Wir halten es für möglich, daß sie noch auf 135 oder 140 PS gesteigert werden kann", orakelte Reinhard Seiffert.

Er hatte einen Elfer pilotiert, der dokumentiert, wie unfertig das neue Produkt im Detail noch war. Sein Test-Protokoll ist gespickt mit Anmerkungen, die Aufschluß über den wahren Stand der Entwicklung geben: Der Fahrwerks-Feinschliff war offenbar noch nicht abgeschlossen, mit Bremsbelägen hantierten die Porsche-Entwickler ebenso wie mit Solex-Vergasern, Luftfiltern und der endgültigen Auspuff-Auslegung - der klassische Elfer-Sound hatte die ABE-Prüfer beim TÜV offenbar verschreckt, und die Bremsbeläge des S-TC 1 wurden den Porsche-Faustregeln noch nicht ganz gerecht ("Man verlangt dreimalige Vollbremsung aus 180 km/h ohne Fading"). Die Gemisch-Fabriken stammten von Sechszylinder-Lancias; die beiden endgültigen Solex-Dreifachvergaser waren zwar entwickelt, aber noch nicht montiert. Und die Handbremse funktionierte ohne Knopf zum Lösen, was bei Serienfahrzeugen sicher für handfeste Verwirrung gesorgt hätte.

Immerhin, der weltweit erste Elfer-Tester kam am Steuer des halbgaren Automobils zu einem berühmt gewordenen Schluß: „Der neue Sportwagen (...) ist eines der interessantesten Autos der Welt." Interessanter jedenfalls als die gleich teuren Konkurrenten, die Seiffert am Schluß seiner Story aufzählte. Der 230 SL war weniger Sportgerät als ein weicher Boulevard-Roadster, der Fiat 2300 S ein Schönling mit schnöder Technik, der Alfa Romeo 2600 Sprint ein Exot, der deutschen Werkstattmeistern das Grausen lehrte. Der Elfer wirkt gegen diese Rivalen konkurrenzlos unmodisch. Und begeisternd kompromißlos.

Ende August 1964 lief die Serienfertigung an; eine Nullserie hatte Porsche ab Mai auf die (Gürtel-)Reifen gestellt. Die ersten Elfer-Käufer hatten die Wahl zwischen sieben Serienfarben.

Die ersten Kunden (und Tester) hatten sich an eine wenig konventionelle Neuerung zu gewöhnen: Das neu entwickelte Fünfgang-Getriebe irritierte durch ein merkwürdiges Schaltschema. Das entsprach nicht mehr der H-Schaltung des 356; der erste Gang lag unten links und ließ sich erst nach gewisser Übung einlegen: Der Schalthebel wollte nach links gedrückt und dann nach oben gezogen werden. Nun war der Erste keineswegs ein Not-Gang, sondern durchaus als Anfahrstufe gedacht. Selbst Porsche-Hausschreiber Richard von Frankenberg bekannte sich 1964 in einem *Christophorus*-Aufsatz zu gewissen Berührungsängsten, was die Aufteilung der Fahrstufen betraf: „Wenn Sie zum ersten Mal losfahren, haben sie eine gewisse Scheu vor diesem Fünfgang-Getriebe." Die Zurückhaltung freilich wich in der Praxis rasch Erleichterung: Wer vom Ersten in den Zweiten flutschen wollte, mußte schon Gewalt anwenden, um versehentlich in den Rückwärtsgang zu rutschen. Von Frankenberg, elegisch: „Man kann sich

Beinahe rührend wirkt für heutige High-Tech-Verhältnisse der Blick in die 911-Produktion vom Oktober 1966...

S-UV 333

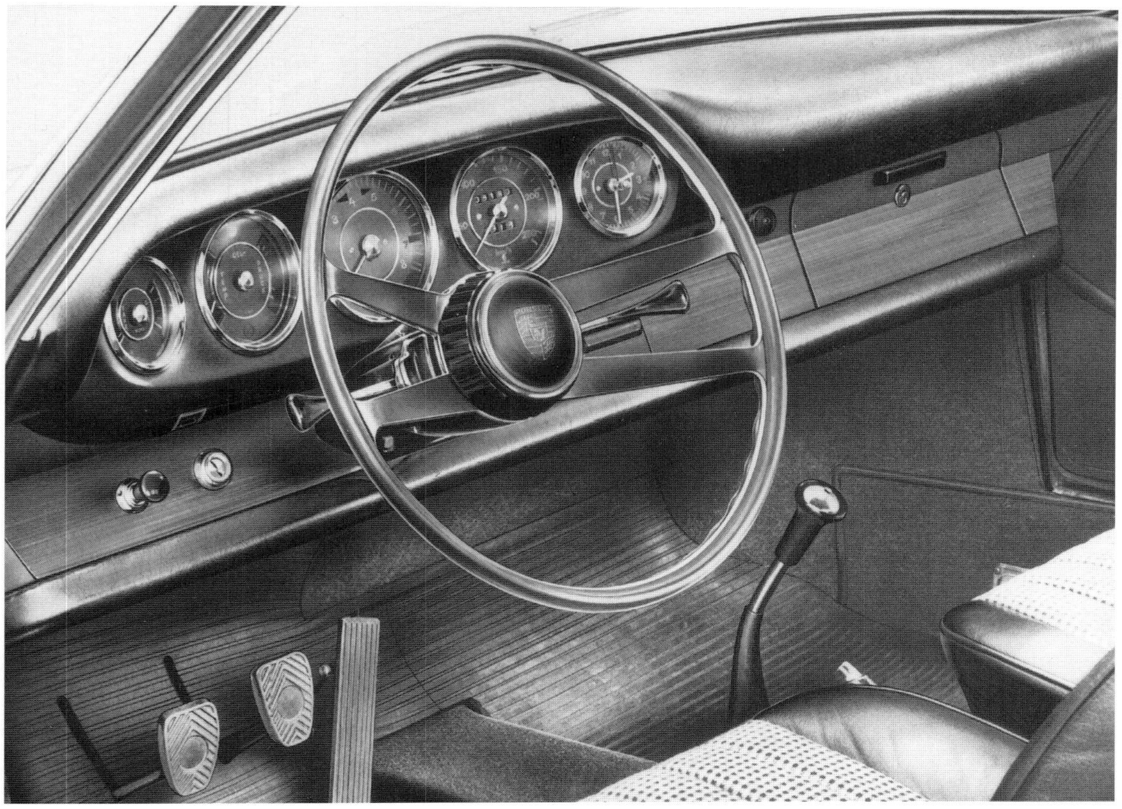

streiten, was das schönste ist an diesem 911: der Kofferraum oder das Getriebe... der Kofferraum fasziniert einen wie eine Hypnose."

Unstrittig ist jedenfalls auch, daß im Deutschland der frühen 60er Jahre kaum ein Konkurrent existierte, der es mit der Elastizität des Porsche-Treibsatzes aufnehmen konnte. Der Tester der Illustrierten *Bunte* zum Beispiel zeigte deutlich weniger Skrupel als seine Kollegen von den Motor-Fachblättern und gurkte den 911 von 25 bis 190 km/h in der vierten Fahrstufe - offiziell war der Vierte ab 50 km/h anempfohlen. Und der Zweite, der der mittig oben lag, reichte immerhin schon bis 110 km/h.

Freilich, der Ur-Elfer war kein Kostverächter. Das war noch ein Punkt, der Porsche-Käufer verschreckte, die vom 356 kamen. „Natürlich, man kann den 911 auch mit 12 oder 13 Litern fahren", formulierte Richard von Frankenberg mit leicht jovialem Unterton, „aber ich fürchte, so fährt niemand einen 911." Wer ihn fuhr, wie es die bescheidenen Autobahnen des Jahres 1964 zuließen, rechnete damit, daß durchaus 18 Liter auf 100 Kilometer durch die Solex-Vergaser gurgelten. Der Tankinhalt von 62 Litern verdiente sich unter diesen Vorzeichen Urteile von „ausreichend" bis „knapp" - eine Reservemenge von 6 Litern allerdings erschien der Testerriege durch die Bank zu bescheiden.

Dafür berauschten sie sich ohne Ausnahme am Instrumentarium des ersten Elfers, vor allem an der Ölstandsanzeige, die in dieser Form ein Novum war - allerdings mußte der Schmierstoff auf Betriebstemperatur erwärmt sein, damit ein zuverlässiger Anzeigewert zustandekam. Und selbstverständlich ging das nur im Leerlauf, wenn das Fahrzeug mindestens eine halbe Minute stand. Bei harter Fahrweise ermittelten frühe Tester übrigens einen durchschnittlichen Ölverbrauch von etwa 0,15 Litern bei neuwertigen Fahrzeugen.

Einstigen 356-Piloten machte der Elfer den Umstieg im übrigen leicht. Nicht nur das gewaltig gesteigerte Kofferraum-Volumen und die beeindruckende Drehzahl-Festigkeit machten den Neuzeit-Porsche sympathisch, sondern auch sein lichter Innenraum. Das große Heckfenster erleichterte Parkmanöver, die niedrige Gürtellinie dokumentierte den stilistischen Fortschritt. Überhaupt hatte der Elfer im Vergleich zu seinem Vorgänger nichts an Handlichkeit eingebüßt. Stolz verwies Porsche bei einer kompakten Gesamtlänge von 4,13 Metern darauf, daß der Elfer um 70 Millimeter schmaler geraten war als der 356 - Original-Ton Porsche: „...was bei der heutigen Verkehrsraumnot nur begrüßt werden kann."

Eine Nettigkeit, die erst in der Praxis auffiel, waren die beiden geschraubten Vorderkotflügel des 911. Der 356 hatte mit seinem komplett durchgeschweißten Vorderwagen nicht nur Unfallreparaturen, sondern auch die Rostvorsorge über die Maßen erschwert. Er gilt noch heute, nunmehr begehrter Oldtimer, als Automobil von einer erschreckend komplexen Blechstruktur. Der Elfer tat einen Schritt in Richtung Wartungsfreundlichkeit - was am Anfang noch niemand merkte.

Oben links: Armaturenbrett des 911 (1964)
Oben: Hahnentritt und Kunstleder - das Interieur im Stil der Zeit (1964)

Unten: Den Heckwischer gab es später zum Nachrüsten - ohne Bohren zu befestigen

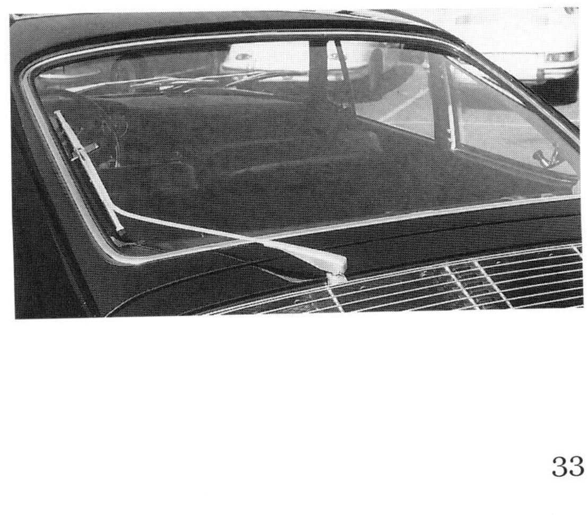

Die meisten frühen 911-Besitzer quälten erstmal andere Sorgen. Noch nach dem Serienanlauf waren die Porsche-Entwickler am Rotieren: Das neue Auto war noch nicht in allen Details durchgereift.

„Erst mit der Produktionsaufnahme begannen die wahren Probleme", bemerkte auch der Fachautor Paul Frère in seiner 1983 erschienenen 911-Chronik. Die ersten Käufer hatten sich mit heute kaum vorstellbarer Seitenwindempfindlichkeit, bescheidenem Geradeauslauf und gewöhnungsbedürftigem Kurvenverhalten herumzuquälen - Dingen also, die einem 200-km/h-Sportwagen keineswegs zur Ehre gereichten und die Besitzer späterer Elfer in diesem Ausmaß nicht mehr erlebten.

Die Fahrwerksprobleme waren vielschichtig und von sensibler Natur; ihre Herkunft liegt teilweise noch im Entwicklungs-Hickhack der Jahre 1961/62 begründet. Die Umstellung vom Viersitzer-Radstand auf das spätere Serien-Maß, die Entscheidung contra Pendelachse, die Motor-Genese des Typs 745/901 hatte keine Termin-Toleranzen mehr gelassen. Der Elfer wurde mit Zeitdruck im Nacken zu Ende entwickelt. Das ist ein Kapitel, über das man in Zuffenhausen immer noch nicht so gern spricht.

Eine der Problemursachen war das Gewicht des Triebwerks, das die Techniker schlicht unterschätzt hatten. Der Motor geriet schwerer als angenommen und damit das ganze Auto hecklastiger. Die Versuche der Fahrwerkstechniker, das Manko durch Modifikationen an der Radaufhängung zu kompensieren, arteten in einer extremen Untersteuerneigung aus. Die Gürtelreifen vom Format 165 HR 15 unterstützten die tückische Charakteristik des Ur-Elfers noch, obwohl sie zu Beginn der 60er Jahre (verglichen mit den instabilen Diagonalpneus des 356) als äußerst fortschrittlich galten. Trotzdem waren sie zu schmal. Paul Frère, eine Kultfigur der Sportwagen-Szene, Rennfahrer, Schriftsteller und Autotester, urteilt: „Die Reifen hatten einen zu großen Schlupf."

Ein noch gravierenderes Problem: Die Stabiltät des Elfers hing wesentlich von der Radlast ab, und die wiederum stand in ursächlichem Zusammenhang mit der Spannung der Drehstäbe. Das hatten die Zuffenhausener Fertigungstechniker schlicht nicht eingeplant. Ergo gab es keine Einrichtungen, mit denen die Radlast während der Endabnahme am Fließband kontrolliert werden konnte.

Der jämmerliche Geradeauslauf lag - nach Meinung Paul Frères - hauptsächlich an „einer übermäßigen Reibung im unteren Federbeingelenk". Dieses Problem lösten die Männer um Fahrwerks-

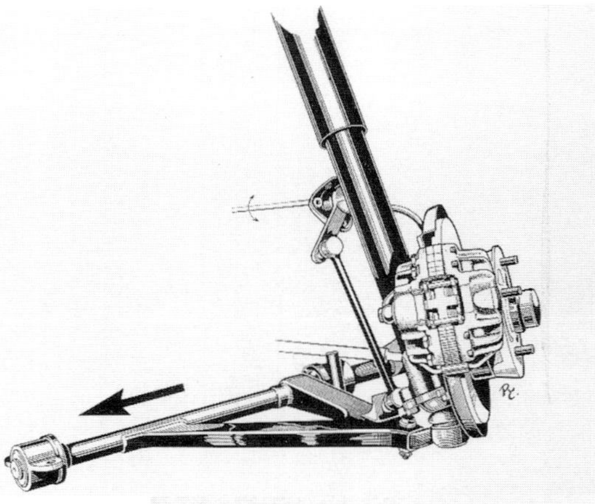

Aufschnitt vom Feinsten! Vorderachsaufhängung an Querlenkern (links), darunter die Hinterradaufhängung an Längslenkern - vier Scheibenbremsen galten als hypermodern.

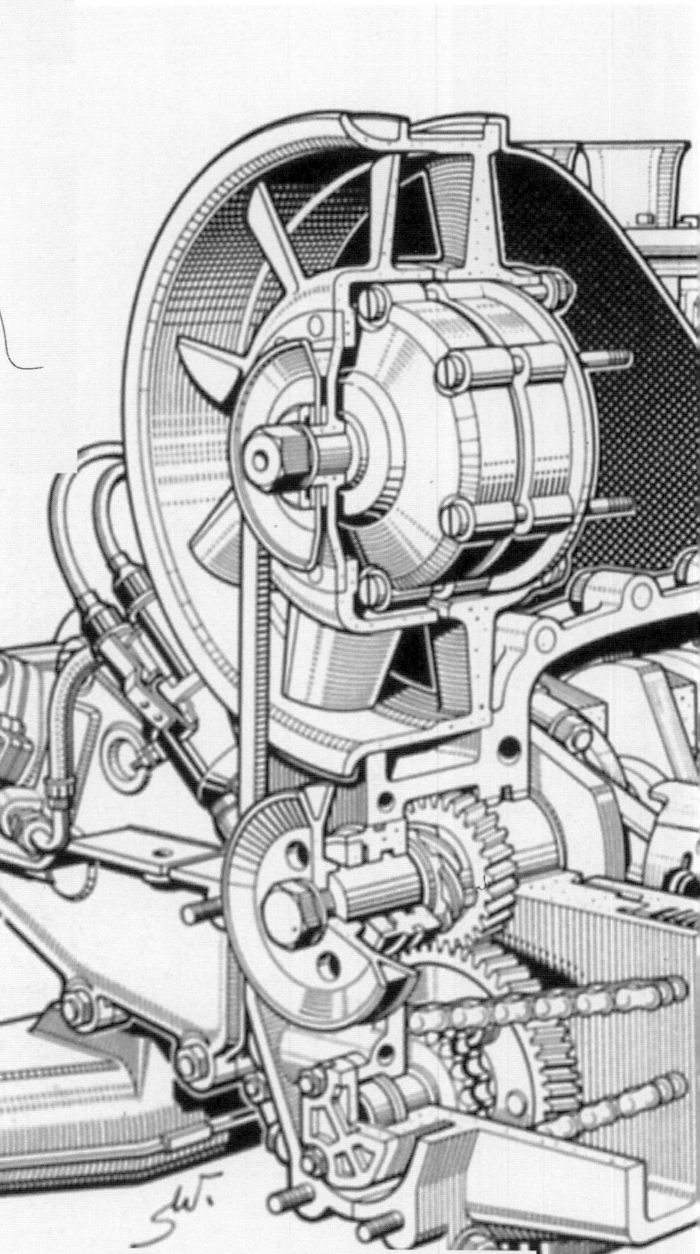

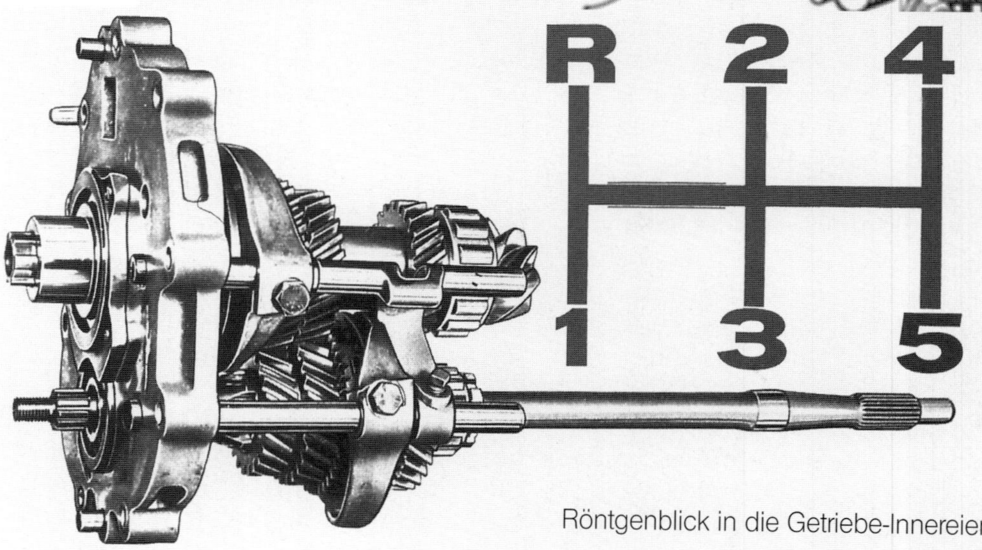

Röntgenblick in die Getriebe-Innereien.

Das Schnittbild oben zieht den Blick zuerst auf den Kofferraum, der in Porsche-Kreisen als Sensation galt - möglich wurde so viel Platz durch die neu entwickelte McPherson-Achse (unten rechts).

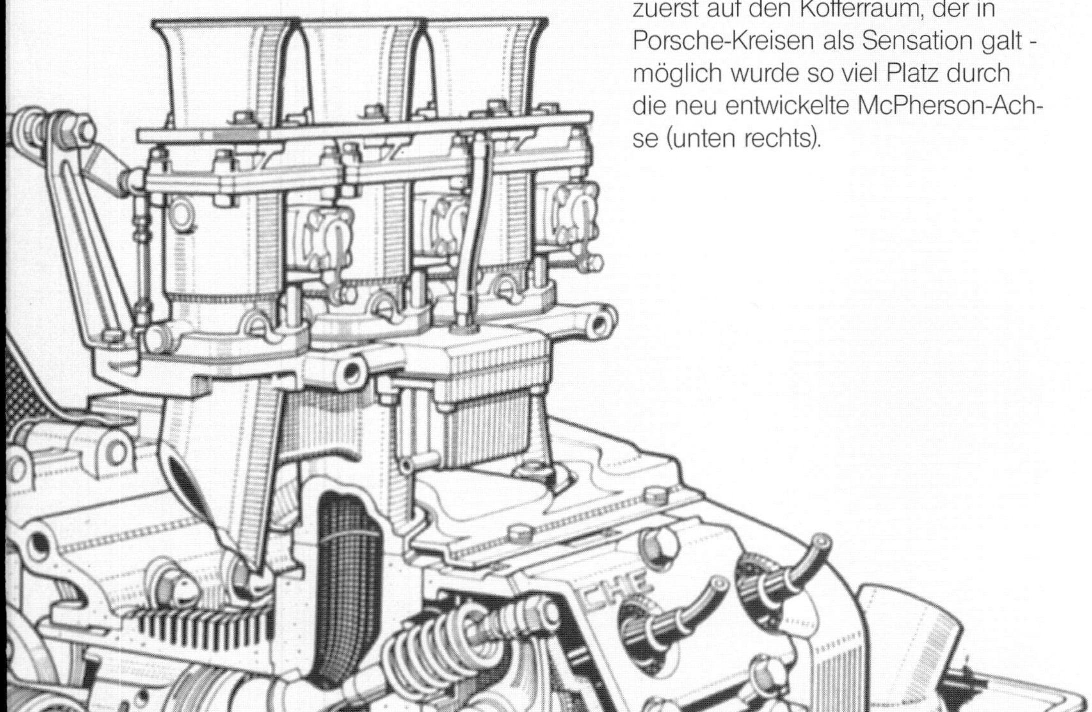

entwickler Helmuth Bott auf die rigorose Tour: Eilig experimentierten sie mit Ballastproben im Bereich des Vorderwagens herum - und füllten schließlich die Stoßstangenhörner mit Blei! Das soll Wunder gewirkt haben, war aber nicht ganz billig. Weshalb die Suche nach einem Alternativ-Werkstoff begann. 22 Kilogramm Graugußmasse verschwanden schließlich in den Enden der Frontstoßstangen. Es soll Elfer-Eigner gegeben haben, die sich zornig an die Fachwerkstätten wandten, ihr Auto nach ein paar Stunden wieder abholten, künftig die Spurtreue priesen, aber nie erfahren haben, warum der Elfer plötzlich so prächtig lag. Solche Details erzählen auch von der skurril anmutenden Improvisations-Mentalität, die in Deutschlands kleinster Autoschmiede bis tief in die sechziger Jahre herrschte. Es war aber natürlich dieses Klima mit all seinen Zufälligkeiten, das einen Auto-Mythos wie den Elfer möglich machte. Feist, steril und glattgebügelt wäre er vermutlich nicht in den Auto-Olymp aufgefahren.

Nicht ganz befriedigen konnte kurz nach dem Serienstart die Karosserie. Klagen über Verarbeitungsmängel konnten durch großzügige Kulanz ebenso gedämmt werden wie die Fahrwerks-Probleme - auf der anderen Seite war da aber die Fachpresse, die über Detailmängel stolperte. Da waren beispielsweise die Tester von *auto, motor und sport*, die zum Jahresende 1964 einen ganz frühen Serien-Elfer pilotierten. Und immer noch Grund zum Quengeln hatten: Die vorderen Ausstellfenster etwa weigerten sich standhaft, ihrer Bestimmung nachzukommen. „Die hinteren Ausstellfenster sind von zweifelhaftem Wert", notierten die *ams*-Mannen - der Fahrer mußte gen Fond krabbeln, um sie zu öffnen, und kam dann in den zweifelhaften Genuß von hereinwabernden Abgasfahnen - Porsche hatte dieses Problem gekannt und deshalb ja in der Vorserie die Auspuff-Konstruktion optimiert. Das fieselige Dreischlüssel-System überzeugte die Tester im 22.000-Mark-Preissegment ebenso wenig wie die Betätigung des Tankdeckel-Verschlusses - Urteil: „Glücksache". Die Türen waren schwergängig; irgendwie lief Wasser ins Innere. Der Zuggriff für die Kofferraumhaube verlangte gymnastische Disziplin, die heftigen Windgeräusche auf der Autobahn Geduld, die Heizung, die beißenden Öldunst ins Innere förderte, den echten Enthusiasten.

Natürlich, das waren zum Teil Lappalien, über die der handfeste Porsche-Fan diskret hinwegsah. Es paßte auf der anderen Seite aber nicht zum Qualitäts-Ethos des Stuttgarter Hauses. „Ruhm ist

Der Kult-Motor in seiner Urversion: ganz oben als Schnittmodell - und unten dort, wo er seinen unnachahmlichen Sound produzierte.

leichter zu erwerben als zu bewahren", mahnte *auto, motor und sport* in Ausgabe 2/65.

Unter diesen Vorzeichen entwickelten die Porsche-Leute den Elfer zur Serienreife, als die ersten Exemplaren längst in den Garagen der Kunden standen. Einige Evolutionen sollten erst viel später in die Serie einfließen - so hatte Fahrwerks-Techniker Helmuth Bott zum Beispiel die Erprobung breiterer Gürtelreifen forciert, was Ferry Porsche nicht ohne weiteres befürwortet hat. Die Reifenhersteller, voran den Erstbestücker Dunlop, band das Porsche-Team in die Entwicklungsarbeiten ein und beschritt damit größtenteils Neuland. Die Gürtelreifen-Entwicklung war Anfang der 60er Jahre noch nicht ausgereift, Porsche gehörte zu den wenigen Herstellern, die eine Typenreihe ausschließlich und ohne Mehrpreis auf Stahlgürtel-Pneus stellte.

Auch andere Zulieferfirmen erhielten im Verlauf der Jahre 1964 und 1965 Besuch der Porsche-Entwicklungsabteilung. Nicht nur wegen Sorgenfällen im Produktionsalltag, sondern auch deshalb, weil Porsche nicht genügend Autos machen konnte! Obwohl die Zuffenhausener 1963 das Karosseriewerk Reutter gekauft hatten, konnten einfach nicht genügend Blechhüllen fertiggestellt werden. Es begann die fieberhafte Suche nach einem Zulieferbetrieb, der Elfer-Hüllen nach den Qualitätsmaßstäben der Zuffenhausener fertigen konnte. Einig wurde Porsche schließlich mit Karmann in Osnabrück, nicht dem billigsten Unternehmen, wohl aber dem zuverlässigsten.

Während die ersten Elfer-Kunden über Probleme mit den Solex-Überlaufvergasern klagten, wurden Porsche-Techniker beim Zulieferer in Neuss vorstellig. Hintergrund: Beim Beschleunigen zwischen etwa 2400 und 3000/min zeichneten sich die Gemischfabriken durch ein Leistungsloch aus. Freilich konnten auch die Porsche-Experten keine Abhilfe schaffen, weshalb in Zuffenhausen ab Februar 1966 Weber-Vergaser geordert wurden, die zufriedenstellend arbeiteten.

Die Mucken, die sich der Mythos während seiner Flegeljahre erlaubte, wirken auf Betrachter, die aus dem heutigen High-Tech-Zeitalter kommen, vielleicht befremdend. Die Japaner zeigen uns heute, wie man makellose Autos baut. Ist das genug? „Was einem von Anfang an gefällt...", schrieb Ferry Porsche in seinen Memoiren. Wohl wahr.

Details der frühen Jahre: Webasto-Standheizung, frühe Lackierstraße, Motor-Einbau, Verkaufssalon im Werk (von oben).

Gedanken um den Nachfolger - 1966!

Nebellampen und Chromschmuck zierten im Jahr 1966 den Zweiliter-Elfer.
Unten: Glorreiche Vergangenheit: der gutmütige Vierzylinder im 912-Heck, Jahrgang 1966

„Es ist Zeit zu überlegen, wie der oder die Nachfolger der Fahrzeuge 911 und 912 sein sollen, was sie bieten müssen." Der Satz stammt nicht aus den 70ern, sondern ist in einem geheimen Papier des Hauses Porsche nachzulesen. Er wurde im Januar 1966 diktiert. Viele Porsche-Fans wird es überraschen, daß sich die Zuffenhausener Zentrale bereits anderthalb Jahre nach 911-Serienbeginn um eine neue Autogeneration kümmerte...

Im Januar 1966 wanderte ein Fragebogen durch die Chefetage des Werks, den Ingenieur Helmut Rombold verfasst hatte. Er ging allen Schlüsselpersonen des Hauses Porsche zu, unter anderem dem Porsche-Vertrauten Ghislaine Kaes, dessen komplett ausgefülltes Exemplar noch heute im Porsche-Archiv abgelegt ist. Der Verfasser dieses Buchs hatte Gelegenheit, es zu studieren.

Porsche sorgte sich um die „härter werdende Konkurrenz" und erhoffte sich von den leitenden Mitarbeitern der Firmenzentrale Klarheit über die wesentlichen Entscheidungen der Zukunft. Tief blicken lassen viele der Fragen, beispielsweise nach der Altersgruppe des zukünftigen Kundenkreises (auf dem Kaes-Fragebogen ist „bis 30 Jahre" angekreuzt). Zahlreiche Fragen verraten, daß Porsche durchaus die Abkehr von der traditionellen Philosophie ins Auge gefaßt hatte. Beispiele:

- „Können wir mehr als einen Serientyp bauen?"
- „Welche Karosserieformen müssen wir anbieten? Roadster/Cabriolet/ Coupé/ Limousine"
- „Müssen wir bei der Bauweise Heckmotor und Luftkühlung bleiben?"

Offenbar gab es kaum Verfechter für ein neues Fahrzeugkonzept. Die Grenzen waren eng gesteckt. Originalton Rombold: „Wir müssen bedenken, daß der Preis eines Fahrzeugs vom baulichen Aufwand und der Stückzahl abhängt. Großserienpreise können wir nicht erreichen, Standardprtodukte wollen unsere Kunden nicht..." So blieb es beim 911.

Schlag zwölf –

1965: Der 912 ist Balsam für die Seelen der Stammkundschaft

Die Fans sind sich uneins. Ist das ein echter Elfer? Nur ein Billigmodell? Gehört das Auto in dieses Buch? Ein Blick auf die Verkaufszahlen löscht alle Zweifel: Es gab Zeiten, da war der Zwölfer beliebter als seine noble Basis, und er verkaufte sich schneller, als Stuttgart ihn machen konnte. Die Geschichte des 911 kann nicht geschrieben werden ohne den Zwölfer.

Porsche hatte den Preis des Elfers zwischen Premiere und Serienanlauf um fast 2000 Mark nach unten korrigiert. Entgegen erster Verlautbarungen im Herbst 1963, zur IAA, war natürlich daran gedacht, das kleine Band des 356ers für immer anzuhalten. Die Nachfrage hatte nachgelassen, eine Vielzahl von Porsche-Kunden war zum teureren 911 aufgestiegen - es war eine Zeit des Wohlstands; die erste ernsthafte Rezession sollte die Republik erst zwei, drei Jahre später packen.

Da war aber immer noch eine Klientel, die den Sprung über die 20.000er-Linie noch nicht verkraftet hatte - und das war keine kleine Truppe. Es war zu jener Zeit, als Fritz B. Busch in einem *auto motor und sport*-Aufsatz über die Frankfurter IAA notierte: „Nein, das, was sie am Porsche-Stand sehen, sind keine roten Blinklichter, sondern die Köpfe des Standpersonals, wenn jemand nach den Preisen fragt."

Speziell die Amis hatten nach dem Elfer nicht unbedingt gegiert. Tempolimits gab es überm Teich schon damals; von der Potenz eines 911 bekam die US-Klientel auf der legalen Seite kaum etwas mit. Sie hätte also, nach dem Aus des 356ers, auf preiswertere Spaß-Sportler umsteigen müssen oder können. Die gab es für Kunden, die nach einem charaktervollen Sportgerät strebten und nicht allein auf Spitzentempo erpicht waren, in größter Auswahl: Marken wie MG oder Triumph schickten fast die komplette Produktion über den Teich, Fiat und Alfa Romeo bauten wohlgeratene Coupés; sogar die Japaner, voran Honda und Datsun, hatten den US-Markt entdeckt. Und alle waren sie viel billiger als der 911.

Wollte Porsche also den 356er in Ruhestand schicken, so durfte das nicht ersatzlos geschehen. Aber auch nicht so aufwendig, daß der „kleine" Porsche die 20.000er-Marke durchbrechen würde. Die Porsche-Entwickler lösten das Problem auf salomonische Weise: Sie ließen den 95-PS-Motor aus dem 356 SC am Leben und pflanzten ihn, geringfügig modifiziert, in die Blechhülle des 911. Jenen Kunden, die das Aus des 356 noch immer nicht verdaut hatten, setzten sie zum Billigpreis also vertraute Technik vor, die verbandelt war mit dem imageträchtigen Aussehen und dem gewaltigen Überholprestige des Sechszylinders. Zum Einstandspreis von 16.250 Mark war das eine geradezu geniale Lösung. Die Preisdifferenz entsprach immerhin dem Gegenwert eines fabrikneuen VW Käfer mit Blaupunkt-Mono-Radio und Stahlkurbeldach, war mithin ein echter Kaufanreiz.

Das 95-PS-Triebwerk des SC war auf 90 Pferdestärken gedrosselt und mit einem neuen Luftfilter bestückt worden; ein anderer Ansaugdämpfer sorgte für ein zivileres Fahrgeräusch. Das größte Drehmoment hatten die Porsche-Motortechniker in einen niedrigeren, also günstigeren Drehzahlbereich verlegt. Es fiel, statt bei 4200 Touren im 356 SC, bei 3500/min an. 912-Fahrer konnten zwischen Vier- und Fünfganggetriebe wählen.

Natürlich hatte Porsche nicht nur am Treibsatz gespart, dessen Entwicklungskosten längst abgeschrieben und vergessen waren und der sich erheblich preisgünstiger herstellen ließ als das ultraufwendige Sechszylinderaggregat des 911. Äußerlich war das Standardmodell an silbern lackierten statt verchromten Felgen zu erkennen; die Radkappen glichen dem 911. 912-Käufer mußten frösteln, weil es keine Webasto-Zusatzheizung gab, und auf Errungenschaften wie die Ölstandsanzeige oder selbst ein Öldruck-Meßgerät hatten sie ebenfalls zu verzichten. Statt fünf hinreißend blendender Uhren gab es nur drei chromgeränderte Instrumente - Tacho, Drehzahlmesser, Kombiinstrument. Sie saßen auf dem nackten Blecharmaturenbrett, das in Wagenfarbe lackiert war - wie beim 356. Statt Veloursteppichen fanden Zwölfer-Besitzer schnöde Gummimatten vor, der Holzkranz des Lenkrads war ordinärem Kunststoff gewichen. Auch die Teakleiste in der Mitte des Armaturenbretts hatten die Porsche-Kalkulatoren dem Rotstift geopfert. Das fiel kaum einem Kunden schmerzlich auf - im Gegenteil, das Kunststoff-Lenkrad fasste sich deutlich sympathischer an als das schweißtreibende Holzvolant des Elfers.

Auf der anderen Seite fanden 912-Käufer durchaus Luxus-Ambiente vor, denn der dreistufige Scheibenwischer, die Scheibenwaschanlage, serienmäßig Stahlgürtelreifen, die hochwertigen Bezugsstoffe der Sitze (um nur einige nette Garnierungen zu nennen) zählten Mitte der sechziger Jahre keineswegs zum Massenstandard. Der 912 hob sich, noblesse oblige, trotz des „Einsteiger-Porsche"-Geschmäckles von der Sportwagen-Konkurrenz ab.

Mußte er auch, denn zum Beispiel Glas lieferte den etwa gleich potenten 1700 GT als Coupé für exakt 13.850 Mark. Alfa drängte mit dem Bertone-Coupé auf Giulia-Basis ebenfalls zum Dumpingpreis von unter 15.000 Mark auf den Markt. Und in Amerika tummelten sich die Briten-Roadster für rund zwei Drittel des Porsche-Preises.

Speziell im Land der Tempolimits, in Nordamerika, entwickelte sich der Porsche 912 zum Verkaufsrenner - der dunkle 912 (oben) trat den Weg über den Großen Teich an, erkennbar unter anderem an den eigentümlichen Export-Lampen. Er stammt von 1967, das untere Exemplar von 1968/69.

S ist angerichtet –

1967: Der 911 S war Deutschlands schnellstes Serienauto

Für Automobil-Laien begann die Porsche-Palette in den Jahren 1966 und 1967 unübersichtlich zu werden: Aus dem Basis-911 wuchs eine verzweigte Modellfamilie, die das Marktsegment zwischen rund 17.000 bis 27.000 Mark abdeckte. Der 911 folgte den Spuren des 356ers, er bewegte sich den komplexen Bedürfnissen der Kundschaft entgegen.

Die Angst der Deutschen vor einem Tempolimit ist in den 90er Jahren nicht ganz neu. Sportliche Piloten erzitterten bereits vor beinahe 30 Jahren unter den Ideen des SPD-Verkehrsministers Leber. *auto motor und sport* rechnete fest mit der Geschwindigkeitsbegrenzung auf deutschen Autobahnen; in Ausgabe 20/66 bangte man: „Sie wird in einer Zeit kommen, in der es mehr absolut verkehrssichere schnelle Wagen gibt denn je..."

Es war die Ausgabe, in der das Stuttgarter Fachblatt den Über-Porsche schlechthin präsentierte. Das Auto, das sportlichen Piloten wässrige Augen machte, war in mehrfacher Hinsicht atemberaubend: Es war 160 PS stark und kostete 24.480 Mark. Und es ging in knapp sieben Sekunden von null auf 100 km/h, lief 225 Spitze. Porsche-Piloten konnten sich also mit dem E-Type von Jaguar balgen, der als Mega-Sportwagen überhaupt galt, und sie hatten Chancen gegenüber den Ferraris, die im braven Deutschland der 60er als halbseiden galten und ein bißchen unanständig. Der zeitlose, unaufgeregt wirkende Porsche 911 brachte zahlungskräftigen Kunden ein paar Superlative näher, ohne schamlos zu scheinen. Er durfte sich mit dem Titel des „schnellsten deutschen Serienautos" schmücken, war allerdings nicht lang allein: Im März 1968 debütierte mit dem Mercedes 300 SEL 6,3 eine Limousine, die ebenfalls 225 lief, sich in der Beschleunigung aber weniger forsch anfühlte. Der massige Schwabe brauchte bis zur 100er-Marke fast eine Sekunden länger!

Dafür war der Benz auch fast doppelt so teuer. Porsche hatte es sich dagegen leisten können, die Entwicklungskosten im Keller zu halten: Motorkonzept und

Ein früher S, erkennbar an Fuchs-Felgen und den serienmäßigen Nebelleuchten unter der Stoßstange.

Fahrwerk des Standard-911 mit 130 PS hatten die Potenzkur leicht gemacht. Was der 911-Motor wirklich verkraftete, hatte Porsche im Herbst 1964 im Heck eines 904-Rennsportcoupés getestet. Dieses Fahrzeug trug einen Elfermotor im Nacken, dessen Gußteile aus Magnesium bestanden, die Pleuelstangen waren aus Titan, und den modifizierte Weber-Vergaser bei Laune hielten. Aus diesem Treibsatz hatten die Porsche-Techniker 210 PS gepresst - ohne besondere Vorkommnisse.

Knapp ein Jahr später dokumentierte der 911 S die neuen Erkenntnisse wie folgt: Höhere Kolben pushten die Verdichtung auf 9,8:1; sie waren geschmiedet statt gegossen. Nockenwellen und Pleuel waren modifiziert worden; letztere waren weichnitriert, und die Nockenwellen ermöglichten optimierte Steuerzeiten. Es gab außerdem, wie im 210-PS-Prototyp, Weber-Vergaser vom Typ 40 IDS statt IDA, größere Ventile (Einlaß 42, Auslaß 38 Millimeter statt wie beim 911 39/35 mm) und geänderte Wärmetauscher, die den Auspuffgegendruck verringerten und alleine fast zehn Mehr-PS sichergestellt haben sollen. Diese Modifikation, die höhere Verdichtung und die optimierte Zylinderfüllung, die aus den größeren Ventilen und den neuen Steuerzeiten resultierten, galten als wichtigste Punkte der Kraftspritze. Andere Quellen sprechen davon, daß auch der vorgeschriebene, deutlich höhere Reifendruck seinen Teil hierzu beigetragen haben soll - Porsche-911-Chronist

Paul Frère etwa berichtet, daß 0,4 bar mehr Druck durch den niedrigeren Rollwiderstand einem Leistungsplus von neun PS entsprochen hätte.

Seine 160 PS entwickelte das Triebwerk bei 6600/min, bis 7200 Touren konnte bedenkenlos weitergeglüht werden, dann regelte eine Mechanik sicherheitshalber ab. Das Fünfganggetriebe des Standard-911 fand sich ohne größere Modifikationen im S wieder; der fünfte war etwas länger geworden. Dafür bekam der 130-PS-911er (mit dreimonatiger Verzögerung) die optimierten Nockenwellen und die verbesserten Wärmetauscher des S, die hier freilich nicht für ein Leistungs-Plus sorgen durften. Der Grund: Porsche sorgte sich um den gebührenden Abstand zwischen Standard- und Über-Elfer. Die Mehrleistung, welche die Wärmetauscher sicherstellten, kappte Porsche mit Hilfe kürzerer Steuerzeiten. Es blieb bei 130 PS. Beide Motoren ließen sich übrigens nicht nur anhand der Vergaserbestückung auf Anhieb unterscheiden: Die Gebläse-Abdeckung des Lüfters war beim S aus rotem Kunststoff, beim Standard-Elfer blieb sie schwarz.

Porsche schielte bei der Premiere des 911 S in erster Linie auf den Rennsport-Einsatz, was erklärt, warum in frühen Werks-Unterlagen ein Leergewicht von nur 1030 Kilogramm angegeben wurde - Paul Frère ist überzeugt, daß damit die Festlegung des Homologationsgewichts im Sinne Porsches gedrückt werden sollte. Der 911 ohne S wog jedoch 1095 Kilogramm; spätere Tabellen weisen das S-Leergewicht mit 1085 Kilogramm aus.

Das Sport-Engagement dokumentiert auch die Auswahl an Getrieben, die Porsche neben dem zahmen Fünfgang-Standard-Räderwerk (Werkscode 901/03) anbot. Es gab den 911 S auf Sonderwunsch auch mit Spezial-Abstimmungen

6506

◄ Eine Linienführung von stilistischer Unvergänglichkeit.

Bei seinem Erscheinen war der 911 S das schnellste deutsche Serien-Automobil. Doch schon damals wurden Tempolimits diskutiert ...

für Bergrennen (901/51), für Flugplatzrennen (901/52), „für schnelle Rennen" (O-Ton! - 901/53) und mit einer Nürburgring-Übersetzung (901/54). Auf Wunsch installierte Porsche ein Sperrdifferential.

Das Fahrwerk des 911 hatte sich mit wenigen Handgriffen auf das neue Kraftniveau eichen lassen: Sogar das schmale Reifenformat 165 HR 15 blieb (vorerst) gleich! Es heißt, Ferry Porsche höchstpersönlich sei ein Verfechter schlanker Pneus gewesen. Dafür gab's serienmäßig verstellbare Koni-Dämpfer, vorne einen verstärkten und hinten einen zusätzlichen Stabi, außerdem hohlgegossene, innenbelüftete Bremsscheiben - Parellelen fanden sich hier im Rennsport. Der hintere Stabilisator übrigens war installiert worden, um die zunächst vorherrschende Untersteuerneigung des 911 abzubauen, die der Wagen im normalen Fahrbetrieb an den Tag zu legen pflegte.

Von der Piste hatte Porsche einen weiteren - viel entscheidenderen - Innovationsschub importiert: Zum ersten Mal in der Geschichte des Hauses gab es Leichtmetallfelgen. Es waren jene mattsilbrig glänzenden Räder, die als „Fuchs-Felgen" das Design des Elfers mitprägten. Als Symbol der Kraft und Herrlichkeit gingen sie in die Geschichte des Gebrauchsdesigns ein. Der Name, den sie im Volksmund trugen, war allerdings etwas irreführend: Natürlich war ihre Form mit den fünf sich verjüngenden Speichen auf dem Skizzenblock von „Butzi" Porsche entstanden. Geschmiedet hatte sie allerdings die Zulieferfirma Fuchs in Meinerzhagen im Rheinland - eine bessere Werbung konnte sich der Zulieferer nicht wünschen.

Einige kleine Features hoben den 911 S auch optisch vom Standard-Elfer ab, zum Beispiel das lederbezogene Lenkrad und die bessere Instrumentierung mit Öldruck- und Ölstandanzeige. Statt mit betulich-elegant anmutendem Teakholz war der Mittelteil des Armaturenbretts mit schwarzem, in Karoform genarbtem Kunstleder verkleidet - und natürlich mit dem Schriftzug „911 S".auf dem Handschuhkastendeckel. Weitere Unterscheidungsmerkmale: verstärkte Profilgummis auf den Stoßstangen und eine Zierblende unterhalb der Türen. Zu Beginn der Produktion wurde der Top-Elfer mit rechteckigen Nebelleuchten im nostalgisch anmutenden Chromrand ausgeliefert, die später dann aber ins Zubehörprogramm rutschten und Aufpreis kosteten. Lederlenkrad und Alufelgen übrigens nahm Porsche ab Frühjahr 1967 in die offiziellen Aufpreislisten für neue Standard-911 und 912 auf. Gleichzeitig konnten sich Porsche-Kunden übrigens erstmals Recaro-Sitze in ihren Neuwagen montieren lassen.

Porsche präsentierte den S im badischen Spargelstädtchen Hockenheim, auf dem soeben fertiggewordenen Motodrom. Filmvorführungen, eine opulente Slot-Racing-Bahn „und Vorträge des Heckmotor-Ideologen Helmuth Bott" (so ein Fachblatt) vermochten die anwesenden Journalisten nicht zu beruhigen: Mit leuchtenden Augen rauschten sie über die Strecke. Und fanden elegische Worte: „Der 911 S ist ein absolut überlegenes Fahrzeug, das zur Welt-Extraklasse gerechnet werden muß", schwärmte etwa Reinhard Seiffert in *auto motor und sport*. Erwartungsgemäß trocken kommentierte der Tester des US-Fachblatts *car and driver*: „Every time they come out with a new model, it's the best ever." (Sinngemäß: „Immer, wenn sie mit einem neuen Modell herauskommen, ist es das beste überhaupt.") Zum gepfefferten Preis, in Amerika immerhin 7.255 Dollar, vermerkte die *car and driver*-Crew: „Er hat alle Zutaten, um jeden einzelnen Dollar zu rechtfertigen."

Nicht ganz original? Der dunkle S mit dem Kennzeichen S-YC 533 stand im Oktober 1966 vor dem Fotografen, trägt aber schon links anliegende Scheibenwischer, ein Detail, das Porsche erst zum Modelljahr 1968 einführte.

GAP-P 70

◄ Ein 66er 911 - mit Minilite-Felgen!

Ein Hoch auf den Erfolg: Der dynamische Geschäftsmann reist mit dem Porsche bis aufs Flugfeld...

In Deutschland gab's auch andere Meinungen. auto motor und sport hob auf fertigungstechnische Eigenwilligkeiten des Zuffenhausener Autos ab: Die Stuttgarter Testredaktion pilotierte an ein- und demselben Tag zwei 911 S. Einer „erforderte (...) ständige Lenkkorrekturen und wies in den Kurven ein schwer kontrollierbares, unstabiles Übersteuern auf." Der zweite S war „im Geradeauslauf einwandfrei (...) und (ließ) sich im Kurvenbereich sauber und mit gut kontrollierbarem Übersteuern" fahren. Grund für das bockbeinige Verhalten der 25.000-Mark-Sportgeräte: Fertigungsprobleme. Die Dichtpackungen der Stoßdämpfer und Federbeine waren in fabrikneuem Zustand schwergängig, ebenso wie die Gummiteile der Radaufhängung und Lenkung - beides löste ein eckiges Fahrverhalten aus, das mit gestiegener Laufleistung von selbst verschwand. Hartnäckigen Tester-Tadel kassierte die Lenkung des 911 S. Bereits beim Ur-Elfer hatte sie Argwohn erregt - jetzt, im Jahr 1966, zog sie sogar handfeste Kritik auf sich. Fachautoren beklagten, daß die Zahnstangen-Konstruktion geradezu seismografisch auf Fahrbahneinflüsse reagiere, und zwar stärker als bei allen anderen Konkurrenten. Die schon klassische Seitenwindempfindlichkeit brauchte gar nicht mehr besonders erwähnt zu werden.

Zu Zeiten des 356 hatte Porsche ein dreigeteiltes Programm favorisiert - weshalb viele Porsche-Piloten meinten, mit dem 911 S habe der Ausbau der Modellfamilie ihr Endstadium erreicht. Tatsächlich arbeitete Porsche an einem vierten Modell der Erfolgsserie - einem weniger potenten Elfer, der trotzdem jene Kunden

1967 war der S-Motor die Krönung im Porsche-Programm.

ansprach, die ein professionelles Sportgerät suchten. Der 911 T sollte mit 110 PS der billigste und leichteste Sechszylinder-Porsche sein, und mit ihm gelang es den Zuffenhausener Kalkulatoren zum ersten Mal, unter die 20.000-Marks-Grenze zu stoßen. Das war 1967 im Sommer, jenem Jahr also, in dem Deutschland zum ersten Mal die Auswirkung einer Rezession zu spüren bekam. Die traf Porsche zwar nicht frontal, da man sich mit traditionell hohen Exportzahlen im schwarzen Bereich bewegte, gab aber immerhin den Anstoß, die Lücke zwischen 912 und Standard-911 zu füllen.

Nachdem der T erschienen war, hieß der Ur-911 jetzt L - weniger deshalb, um ihm den Luxus-Charakter zu attestieren, als Verwirrungen auszuschließen. T sollte Touring heißen, als Hinweis auf die Tourenwagen-Homologation; das neue Auto leistete 110 PS bei zivilen 5800 Touren. Das war ausreichend, um den T auf 200 km/h zu katapultieren, und aus dem Stand rannte er in exakt zehn Sekunden auf 100 km/h. Sein Verbrauch lag geringfügig unter dem des 911 L.

Die zahmeren Daten ließen wesentliche Einsparungen bei der Fertigung des

Der 911-S-Serienmotor

Faszination 911 - hier ein '64er ➤

Motors zu: Grauguß- statt der aufwendigen Biral-Zylinder, Kurbelwelle ohne Gegengewichte, Kipphebel aus Grauguß statt aus Stahl. Die Leistung hatten die Porsche-Techniker unter Ferdinand Piëch mit Hilfe einer geringeren Verdichtung und von anderen Steuerzeiten gekappt. Die Drehmomentkurve des T verlief wesentlich flacher als beim 911 L, weshalb der Billig-Sechszylinder mit einem Vierganggetriebe auskommen sollte - fünf Fahrstufen gab's gegen Mehrpreis. Merkwürdig: Die Ventildurchmesser waren so groß wie beim 911 S; Porsche-Chronist Paul Frère glaubt, daß damit der Umbau für Sportzwecke forciert werden sollte. Die Serienausstattung entsprach ansonsten dem 912, meistens freilich ist der 911 T mit Fünfganggetriebe, Leder-Volant und vor allem Fuchs-Felgen ausgerüstet worden. Natürlich gab es den 911 T auch als Targa. Und mit einem Ausstattungsdetail, das für eingefleischte Porsche-Fahrer als völlig indiskutabel galt: mit Automatik! (Das folgende Kapitel widmet sich dem Automatikgetriebe und den Reaktionen darauf detaillierter).

Der 911 T kam nach den Werksferien 1967, im Bündel mit einigen Änderungen

S-Motor ohne Luftfilter im Homologations-Elfer von 1966.

für die gesamte 911/912-Reihe. In den Jahren zuvor hatten die Porsche-Techniker bereits am 911 gefeilt; das eklatanteste Beispiel für die schleichende Modellpflege der Stuttgarter war die Umstellung von Solex- auf Weber-Vergaser. Im Modelljahr 1967 wurde die Innenspiegel-Befestigung geändert, sie wurden ans Glas geklebt und nicht mehr über der Frontscheibe angeschraubt.

Nach den Werksferien 1967 hielten die Porsche-Techniker ein ganzes Bündel von Optimierungen bereit - allesamt Veränderungen, die Porsche in seiner Hauszeitschrift Christophorus und den Presse-Unterlagen den Sicherheitsverfechtern schmackhaft machte. Original-Zitat: „Der Preis, den Sie für den Porsche bezahlen, ist der Preis für Ihre Sicherheit."

Im einzelnen erhielten 911 und 912 zum Modelljahr 1968:

- versenkte äußere Türöffnungsknöpfe, die bei Überschlag-Unfällen das unkontrollierte Öffnen der Türen verhindern sollten;
- Scheibenwischer-Arme in mattschwarzem Lack; die verchromten Scheibenwischer konnten den Fahrer bei intensiver Sonneneinstrahlung durch Lichtreflexe blenden. Modelle ab 1968 ließen sich an den Scheibenwischern übrigens auf Anhieb erkennen: Sie liegen jetzt nach links an, um das Sichtfeld des Fahrers von hochgewirbelten Regentropfen freizuhalten;
- Gurt-Befestigungspunkte im Fond;
- einen größeren, weiterhin runden Außenspiegel;
- einen entschärften Aschenbecher mit Gummigriff;
- eine Verbundglasfrontscheibe mit höherer Festigkeit;

S-UV 333
PORSCHE

mentwandler und der mit Saugrohr-Unterdruck arbeitenden Schaltkupplung. Der Unterdruckbehälter stand mit dem Ansaugsystem des Motors in Verbindung; ein Magnetventil regelte den Druckhaushalt zur angrenzenden Unterdruckkammer der Servokupplung. Kombiniert war die Konstruktion mit einem Viergang-Getriebe der üblichen Porsche-Art.

Der Drehmomentwandler wurde von Schmiermittel aus dem Motor-Öltank bei Laune gehalten; Wandler-Kreislauf und Motor-Kreislauf waren freilich voneinander getrennt. Die Nockenwellen trieben eine ZF-Pumpe an, die den nötigen Ölstrom sicherstellte. Zweifler, die Motorschäden durch Lecks im Wandler-Bereich prognostizierten, beruhigte Porsche dadurch, daß die Ansaugleitung im Öltank relativ hoch lag - so hoch, daß der Motor auf jeden Fall genügend Schmierstoff abbekam.

Das klang recht überzeugend, nur: Neu war es nicht. Das Funktionsprinzip hatte *Fichtel & Sachs* bereits zehn Jahre zuvor entwickelt und massenweise in biedere Familienkutschen eingebaut. Die Konstruktion hieß *Saxomat* und war in praktisch allen Mittelklasse-Automobilen der 50er Jahre zu Hause. Der *Saxomat* hatte den Vorteil, die Motorleistung nicht so drastisch abzuschnüren, wie das die „echten" Automatikgetriebe der frühen Jahre taten. Als die vollautomatischen Konstruktionen in den 60er Jahren maximal 10% der Motorkraft fraßen, galt das als akzeptabel; für den *Saxomat* war auf dem Markt kein Platz. Porsche aber paßte das „aktive" Automatikkonzept gut ins Modellprogramm, zumal es, zur Sportomatic gereift, durchaus flexibel arbeitete. Ein Zusatzventil passte den Vorgang des Einkuppelns der Fahrweise an, das heißt: Je mehr Gas der Fahrer direkt nach dem Schalten gab, desto schneller rückte die Kupplung ein.

Das klang gut und war eine pfiffige Konstruktion. Und doch setzten sofort unqualifizierte Scherze ein wie dieser: „Was kommt heraus, wenn man einen Elfer mit einem DAF kreuzt...?" Hahahaha.

◄ Genuß ohne Grenzen - mit einem '68er 911 L über Alpenpässe

Ungewöhnlich wirkte auf Laien das Sportomatic-Schema (P, L, D, D3, D4, R).

Porsche versuchte, den Spöttern mit souveränen Sprüchen zu begegnen. Die Sportomatic-Premiere könne „auch die konservativsten Verfechter des Kupplungspedals zum Denken anregen", schlug die erste Pressemappe cool vor, „wenn nicht allein schon die Tatsache, daß Porsche mit einer Sportomatic herauskommt, genügt, unzeitgemäße Vorurteile abzubauen."

Ursprünglich waren die Porsche-Techniker auf Platzprobleme bei der Installation der Sportomatic gestoßen. Die Schwierigkeiten lösten sie mit einem Kunstgriff: Sie verkleinerten das Kegel- und Tellerradpaar mit dem Verhältnis 7:31 auf 7:27, damit blieb genügend Raum für den Drehmomentwandler, der im Gehäuse unterkam. Oben drauf saß das Unterdruckgerät.

Ein Elfer mit Sportomatic ließ sich am Heck durch seinen langegezogenen Sportomatic-Schriftzug erkennen, im Interieur durch charakteristische Beigaben: Zum einen war das Bremspedal etwas größer geworden, und statt des Kupplungspedals gab es eine angeschrägte Stütze für den linken Fuß. Zwischen den Sitzen war ein Handgashebelchen plaziert, das den Motor bei Hitze oder im Winter vor dem Absterben bewahren sollte - denn angelassen werden konnte der Sportomatic-Porsche nur in der Leerlaufstellung; das hatte die Fichtel & Sachs-Konstruktion mit reinrassigen Vollautomatik-Konstruktionen gemeinsam.

Konfusion konnte bei Ungeübten die Beschriftung des Schaltknüppels auslösen: Obwohl sich der halbautomatische Porsche nach normaler Schaltart bewegen ließ, waren die Positionen L, D, D 3, D 4 sowie R (für Rückwärts) und P (Parken) vermerkt. Das entsprach natürlich keinerlei internationalen Codes und bedurfte der näheren Erklärung. Diese lieferte Porsche-Hauschronist Richard von Frankenberg in der Kundenzeitschrift *Christophorus* in etwas unterkühltem Schreibstil nach: „Sie können theoretisch in der Stellung D 4 anfahren, Sie müssen dann nur in Kauf nehmen, daß Sie auf den ersten 200 oder 300 Metern eine ganz schlechte Beschleunigung haben, die eigentlich nicht zur Diskussion stehen sollte (...) Normalerweise fährt man, wenn man's eilig hat, mit der Stellung L an und schaltet dann in D. Hat man es nicht so eilig, fährt man in D an." Die L-Stufe reichte bis 75 km/h, die D-Stufe bis 125 km/h, D 3 entsprach dem vierten Gang des Porsche-Fünfganggetriebes - L stand für Low, D für Drive, was der amerikanischen Klientel, die nie schalten gelernt hatte, Erleichterung verschaffen sollte.

Die merkwürdigen Fahrwerte (Anfahren

911 T Targa Sportomatic von 1968.

in jedem der vier Gänge, shocking!) ermöglichte das Prinzip der Sportomatic in Verbindung mit der Elastizität der 911/912-Motoren, das heißt: Der Drehmomentwandler bewirkte in den unteren Tourenbereichen eine Drehmomentverstärkung und damit eine Übersetzungsveränderung. Das Gerät bewirkte, so nochmal von Frankenberg, „daß wir bis etwa 3500 Touren hinauf das haben, was man eine schleifende Kupplung nennt, nur, daß hier die 'Kupplung' schleifen darf, weil das rotierende Öl im Wandler den Kontakt zwischen Motor und Kraftübertragung ausführt". In höheren Drehzahlbereichen arbeitete der Wandler ohne Schlupf, also Schleif-Gefühl.

Das klang selbst für technisch versierte Porsche-Fahrer nicht wenig irritierend, schien zumindest Gewöhnung zu verlangen. Aber: „Man freundet sich mit der Sportomatic schnell an", warb von Frankenberg. Nun ja, man konnte die Verschmelzung der Fahrstufen und das schleifende Gurken im großen Gang auch schlicht vergessen. Im Prinzip ließ sich die Sportomatic durchschalten, wie es der Fahrer vom normalen Getriebe gewohnt war, wenn er sich nicht von fehlender Kupplung, Motor-Anlaßsperre, Parkstellung und den fremden Schriftzeichen auf dem Schalthebel irritieren ließ. Allerdings legten die automatischen Elfer (und Zwölfer) etwas gedämpfte Fahrwerte an den Tag, auch wenn sie sportlich bewegt wurden. Sie gingen etwa fünf km/h langsamer als ihre Kupplungs-Pendants und beschleunigten - eben unterhalb von 3500 Touren - ein wenig schlaffer.*Auto motor und sport* ging mit einem Sportomatic-Elfer auf die Piste und prophezeite Schlimmes: „Anfahren in der Stellung D 4 - es geht, und es ist zu befürchten, daß vornehmlich die an nur eine Fahrstufe gewöhnten Amerikaner häufig von dieser Möglichkeit Gebrauch machen." Die Stuttgarter Tester lobten zwar die „nervenschonende Auslegung" der Stellung D, „der ideale Stadtfahrgang". Wer hier freilich aufs Schalten verzichten wollte, dem konnte ein böses Schicksal drohen: „Man könnte zu leicht von einem VW eingesackt werden." *ams*-Tester Gert Hack hatte übrigens einen der allerersten halbautomatischen Elfer gefahren, einen L mit dem Kennzeichen S-ZY 47, der noch nicht über die Handgas-Einrichtung zwischen den vorderen Sitzen verfügte: Hack ärgerte sich über die lästige Prozedur des Anlassens, wenn der Motor stehen blieb ("häufig und gern") und wünschte sich einen „zuverlässigen Leerlauf".

Das Magazin *Autosport* reklamierte immerhin, daß der sportlicher orientierte Fahrer noch immer zum Fünfganggetriebe greifen müsse, aber viele Fahrer werden die Sportomatic wählen, prognostizierte Autor John Bolster: „...gerade jene, die in der Stadt leben, und die Mädels werden das unterstützen." Da Porsches Hauptabsatz-Land neben Deutschland noch immer Nordamerika war, kletterte der Sportomatic-Anteil in besten Zeiten auf satte 25 Prozent. Vor allem: Während der selige *Saxomat* aus den 50er Jahren nach einiger Zeit tückisch wurde und seinen Besitzer mit undichtem Unterdrucksystem nervte, galt die Sportomatic zeitlebens als anspruchslose Konstruktion.

Die sportlichen Qualitäten der Halbautomatik hatten die Stuttgarter bereits im Premierenjahr erprobt, um Zweifler zum Schweigen zu bringen: Hans Herrmann, Jochen Neerpasch und Vic Elford fuhren beim 84-Stunden-Marathon de la Route, jener Nachfolgeveranstaltung der legendären Rallye Liège-Rom-Liège, als Sieger durchs Ziel.

„Die Rennfahrer waren vom Schaltkomfort begeistert", erinnert sich heute 911-Entwickler Helmuth Bott. Pedro Rodriguez, Jo Siffert und Vic Elford pilotierten denn auch privat ihre Elfer mit Schalthilfe.

Im August 1968 belehrte S-H 7685 die Sportomatic-Spötter: Der 911 R mit Schalthilfe war Siegerwagen des Marathon de la Route, am Steuer Herrmann/Neerpasch/Elford.

Talking about the Evolution...

Wer A sagt: Jede Menge Detail-Änderungen fürs Modelljahr 1969

1968 ging bekanntlich als Jahr der Revolutionen in die Geschichte ein. Prompt schnitten auch die Porsche-Techniker alte Zöpfe ab: Mit der Modellgeneration 1969, nach den Werksferien im Sommer 1968 präsentiert, brach für den Elfer das Zeitalter der Kraftstoffeinspritzung an. Nur der 912 und der 911 T behielten ihre Vergaserbestückung.

Es waren fette Zeiten; Porsche begann das Jahr 1968 mit vollen Auftragsbüchern und ellenlangen Lieferfristen, mit Überstunden in den Produktionshallen und beruhigenden Worten in der Hauszeitschrift *Christophorus*, gerichtet an all jene Kunden, die ungeduldig auf ihren neuen Elfer warten mußten. Goldene Zeiten: Der Exportmarkt boomte, Autohalden gab es nicht, amerikanische Kunden orderten so kauflustig wie nie zuvor. Im Vorjahr hatte Porsche die Voraussetzungen für die kräftige US-Präsenz zementiert: Als erste europäische Automobilfabrik konnte Porsche den strengen Abgasvorschriften gerecht werden, die Amerikas Gesetzgebung erlassen hatte. Mittels Thermo-Reaktoren erreichten die Porsche-Techniker eine Abgasentgiftung, welche die strengen Grenzwerte unterbot. Das Jahr 1967 schloß Porsche mit 230 Millionen Mark Umsatz ab. Der Export-Anteil lag bei 75 Prozent.

Diese Zahlen klingen aus heutiger Sicht kaum spektakulär; das war 1968 anders. Ein Jahr zuvor war die deutsche Wirtschaft von der ersten ernsthaften Rezession gebeutelt worden. Brot- und Butter-Marken, Ford und Opel, aber auch VW, mußten vorübergehend Kurzarbeit anmelden. Die Kunden hielten sich zurück. Porsche-Verkäufer dagegen fühlten sich eher als Auto-Verteiler. Stolz vermeldete die Presseabteilung eine tägliche Produktion von 62 Wagen - mehr als je zuvor.

Trio kolossal: 1968 brach bei Porsche die Zeit der Kraftstoffeinspritzung an.

Die Abkehr vom Vergaser-Triebwerk hat ihre Hauptgründe im Exportmarkt: Amerikas Gesetzgeber hantierten erneut mit drastischen Abgas-Auflagen herum. Speziell in Kalifornien war die Luft dünn geworden - und zwar im wahrsten Sinne des Wortes. Die neuen Schadstofflimits waren mit herkömmlichen Vergasermotoren nicht zu erreichen, eine Erkenntnis, die nicht nur an den Porsche-Reißbrettern reifen mußte, sondern auch für rauchende Köpfe bei vielen anderen Anbietern sorgte. VW zum Beispiel machten die kalifornischen Abgasgesetze zum Technologieträger wider Willen: Die Wolfsburger verpflanzten ihren biederen 1600-Modellen die hochmoderne, frisch entwickelte Bosch K-Jetronic. Volkswagen produzierte damit den ersten deutschen Serien-Pkw mit elektronischer Kraftstoffeinspritzung!

Porsches Mitbewerber auf dem Sportwagenmarkt hatten es nicht viel leichter: So erlitt Alfa Romeo, eine Marke, die ebenfalls verstärkt um US-Käufer buhlte, in den Jahren 1968/69 einen gewaltigen Umsatzknick, weil die italienischen Techniker in aller Eile eine Kraftstoff-Einspritzung entwickeln mußten! Und so lange hatten die kalifornischen Käufer halt zu warten.

Porsche ging die Einspritzer-Entwicklung mit Bauchschmerzen an; natürlich waren die Zuffenhausener Kaufleute nicht erbaut über die Zwangs-Technisierung. Auch die Verkaufsförderer trauerten, denn die Dreivergaser-Einheiten im Heck des 911 wirkten auf Technik-Gourmets ungeheuer imposant. Der Anbruch moderner Zeiten würde den spektakulären Auftritt zunichte machen, befürchteten die Skeptiker in Stuttgart.

Ein Trost: Porsche begann nicht bei Null; hier konnte man sich (ähnlich wie übrigens Alfa!) auf das hauseigene Rennsport-Know-how beziehen. Die Rennentwickler hatten schon 1966 eine (mechanische) Bosch-Einspritzanlage mit Sechs-Stempel-Pumpe in den Elfer verpflanzt. Sie war das Werk von Paul Hensler, der 1958 direkt von der Universität zu Porsche gekommen war. Hensler hatte auch die elektronische Spielart erwogen, dann aber wieder verworfen. Die Entwicklung war noch im Fluß: Während sich die K-Jetronic mit dem biederen VW-1600-Motor gut vertrug, hätte es mit dem hochdrehenden Treibsatz des 911 eventuell Probleme gegeben. Als wesentliche Vorteile der mechanischen Einspritzung betrachtete Hensler die exaktere Dosierung und die genauer einstellbare Gemischbildung von Kraftstoff und Luft. Bosch steuerte übrigens nicht nur die Pumpe, sondern auch die neu entwickelte Thyristor-Zündung bei.

Die Injection-Elfer befriedigten nicht nur die amerikanischen Umweltwächter, sie entzückten auch die leistungshungrige Kundschaft. Der einstige 911 L hieß jetzt E und lieferte 140 PS, was freilich die Fahrwerte nur geringfügig tangierte.

Im Stil der Endsechziger: 911er des Modelljahrs 1969

Beschleunigung und Höchstgeschwindigkeit blieben gleich; die Einspritzung hatte jedoch den Nebeneffekt, daß der Elfer in unteren Drehzahlbereichen williger am Gas hing, wie zeitgenössische Tester vermerkten. Der 911 S leistete ebenfalls zehn PS mehr, bei gleichen Praxis-Bedingungen.

Der S war ab Sommer 1968 nicht mehr mit Sportomatic lieferbar, die mit dem Ballermann im Heck auch nicht so recht harmonierte und außerdem bevorzugt für die kleineren (damenhafteren?) Modellstufen geordert wurde. Der automatisierte S-Anteil soll verschwindend klein gewesen sein, auch in Amerika.

Der Zwölfer und der 911 T wurden weiterhin von Vergasern beatmet, allerdings ging der T wie alle anderen Elfer mit einer feinen Änderung ins neue Modelljahr: Das Kurbelgehäuse bestand jetzt aus Magnesium-Druckguß statt aus Alu. Hintergrund: Porsche sparte damit zehn Kilogramm Gewicht ein (wir erinnern uns: die Tourenwagen-Homologation!). Außerdem war den Porsche-Technikern offenbar jedes Mittel recht, dem hecklastigen Elfer ein paar Pfunde vom Hintern zu schneiden.

Dann kam noch hinzu, daß sich die Magnesium-Gußteile wirtschaftlicher herstellen ließen; sie ließen exakter gefertigte Formen zu, weshalb die fertigen Teile weniger intensiv nachgearbeitet werden mußten als ihre Alu-Pendants.

Im fünften Jahr der Elfer-Evolution hatte sich Porsche nicht mit Motor-Modifikationen beschieden. Presseleuten drückten die Zuffenhausener eine ungewöhnlich dickleibige Mappe in die Hand, die ein ganzes Paket von Detailänderungen erklärte.

Die zweifellos wichtigste Optimierung war der um 57 Millimeter vergrößerte Radstand, mit dem Porsche die ewigen Klagen über ärmlichen Geradeauslauf und tückisches Kurvenverhalten kontern wollte. Das neue Format erreichte, zusammen mit Detailänderungen (wie dem leichteren Triebwerk), eine etwas günstigere Gewichtsverteilung, die nunmehr zwischen Vorder- und Hinterachse bei 43 zu 57% lag. Zuvor waren es 41,5 zu 58,5 % gewesen. Zudem sorgte der größere Radstand für mehr Fahrkomfort; der Elfer kam mit Bodenunebenheiten besser zurecht.

Seit Geburt des 911 hatten sich Tester und Kunden über die schmale Bereifung mokiert. Breitere Gummis stießen auf natürliche Grenzen, nämlich auf die knappen Ränder der Radhäuser. Die Radausschnitte der 69er Modelle waren größer geworden, die Kotflügel waren seitlich etwas weiter herausgezogen. Porsche machte damit den Weg frei für bereitere Pneus, 185/70 VR 15 bei den Modellen E und S, die sich zuvor mit kärglichen 165ern bescheiden mußten. Auch der 911 E erhielt jetzt serienmäßig die Fuchs-Felgen, auf Wunsch lieferte ihn Porsche auch mit 185 HR 14-Reifen, ausdrücklich für Kunden, denen es nach komfortbetonterem Fahrstil war. Bei 911 T und 912 war es bei 165er-Reifen geblieben; 185er kosteten Aufpreis.

Ach ja, der 911 T: Er war im Jahr 1968 verstärkt dabei, dem einfacheren Zwölfer den Rang abzulaufen. Porsche förderte das Vorhaben mit einer attraktiven Aufpreisliste. Theoretisch war der T ja ein Basismodell, das sich mit der einfacheren Ausstattung des 912 zu bescheiden hatte. Wer aber partout nicht zu 140 PS greifen wollte, dem bot Porsche den Basis-Sechszylinder auch mit der Komfortausstattung der größeren Modelle an. Wer wollte, konnte seinen T im Paket auf E- oder S-Standard hochrüsten, also Alufelgen, 185er-Reifen, 500-Hz-Fanfare, Velourssteppiche, Ölstandsanzeige, Lederlenkrad, Chromleiste am Türschweller und andere Beigaben mitbestellen. Den 912 dagegen gab es nur im kargeren Outfit, von Ausnahmen (Reifen, Lederlenkrad und ein paar weitere Features) abgesehen.

Überhaupt, gegen Ende der sechziger Jahre wurden die Aufpreislisten des Hauses Porsche zumindest für Laien unübersichtlich. Zum ersten Mal tauchten zum Modelljahr 1969 übrigens elektrische Fensterheber als Luxus-Accessoire auf - jene Teile, die 911-Puristen heute als Monument der Verweichlichung gelten.

Gleichzeitig verschwanden die heizbaren Heckscheiben von der Mehrpreisliste. Jawohl, die heizbaren Heckscheiben gab es erst seit 1968 serienmäßig, auch im 911 S, dem 25.000-Mark-Sportwagen, der fast 230 lief, und von dem ein renommierter Münchner Rechtsprofessor einst geschrieben hatte, es sei „verbrecherisch, solche Autos herzustellen, zu verkaufen und zu fahren." Mit vereister Heckscheibe auf der linken Spur vielleicht schon...

Die Webasto-Zusatzheizung gab es nur noch gegen Aufpreis. Sie war eigentlich ein Provisorium gewesen, das die klassischen Klimaprobleme eines jeden luftgekühlten Boxers abdämmen sollte. Porsche war 1968 spürbar stolz, für die überarbeiteten 912/911-Modelle eine „neue Heizungs- und Lüftungsanlage mit dreistufigem Frischluftgebläse" anbieten zu können. Wer sich dem Originalton des Pressetexts von 1968 widmet und sich bemüht, zwischen den Zeilen zu lesen, erhält einen Einblick in die Nöte, die man mit der bisherigen Klimaeinheit durchgestanden haben muß. „Warmluft und Frischluft können jetzt beliebig gemischt werden", heißt es da, als sei eine technische Offenbarung geglückt. „Mit dieser Anlage wurde ein Heizungs- und Belüftungssystem geschaffen, das auch bei niedriger Geschwindigkeit und geschlossenen Fenstern wirksam ist (...) und ein Beschlagen der Front- und Seitenscheiben verhindert." Es kommt noch besser: „Selbst bei einem Gewitterguß im Sommer verhindert das Dreistufengebläse bei geschlossenen Fenstern ein Beschlagen der Scheiben." Weshalb Porsche bei den Coupé-Versionen auf die ausstellbaren Dreiecksfenster in den Seitentüren ver-

Der Porsche 912 (unten) sollte nach Willen der Porsche-Marketingmänner nach und nach vom 911 T abgelöst werden.

zichtete, die der Targa behielt - „aus produktionstechnischen Gründen", die heute im Dunkeln bleiben.

Von Bug bis Heck trug die Neuner-Modellreihe außerdem folgende Verbesserungen mit sich herum:

- Die 911er erhielten H4-Scheinwerfer, im Gegensatz zum 912, bei dem sie allerdings meist nachgerüstet wurden. Der 911 S verlor die bisher serienmäßigen Halogen-Nebellampen. Übrigens entschloß sich Porsche erst relativ spät für die neue Lichttechnik. Als sie 1968 kamen, hatten sie selbst in biederen Mittelklassekutschen wie den 20-M-Modellen von Ford Verbreitung gefunden.
- 911 E und S spendierten die Kalkulatoren verstärkte Gummileisten auf den Stoßstangen.
- Die Batterie des Porsche 912 saß nunmehr im vorderen rechten Bug-Bereich, neben dem Ersatzrad. Die Elfer-Varianten saugten ihren Saft aus zwei Akkus (36 AH); die zweite Batterie saß links vom Reserverad.
- Porsche wies auf „vergrößerte Bremssegmente" hin. 911 E und S bekamen Leichtmetall-Bremszangen an den Vorderrädern zur Aufnahme größerer Bremsklötze. Die Bremsscheiben-Durchmesser änderten sich außerdem Diese Änderung galt auch für den 912.
- Der 911 E erhielt hydropneumatische Federbeine vorne, noch eine Maßnahme, die für mehr Fahrstabilität sorgen sollte und den Komfort-Charakter des E gegenüber des 911 S unterstrich. Allerdings opferte Porsche dafür vorn die traditionellen Drehstäbe. Porsche sprach - heute mißverständlich - von einer „Niveauregulierung", die folgendermaßen arbeitete: „Das äußerlich einem verstärkten Teleskop-Stoßdämpfer gleichende Federbein reguliert selbsttätig seine festgelegte Niveauhöhe. Die Federbein-Vorderachse federt bei Belastung des Fahrzeugs zunächst ein, das heißt, das Fahrzeug verliert entsprechend der Belastung an Bodenfreiheit. Nach einer Fahrstrecke von 300 bis 1000 Metern pumpt sich das Fahrzeug selbsttätig auf das festgelegte Niveau und bleibt auch auf schlechter Straße immer auf der gleichen Höhe...". Die hydropneumatischen Federbeine gehörten zum „Comfort-Paket", das die 911-T-Fahrer ordern konnten. Auch S-Kunden konnten die Federbeine haben, allerdings nur auf ausdrücklichen Wunsch. Damit hatte Porsche den Durchbruch der Federbeine in gewisser Weise selbst verhindert, ohne es zu wollen. Viele Porsche-Kunden, die einen E bestellten, sollen sich nämlich an der Fahrwerksphilosophie des größeren Modells orientiert haben, um damit einen Hauch von S-Prestige zu erhaschen: Gabs die Hydropneumatik-Federbeine im S also nur auf Sonderwunsch, dann konnten sie eigentlich nicht so toll sein...
- Die Lenkräder aller Modelle gerieten etwas kleiner und bekamen eine neue Huptaste.
- Eine 500-Hertz-Fanfare trötete den Piloten der E- und S-Modelle den Weg frei. Gegen Mehrpreis gabs das Signal auch im 911 T, nicht aber im 912.
- Der Außenspiegel aller Modelle wurde anders positioniert.
- Eine Warnblinkanlage, damals noch nicht vom Gesetzgeber vorgeschrieben, gab es ab Juli 1968 für alle Modelle ohne Mehrpreis.
- Alle Neuner-Modelle bekamen neu gestylte Türverkleidungen mit größeren Kartentaschen und griffgünstiger gestylten Türöffnern.
- Alle 911 wurden nun mit stärkerer Lichtmaschine bestückt; Leistung: 770 statt zuvor 490 Watt.
- 911-E-Käufer freuten sich über das Ledervolant aus dem S.
- Ebenfalls vom S zum E gewandert: die Chromleiste unter den Türen.
- Der Sicherungskasten fand hinter der Batterie vorne links seinen Platz.
- Die Handschuhfächer aller Modelle waren ab 1968 beleuchtet.
- Ebenfalls neu: die Heckleuchten. Die roten Reflektoren waren jetzt in die Stoßstangen eingelassen, und die einzelnen Gläser konnten einzeln bestellt und ausgewechselt werden; ging also ein Teil der Plastikheckleuchte zu Bruch, war der Ersatz billiger.
- Kunden, die sich für den 912 entschieden, fanden im Innenraum Veloursteppiche statt schnöder Gummimatten vor.
- Der 911 S erhielt eine verstärkte Kupplung und einen Ölkühler, der im rechten vorderen Kotflügel wohnte. Seine Luftzufuhr bekam er durch die Einlaßschlitze neben den Blinkern.
- Der 911 T rollte nun serienmäßig mit Fünfganggetriebe an.
- Und: Alle Neuner-Modelle bekamen jetzt einen Handgashebel zwischen die Vordersitze - so, wie es sich im Vorjahr die „ams"-Tester gewünscht hatten.

Die 1968er Änderungen gehören zu den wichtigsten Marksteinen der Elfer-Entwicklung. Tatsächlich tat das Erfolgsmodell in diesem Jahr die entscheidenden Schritte in die Neuzeit, sei es mit seinem entschärften Fahrverhalten oder der Motor-Evolution, die Appetit machte auf noch mehr Power und die wichtigsten Absatzmärkte offenhielt. Dieser Entwicklung trug denn auch der Zuffenhausener Werksjargon Rechnung. Die Typen des Modelljahres 1968 hatten die Techniker intern als A-Serie beschrieben, die 69er Modelle wurden zur Serie B.

Langjährige Kunden hatten auf der anderen Seite (einmal wieder) eine bittere Pille zu verdauen: Denn die optimierten Porsche-Modelle waren teurer geworden. Viel teurer: Ein 911 S kletterte mit der Modell-Evolution auf fast 27.000 Mark Grundpreis, was fast genau 10% Aufschlag entspricht. Das saß. Sogar der Targa-Kurs war geklettert, obwohl das 69er Modelljahr für ihn nur die seitlichen Lüftungsschlitze brachte - Aufpreis: 1780 gegenüber zuvor 1400 Mark. Der 912 war 540 Mark teurer geworden (neuer Preis: 17.540 Mark), der 911 T um einen knappen Tausender auf 19.970 Mark, der 911 E kostete - 24.700 Mark! 3700 Mark Mehrpreis! Dafür gab's auch einen 500er Fiat für die Stadt oder einen Käfer-Jahreswagen. Der 911er fuhr davon in unerreichbare Sphären, der 912 lag im Sterben. Er sollte nur noch ein Jahr leben, bis zum Sommer 1969 - als sich das Rad der Elfer-Geschichte wieder drehte.

Modelljahr 1968: Cockpit des 912, dessen Ableben bevorstand

Die Komfort-Porsches –

1969 kamen die 2,2-Liter-Modelle

In unüblich schneller Folge setzte Porsche im Sommer 1969 zu einer neuen Modellgeneration an - schneller, komfortabler, abermals teurer.

Der Neuner driftete zur Jahrzehnt-Wende endgültig ins Lager der unerreichbaren Automobile ab. Einen Vierzylinder im imageträchtigen Kleid des Sechszylinders sollte es künftig nicht mehr geben: Der 912 lief aus, was zweifellos mit der Abgas-Problematik auf dem US-Markt zusammenhing. Das antike Vergasertriebwerk des 356 SC hatte bei den Smogwächtern der Westküste heftiges Stirnrunzeln ausgelöst. Zudem waren die Sechszylinder des 911 in Leistungssphären enteilt, die den angestaubten Treibsatz des 356 ins Licht einer kärglichen Motorisierung tauchten. Selbst Großserien-Limousinen wie etwa ein Opel Commodore GS/E machten den 912er an der Ampel schamlos rund.

Der Nachfolger kam Porsche-Kunden, die einst beim 356 begannen, noch schmerzlicher vor als der mangelnde Anzug des Zwölfers. Der 914, nunmehr einziger Vierzylinder im Porsche-Programm, hieß nicht nur VW-Porsche, sondern trug auch den Motor des unsäglichen VW 411. Wen tröstete, daß er nur knapp 12.500 Mark teuer war? Wenigstens die Amis mochten ihn, den Vierzehner, der in den Staaten in größerer Anzahl bis heute überlebte.

„Künftig wird der kompromißlos konzipierte 914 die sportlich-aggressive Rolle (im Porsche-Programm, d.V.) übernehmen, während dem 911 der Part des komfortablen Luxus-Porsche zufällt", schrieb Manfred Jantke im November 1969 in *auto motor und sport*. Wir wissen heute, daß das nicht ganz gutging; der 914 blieb Zeit seines Lebens ein belächelter „Volksporsche".

Die 2,2-Liter-Generation kam innen und außen praktisch unverändert. Die Sportsitze waren gegen Mehrpreis zu ordern

Produkt dieser Entscheidung jedenfalls war die Tatsache, daß die Zwei-Liter-Einspritzer-Motoren des 911 nur ein Jahr lebten. Ab August 1969, zum Modelljahr 1970, fuhren neue Elfer, auch der T, mit einem dezenten Schildchen im Heckfenster herum, das auf den aufgestockten Hubraum aufmerksam machte: 2,2 Liter.

Wer in den vergangenen zwölf Monaten einen der neuen Einspritzer geordert hatte, mußte sich wahrscheinlich furchtbar ärgern, aber: Die neue Generation brachte praktisch nur Vorteile. Der 2,2er bot mehr Kraft, mehr Laufruhe, mehr Elastizität, ohne aber mehr Sprit zu verbrauchen. Und das, obwohl der 911 T jetzt 125 PS leistete, der 911 E 155 PS freigab, der 911 S satte 180 PS entwickelte. Der 911 T übrigens behielt seine klassische Vergaserbestückung; allerdings stiegen die Porsche-Kalkulatoren auf Zenith-Mischwerke um und verzichteten künftig auf die teureren Weber-Vergaser.

Die Hubraumvergrößerung stellte die Techniker um Ferdinand Piëch kaum vor Probleme. Die Urkonstruktion des 911, inzwischen fast ein Jahrzehnt alt, hielt die konstruktiven Reserven dafür bereit. Die Erweiterung von 1991 auf 2195 ccm realisierte Porsche durch ein Vergrößern der Bohrung von 80 auf 84 Millimeter. Der Kolbenhub blieb gleich. Die Ventile waren geringfügig größer geworden; Einlaß 46, Auslaß 40 Millimeter.

Den aktuellen und zukünftigen Leistungsexzessen des Elfers passten die Zuffenhausener gleichzeitig die Kupplung an, die von *Fichtel & Sachs* geliefert wurde. Ihr Durchmesser wuchs auf 225 Millimeter an und bot künftig genügend Spielraum für mehr Power.

Optik und Ausstattung blieben weitgehend unverändert, trotz ewiger Kritikpunkte der Fachpresse, die beispielsweise durch die Bank die ungünstige Lage der inneren Türöffner bemängelte.

Auch die Lage der oberen Gurt-Befestigung fand kaum Zustimmung. Sie saß zu hoch, so daß der Gurt bei zierlich gewachsenen Porsche-Piloten direkt über den Hals lief. Und der Targa, so schrieb etwa *auto motor und sport*, tat sich durch heftige Verwindungen auf unebener Wegstrecke hervor. Noch immer das alte Problem...

Die einzigen Änderungen zum Modelljahr 1970 und damit zur intern C-Serie genannten Evolutionsstufe: Der 911 E erhielt die Ausstattung des S, womit wieder eine Webasto-Standheizung zum Serienumfang gehörte, die Porsche im Vorjahr noch selbstbewußt der neuen Heizungskonstruktion geopfert hatte. Als sportliches Attribut spendierte man dem 911 S einen Motordeckel aus Aluminium.

Um beim Thema zu bleiben: Kopfstützen zum Beispiel oder Automatik-Gurte gabs 1969 nur gegen Mehrpreis. In den Listen fanden sich außerdem Recaro-Sitze, die Blaupunkt-Radios Hamburg, Frankfurt und Köln, Dachgepäckträger, ein elektrisches Schiebedach (ein manuelles gab es nicht) - und eine Erinnerung an die hochherrschaftlichen Tage des Automobils: echtlederne Koffersätze, deren Form dem Gepäckabteil und dem Stauraum hinter den 911-Vordersitzen angepaßt war! Heute sind die edlen Stücke ein gesuchtes Zubehörteil für Klassikfans.

Gegen Ende der 60er Jahre trat ein 911-Entwicklungsstadium ein, das unter Porsche-Puristen bereits als umstritten gilt. Jedenfalls glaubten Freunde des Stuttgarter Hauses schon im Jahr sieben der Modellreihe, gewisse Anzeichen der Dekadenz, der Verweichlichung zu entdecken. Vielleicht reagierten sie nur überreizt auf Presse-Verlautbarungen, die dem Elfer die Komfort-Rolle im Porsche-Programm zuschoben, was (aus heutiger Sicht) arg überspannt klingt: Er war selbst in der C-Serie kein unproblematisches Auto, forderte Feingefühl, irritierte Laien noch immer mit seiner nicht vorhandenen Richtungsstabilität, der labilen Seitenwind-Reaktion, dem tückischen Eigenlenkverhalten. Der Elfer nahm und gab und blieb alles andere als einlullend oder auch nur irgendwie neutral.

Jubiläums-S. Der 150.000ste Porsche ging in die USA.

Gleichzeitig kosteten die Abgasgesetze in Amerika ihren Tribut; Porsche tat gut daran, die Forderungen übergenau zu erfüllen, denn bis zu 40 Prozent der Produktion stand später in US-Showrooms. Es war kein Gerücht, daß die Mehrleistung der B- und C-Serie zum großen Teil in den Entgiftungs-Maßnahmen versickerte, die ein Abmagern des Benzin-Luft-Gemischs im Teillastbereich erforderten. „Wenn sich alte Porsche-Fahrer zu erinnern glauben, daß die Sechszylinder der ersten Serie einen schärferen Biß hatten als die heutigen, dann trügt sie ihre Erinnerung jedenfalls nicht!“, merkte *ams* im ersten Test der 2,2er-Generation an.

Der Elfer hatte mit der C-Serie zumindest einen Stand der Reife erreicht, die ihn neue Produktionsrekorde anpeilen ließ. Die Rezession der Endsechziger hatte Porsche rechts überholt, das Wort „Ölkrise“ hätte Erheiterung ausgelöst in diesen Tagen. Wohlstand wurde unverhohlener zelebriert als in den kritischer gewordenen achtziger Jahren oder in der Neuzeit. *Christophorus*-Chronisten berichteten stolz über den Käufer des 150.000sten Porsche-Automobils, einem Mitbegründer des Porsche-Club of America, der am 22. September 1970 seinen achten Porsche, einen 911 S, übernahm. „Er war seither jedes Mal zum Werk gekommen, um seinen neuen Wagen abzuholen.“

Den deutschen Rekord hielt ein Hannoveraner Rechtsanwalt, der im Januar 1969 seinen 16. Porsche im Werk übernommen hatte, einen bahamagelben 911 T Targa. Porsche nährte den Kult mit allerlei netten Devotionalien, etwa der „Porsche-Krawatte aus reiner Seide, gefüttert, erhältlich in den Farben dunkelblau und schwarz mit zweifarbigem Porschewappen. Preis: 19,45 DM inkl. MwSt.“

Das Geschäftsjahr 1970 schloß Porsche mit der traditionellen Rekordmarke ab; 420 Millionen Mark wurden umgesetzt. Die durchschnittliche Tagesproduktion war auf 73 Fahrzeuge geklettert; 29 Prozent waren für den deutschen Markt bestimmt. Jeder dritte Elfer war ein Targa.

Nach den einschneidenden Änderungen der Jahre 1968 und 1969 blieb der Elfer vorerst unangetastet; das Modelljahr 1971 brachte Lappalien wie zum Beispiel Profilgummi-Leisten statt Streifenfolie an den Stoßstangen des 911 S und eine dritte Scheibenwischer-Stufe. Bisher gab es nur zwei Wischergeschwindigkeiten plus eine Stufe für Intervallwischen. Die Kraftstoffeinspritzung wurde noch einmal verfeinert, was sich im Alltag jedoch nicht spürbar auswirkte.

Porsche Normalverbraucher –

1971: die 2,4-Generation für Amerikas Gängelband

Einen Elfer des Modelljahrgangs 1972 erkennen Porsche-Puristen auf den ersten Blick: am Öleinfüllstutzen unter dem Seitenfenster.

An Amerikas Gängelband startete der Elfer in die 70er Jahre - in jenes Jahrzehnt, das ihn beinahe Kopf und Kragen gekostet hätte. Nicht nur wegen erneut verschärfter US-Anforderungen, sondern auch wegen der Ölkrise, die 1973 aufzog und den Beginn einer bis dahin beispiellosen Auto-Dämmerung ankündigte.

Andererseits: Zu diesem Zeitpunkt, 1973, konnte der 911er seit zwei Jahren mit Normalbenzin gefahren werden, was das Ausnahme-Automobil in rühmlichem Licht dastehen ließ. Und hier schließt sich wieder ein Kreis: Diese Normalversionen fußten auf Amerikas Absatz-Bedingungen. Die ökonomischen 911er erschienen zum Modelljahr 1972, traditionell nach den Werksferien im Vorjahr.

Die Zeichen standen auf Sturm: Amerika drohte, den Hahn für hochoktanige Kraftstoffe zuzudrehen; Schuld daran war der hohe Anteil von Bleitetra-Äthyl, der den Öko-Experten ein Dorn im Auge war. Auch in Deutschland wurde zu Beginn der 70er Jahre eine generelle Herabsetzung der Oktanzahl diskutiert.

Nun hätte der klassische Elfer nicht sonderlich gut auf das angedrohte Klingelwasser reagiert, und Porsche war gezwungen, mit einer zahmeren Verdichtung zu operieren. Sie betrug für das Modelljahr 1972 noch 7,5:1 beim 911 T (bisher 8,6:1), 8,0:1 beim 911 E (bisher 9,1:1); 8,5:1 beim 911 S (bisher 9,8:1).

Kein Zweifel: Der Normalverbraucher-Porsche lieferte ein Jahrzehnt lang handfeste Verkaufsargumente. Noch 1979/80, als eine zweite Ölkrise drohte und die Kraftstoffpreise kräftig in die Höhe schnellten, veröffentlichte Porsche stolz Energiespar-Traktate, die auf den zivilen Normalverbrauch des Hochpreis-Sportwagens hinwiesen. Der 911er an der Billig-Zapfsäule hob das Image aus elitären Höhen - die PR-Wirkung mag so wirksam gewesen sein wie in der Neuzeit das Diesel-Triebwerk in Mercedes' monströser neuer S-Klasse.

Stolz verbreitete Porsche in den 1971er Pressemitteilungen, der 911 sei der einzige Sportwagen der Welt, der Normalbenzin tanken könne: „Ein Schritt voran im Kampf gegen die Umweltverschmutzung!“ Nur an Zapfsäulen soll es, glaubt man Zeitzeugen, zu Konfusion gekommen sein: „Den neuen Tatbestand den ungläubigen Tankwarten klarzumachen, ist nun Sache der Kunden“, schrieb Manfred Jantke in *auto motor und sport*.

Porsche gab sich natürlich nicht die Blöße, den 911 auf der Leistungsseite zu kastrieren, sondern stattete die Normal-Elfer mit einem zusätzlichen Prestige-Bonbon aus. An der Heckklappe prangte die Ziffer 2.4 - ein Hubraumplus kompensierte also die herabgesetzte Verdichtung. Alle Elfer erhielten eine neue Kurbelwelle, der Kolbenhub stieg auf 70,4 Millimeter (vorher: 66 mm). Der Hubraum betrug exakt 2341 ccm.

Die Aufstockung des Hubs hatte Porsche im Rennsport-Typ 917 getestet; der Hubraum dieses Zwölfzylinders war von 4,5 auf 4,9 Liter vergrößert worden. Man hatte dabei den Hub von 66 auf 70,4 Millimeter erhöht, was 2,2 Millimeter verkürzte Pleuelstangen und geringe Retuschen am Kurbelgehäuse erforderte. Porsche-Chronist Paul Frère berichtet, daß

Oben: Rechts im Gitter der Motorhaube das 2.4-Emblem, mit dem Porsche auf den neuerlichen Hubraumschub hinwies.
Unten: Der Koffersatz aus dem Zubehörkatalog war eine Remineszenz an hochherrschaftliche Tage des Automobils.

die Pleuelstangen von 911 und 917 praktisch gleich ausgesehen hätten; die des Zwölfzylinders freilich bestanden aus Titan. Die Aufstockung auf 2,4 Liter Hubraum hatte im übrigen keinerlei konstruktive Kopfschmerzen bereitet - man brach lediglich die Reserve-Kapazitäten des Ur-Elfer-Motors an, ohne sie ganz auszuschöpfen.

Die Charakteristik der Sechszylinder-Triebwerke hatte sich wiederum ein Stückchen gen Alltagstauglichkeit verschoben: Das Auto wurde elastischer. Porsche berichtete stolz von einem Drehmoment-Anstieg um etwa zehn Prozent, der dafür sorgte, daß der Elfer bei niedrigeren Drehzahlen satter durchzog.

Die Beschleunigungswerte hatten sich also erneut geändert. Der T war von null auf 100 km/h eine halbe Sekunde schneller (9,5 statt 10 Sekunden), der E nur 0,1 Sekunden (neuer Wert: 7,9 Sekunden), der S um 0,5 Sekunden (auf 7 Sekunden). Der 911 T wartete mit 130, der E mit 165, der S mit 190 PS auf. Das bedeutete: Innerhalb von knapp sechs Jahren hatte sich die Magerversion, der T, an die Leistung des einstmaligen Spitzenmodells herangetastet.

Nicht spürbar verändert hatte sich die Spitzengeschwindigkeit der drei Elfer, wie *Christophorus* fast entschuldigend vermerkte: „Die Höchstgeschwindigkeiten werden aber müheloser erreicht und meist eine Spur überschritten." In den km/h-Angaben der Prospekte und Pressemappen gab sich Porsche bekanntlich eher zurückhaltend, genau wie zum Beispiel Mercedes oder VW.

Bisher konnte Porsche den 911 T noch mit Vergasermotor in Amerika absetzen; zum Modelljahr 1972 aber mußten die Motoren-Techniker auch das Standardmodell auf die mechanische Kraftstoff-Einspritzung umstellen. Damit stieg für den US-Markt die Leistung auf 140 PS. Logischerweise kletterte auch der Preis, wie auch in Deutschland, wo der 911 T jetzt 22.980 Mark kostete. Für den 911 S waren 30.680 Mark nach Zuffenhausen zu überweisen - wir erinnern uns: Noch 1964/65 hatten die Porsche-Kalkulatoren heftiges Magengrimmen, weil der Elfer die 20.000-Mark-Grenze überschritten hatte. Mit dem Schritt über die magische 30.000er-Schwelle gab es für die Preise in den 70er Jahren kein Halten mehr. Sie explodierten regelrecht! Billiger war allerdings der 911 E geworden, um exakt 1000 Mark. Neuer Preis: 25.980 Mark. Der günstigere Kurs irritiert heute beim Blick in die Preislisten, Quellenstudium aber ergibt, das Porsche ein bißchen gemogelt hat: Der Serien-E kam in der Normalausstattung des 911 T daher. Fuchs-Felgen und Luxus-Paket mußten gegen Mehrpreis geordert werden. Unterm Strich hatte also auch der E ordentlich zugelegt.

Sicherlich einmalig in der deutschen Automobilgeschichte ist Porsches Entscheidung, die Fünfganggetriebe zugunsten einer Neukonstruktion mit vier Fahrstufen auf die Mehrpreis-Liste zu verbannen. Die neuentwickelte Schaltbox mit dem zunächst fehlenden fünften Gang hieß 915 und war, mit Modifizierungen, leistungsfähig genug, um bis 1986 im Einsatz zu bleiben. Schwer zu verstehen war die Beschränkung schon, zumal die Fünfgangvarianten ja weiterhin lieferbar waren, und Porsche die Kritiker beschwichtigte: „Man braucht um so weniger Gänge, je mehr Hubraum und Drehmoment man zur Verfügung hat. Für den Normalfahrer wird dies, sofern er es nicht als Prestigeangelegenheit sieht, eine Erleichterung sein." Nun ja. Immerhin 470 Mark Aufpreis kostete der fünfte Gang - eine Tatsache, die gleichbedeutend ist mit einer versteckten Preiserhöhung.

Ein Trost für Aufsteiger, die von konservativen Marken zu Porsche kamen, mag das neue Schaltschema gewesen sein - in herkömmlicher H-Form. Bei Fünfgangvarianten saß der Fünfte jetzt oben rechts, neben dem Dritten. Das neue Schaltschema hatte Porsche übrigens auf Wunsch vieler Renn- und Rallyefahrer realisiert, die in engen Kurven schneller vom Zweiten in den Ersten flutschen wollten - was auf einer Ebene ein paar Sekundenbruchteile sparte.

Nebenbei bemerkt: Die Sportomatic blieb weiterhin im Programm, und es gab sie, wegen der flacher gewordenen Drehmomentkurve, jetzt auch wieder für den S. Sie hatte einen leicht modifizierten Drehmomentwandler mit anderer Befestigung spendiert bekommen und einen vergrößerten Unterdruck-Servomotor.

Das Getriebe hatten die Porsche-Techniker, wohl auch in Aussicht auf neuerliche Leistungsspritzen, verstärkt. Gehäuse und Gangräder fielen stabiler aus, auch die Lagerung der Getriebewellen. Porsche verarbeitete hier Erfahrungen

Blick in die Fertigung, 1972: Zu diesem Modelljahr waren die Stoßstangenhörner weggefallen.

aus dem Rennsport-Typ 908. Das Sperrdifferential, ebenfalls in der Aufpreisliste zu suchen, arbeitete nun mit anderen Sperrwerten.

Porsche-Puristen preisen die Zeitlosigkeit der Elfer-Linie, doch sie vergessen gern, daß auch ein Kultautomobil wie der Porsche 911 den Trends der Mode unterliegt. Die Modifikationen zum Modelljahr 1972 sind ein schönes Beispiel dafür. So mochte man Anfang der 70er Jahre bald keinen Chrom mehr sehen, und Porsche färbte einige Glanzteile mattschwarz ein, was für den damaligen Zeitgeschmack als rasant und sportlich galt. Nicht nur das 2.4-Emblem auf dem Motordeckel gab es „serienmäßig in Schwarz" (Werks-Text), sondern auch den Heckgrill und die Porsche-Einzelbuchstaben, das Targa-Emblem (am Bügel, der mattsilbern blieb!), sogar die Sitzbeschläge und die Griffe für Handgas und Heizung. Porsche formte mit der Chrom-Verbannung übrigens einen Trend, den die Designer von banaleren Automobilen durch die Bank aufgriffen. Als Ford-Chef Bob Lutz, ein Porsche-Fan und Träger von Porsche-Chronometern aus Butzis Designschmiede, 1975 das Ruder in Köln übernahm, ließ er sofort alle Chromteile der Taunus- und Granada-Modelle schwärzen!

Bei Porsche gab es 1971 auch neue Lackfarben, darunter Signaltöne, die zu Beginn der 70er als irrsinnig chic galten, aber als Sicherheitsfarben unter dem Deckmäntelchen der Vernunft vertrieben wurden. Porsche-Fans erinnern sich an so umstrittene Klassiker wie zum Beispiel „Vipergrün" (es sah wirklich giftig aus!), „Pastellblau", „Signalgelb" und „Signalorange". Die knalligen Töne haben zumindest ungeheures Überholprestige sichergestellt.

Ob's Mode war oder Funktion, darüber läßt sich noch heute streiten. Jedenfalls wuchs dem 911 im Jahr 1971 der erste Spoiler seines langen Lebens. Der S bekam ihn serienmäßig, im August 1971, und im November konnten T-Fahrer die Plastikschürze unter der vorderen Stoßstange als M-Ausstattung ordern. Viele rüsteten sie nach; die Stoßstangenhalterungen waren gleich geblieben. „Das Ergebnis intensiver aerodynamischer Forschung" sei die Schürze, sagte Porsche, und verwies auf die ruhmreichen Rennsport-908er und 917er. Am Elfer versprachen die Stuttgarter Wunderdinge: Die Luft könne nicht mehr unter den Wagen tauchen und dort die ohnehin kaum beschwerte Vorderachse entlasten. Außerdem sei beim verspoilerten 917 der Luftwiderstand um 35% gesunken. Der Spoiler mochte zumindest prestigeträchtig gewesen sein. Ob er schöner war - nun ja, darüber läßt sich heute eben streiten.

Weitere Änderungen für das Modelljahr 1972 waren:

- Der Motoröl-Tank wanderte vor das rechte Hinterrad. Die Maßnahme sollte erneut für eine verbesserte Gewichtsverteilung Vorderachse/Hinterachse sorgen. Der Öleinfüllstutzen befand sich hinter einem in Wagenfarbe lackierten Deckel unter dem rechten hinteren Seitenfenster. Das Türchen ließ sich mittels eines Zugknopfs in der Türschloßsäule der Beifahrerseite öffnen. Eine praktische Lösung, meinte Porsche, nur: Tankwarte und Porsche-Fremde versuchten, ihren Sprit dort unterzubringen. Zudem wurde es Passagieren, die den Weg auf den rechten Rücksitz gefunden hatten, dort zu heiß. So war der „Ölklappe" nur ein Jahr beschieden, und sie ist deswegen nur an 911 des Modelljahrgangs 1972 zu finden - mit Ausnahme des 959, dessen Fahrern die Techniker diese Lösung wieder zutrauten.
- Die hydropneumatischen Federbeine wurden auf die Aufpreisliste verbannt. Schuld daran war offensichtlich die geringe Akzeptanz der Käufer, die auch bei zivileren Versionen auf die Fahrwerkstechnik des Spitzenmodells erpicht waren.
- Es gab keine Stoßstangenhörner mehr.
- Der Außenspiegel wurde größer - und rechteckig!
- Der 911-Schriftzug am Handschuhkastendeckel entfiel.
- Das Armaturenbrett-Mittelteil und die Türtafel erhielten Applikationen im Farbton der Innenausstattung. Das Kunstleder war nicht mehr geprägt.
- Der 911 S bekam eine Trittschwellerblende aus Aluminium serienmäßig.
- Der 911 E hatte vorne nun wieder Grauguß-Bremszangen, ein Rückschritt - und im Modelljahr 1972 auch wieder Stahlfelgen! Ab 1973 verpaßten ihm die Porsche-Kalkulatoren die neuen Druckgußfelgen von ATS, die eigentlich erst von der G-Serie ab Herbst 1974 bekannt sind.
- Die Stoßdämpfer-Aufhängung an der Hinterachse wurde geringfügig modifiziert, was einen längeren Dämpferweg ergab und damit ein feineres Ansprechen auf Unebenheiten.
- Eine Besonderheit des Modelljahrgangs 1973 war der 85-Liter-Tank aus Kunststoff, den die E- und S-Modelle serienmäßig hatten (für 911 T gegen 380 Mark Aufpreis). Er ließ nur noch Platz für ein schmales Notrad, einen faltbaren Reservereifen (!), der durch eine beiliegende Preßluftflasche auf den vorgeschriebenen Reifendruck gepumpt werden konnte. Diese Konstruktion hatte Porsche für den Rennsport-Typ 917 entwickelt, um trotz Bemühung um Gewichtseinsparung dem Reglement gerecht zu werden, das ein Ersatzrad forderte. Beim 911 T blieb der 62-Liter-Tank in Serie, den freilich die Fachpresse durch die Bank als zu klein kritisierte.

So ging der 911 in seine letzte klassische Runde, bevor ihm Flügel wuchsen und dickliche Stoßstangen. Es waren übrigens die letzten Monate, in denen „Butzi" Ferdinand Alexander Porsche im Dienst des Mutterhauses stand; er verließ sein Zuffenhausener Büro zum März 1972. Sein Nachfolger wurde der lettische Designer Anatole Lapine, den Porsche von GM geholt hatte. Er kleidete den 911 vollends ins zeitgeistige Outfit der 70er Jahre ein, er kreierte den Bürzel, der Legende wurde - doch das ist eine andere Geschichte...

Es kommt drauf an, was man draus macht – Der schwerste Elfer aller Zeiten

Keiner war crashfester: Ein zehn Tonnen schwerer Beton-911 nahm 1974 seinen Dauerparkplatz in der Garage der Uni Konstanz ein. Der Abguß war ein Denkmal des Bregenzer Künstlers Gottfried Bechthold, der das Zeitalter der Tempolimits auf seine Art zementierte. Wahrscheinlich war dieser Elfer der schwerste Porsche aller Zeiten - und der am wenigsten korrosionsgefährdete...

Der Kunstkommission des Landes Baden-Württemberg war der Beton-911 nicht soviel wert wie ein originales Exemplar. Aber auch das massive Coupé kam auf 20.000 Mark, und es wurde von der Konstanzer Studentenschaft mit wenig Gegenliebe aufgenommen. Die Studiosi bewarfen das Beton-Auto mit Farbbeuteln, besprühten es mit Graffitis und behängten es auch mal mit einer ganz anderen Offerte: „Zu verkaufen, neuwertig, 0 km, alle Extras, verstärkte Karosserie." Darunter prangte die Telefonnummer des Konstanzer Rektors.

Wenn den Träumen Flügel wachsen –

Carrera RS, der Unvergeßliche: Schneller! Leichter! Heißer!

Es war im Jahr vor der Energiekrise. Ein paar Monate, bevor strikte Fahrverbote die deutschen Autobahnen leerten, kurz bevor über Sprit-Knappheit und Tempolimits diskutiert wurde. Zu dieser Zeit präsentierte Porsche einen Elfer, der sich unvergeßlich machte. Manche Fans halten ihn bis heute für den einzig wahren 911, den Carrera RS, der am 5. Oktober 1972 auf dem Pariser Salon stand.

Dort war er keine Sensation im eigentlichen Sinn, denn eine Illustrierte hatte schon Bilder gezeigt, und vor allem: Sie hatte die Leistungsdaten ausgepackt. Der Carrera RS röhrte über alle Hemmschwellen, die es zuvor gegeben hatte. 210 PS! 245 km/h! 5,8 Sekunden bis 100! 33.000 Mark! Das waren Werte, die sich ins Gedächtnis der Porsche-Freaks eingruben, die im Bauch rumorten, die für verzückte Blicke sorgen. Der Carrera RS avancierte prompt zum schnellsten deutschen Serienwagen jener Zeit, und er bewegte sich trotz des Spitzenpreises in Regionen, die noch begreifbar schienen - er war realer als zum Beispiel ein Lambo oder Ferrari.

Er bot Fahrern, denen das wichtig war, aber ebensoviel Prestige. Und Schuld daran war, genaugenommen, ein Versehen. Jene Fügung nämlich, die dem Carrera RS seinen legendären Entenbürzel wachsen ließ, den gewaltigen, provokativ aufgerichteten Heckspoiler an der Motorhaube, der zum Synonym für Kraft und (für manche Betrachter) Protz geriet. Natürlich mußte Porsche mehr Flügel machen, als jemals Carrera RS gebaut wurden - zahllose 911-Piloten montierten sich das Ding später an ihre Standard-Gefährte. Sie atmeten einen Hauch vom großen Traum und ignorierten kaltblütig die Tatsache, daß der TÜV jeden Bürzel-Elfer zur Einzelabnahme sehen wollte. Ab 1973 gab es den Spoiler im regulären Zubehörprogramm.

Porsche baute den Carrera RS, weil man „eine noch leistungsfähigere 911-Version für die GT-Rennen haben will", wie *Christophorus* im Herbst 1972 erklärte. „Die Heckflosse bringt 5 km/h Spitze", lockten die Hauschronisten. Doch eigentlich hatten die Konstrukteure den gigantomanischen Spoiler gar nicht gewollt, sondern planten, die Motorhaube einen Spaltbreit offenstehen zu lassen und so zu fixieren - das hätte den Geradeauslauf stabilisiert und außerdem thermische Vorteile gebracht. Vorbilder gab es in der Rennsport-Szene der frühen 70er Jahre genügend: Erinnert sei an die Fiat-Abarth- oder NSU-TT/TTS-Donnerbolzen jener Rennsport-Epoche. Die FIA (Féderation Internationale d'Automobiles) in Paris allerdings legte ein entschiedenes Veto ein. So entstand, in gegebener Hektik, der ausladende Plastikspoiler, der unter Design-Ästheten stets umstritten war, der gallige Ablehnung provozierte

Ein Bürzel macht Geschichte - sie begann am 5. Oktober 1972 auf dem Pariser Salon (links). Eigentlich mußte Porsche nur 500 Homologations-Autos bauen; es wurden drei Mal so viele.

und zärtliche Verehrung - jedenfalls geriet er Anfang der 70er Jahre zur Potenz-Ikone. Überliefert ist übrigens, daß Porsche die Hauben-Aufsteller schon fertig hatte. Sie sollen dann im Ersatzteillager verstaubt sein...!

Exakt 500 Homologations-Exemplare mußte Porsche auf die Räder stellen - es wurden letztlich dreimal so viele, was erstaunen konnte, denn der Carrera RS war zwar atemberaubend schnell, aber auch unglaublich karg. Porsche hatte ihn nicht als Boulevard-Cruiser entwickelt, sondern rigoros abgespeckt: Der RS brachte es in seiner leichtesten Version auf ein Homologationsgewicht von 900 Kilogramm; zum Vergleich: Soviel wog ein serienmäßiger VW 1303 mit 44 PS. Es braucht nicht viel Phantasie, sich vorzustellen, mit welcher rabiaten Kraft das 2,7-Liter-Triebwerk mit der leichten Hülle dieses Über-Elfers umsprang...

So imposant das Äußere des Carrera RS wirkte, so spartanisch ging es im Interieur zu: Statt hochwertiger Veloursteppiche hatten die Rennsport-Spezis sehr amtlich aussehende Gummimatten verlegt, es gab keine Zeituhr, sondern nur eine schwarze Plastikblende, die den Fahrer wie ein hohles Auge anglotzte. Die Recaro-Sessel wirkten unerhört pragmatisch in ihrer „rennsportmäßigen“ Ausstrahlung, fanden die Porsche-Pressetexter. Die hinteren Klappsitze waren natürlich weggefallen, ebenso wie die aufwendigen Türverkleidungen mit Kartentaschen und ähnlich dekadenten Beigaben: Statt dessen zerrten die Insassen an Lederriemen, mit denen sie die Türschlösser betätigen mußten. Die Diät-Experten aus Zuffenhausen feilten an den unglaublichsten Stellen - sie extrahierten beispielsweise die kleine Leuchte im Handschuhfach oder auch die Beifahrer-Sonnenblende. Das aus dem Volksporsche 914/6 stammende Sportlenkrad hatte einen kleineren Durchmesser als die 911er-Volants. Ein Autoradio galt in diesem Klima vermutlich als Dokument äußerster Inkompetenz.

Die Hülle des RS hatten die Zuffenhausener Techniker ähnlich konsequent erleichtert: Die Stoßstangen bestanden aus ordinärem, aber unerhört leichtem Plastik, wie auch der (serienmäßige) Frontspoiler. Statt einer unnötig schweren Chromleiste pappten sie eine schlichte Zierfolie auf die Stoßstangen. Die Scheiben waren aus speziellem

Fünf Stundenkilometer mehr versprach Porsche mit Heckflosse - der bald nur noch "Bürzel" heißen sollte. Geplant war er ursprünglich nicht, die Konstrukteure wollten zunächst nur die Haube etwas hochstellen, was die FIA ablehnte.

Dünnglas, in Belgien gefertigt, das gegen Ende der Produktion aber ausging, weil man nicht mit einem derart überbordenden Interesse gerechnet hatte. Der Motordeckel nebst Bürzel waren aus Plastik geformt, die Kofferraumhaube aus dünnerem und damit leichterem Blech gepreßt.

Überhaupt hatten die Schwaben an jeder Kante der RS-Haut geknausert und mit leichterem Blech gearbeitet, an Armaturenbrettkante und Kofferraumboden ein paar hundert Gramm eingespart, an der Dachhaut 2,7 Kilogramm, an den Türen zusammen 1,4 Kilogramm. Unter der vorderen Haube wohnte das leichtere, faltbare Notrad.

Die meisten Werksfotos zeigen den Carrera RS in seiner Standard-Lackierung, in Grand-Prix-Weiß mit seitlichen Carrera-Schriftzügen und rot, blau oder grün lackierten Fuchs-Felgen. Allerdings ging Porsche auf die Sonderwünsche der Kundschaft ein und lieferte den RS in jeder anderen Serienfarbe, allerdings nicht in Metallictönen. In diesem Fall entfielen die bunt lackierten Felgen und der modisch gestylte Schriftzug, der seinerseits wieder einen Trend gebar. Bald lieferte die Zubehörindustrie für jedes Brot-und-Butter-Auto solche Selbstklebefolien, die sich Opel-Kadett-Fahrer auf die Unterseiten ihrer Türen pappten. „Rallye" stand dann drauf oder „Turbo". Merke: Nicht jede Mode, die Porsche begründete, sollte dem Mutterhaus zur Ehre gereichen.

Der Motor! 2,7 Liter! Er war eine weitere Evolutionsstufe des Ur-Antriebs, jenes Aggregats, das inzwischen seine zehnte Saison erlebte und noch immer nicht ausgepowert war, das problemlos neue Kapazitäten zur Verfügung stellte. Die Hubraum-Erhöhung auf exakt 2687 ccm hatten die Porsche-Techniker durch Aufbohren erreicht, die Bohrung maß jetzt 90 statt 84,5 Millimeter. Das war durch eine Nikasil-Beschichtung der Zylinderwände zu realisieren (Nikasil steht für Nickel-Siliziumkarbid), eine Technik, die Porsche bereits im 917-Rennsportwagen erprobt hatte. Später realisierten die Motorentechniker sogar eine Bohrung von 95 Millimeter. Ansonsten entsprach der bullige Treibsatz dem des 911 S; es gab keine tiefgreifenden Optimierungen, abgesehen von einer geringfügig verstärkten Kupplung. Diese wenig dramatische Kraftkur ermöglichte unschlagbare Kraftentfaltung. Zehn Prozent mehr Leistung als der aktuelle 911 S, fast zwanzig Prozent mehr Drehmoment. Allerdings schwang sich der Carrera RS zu gesundem Durst auf: 20 Liter konsumierte der Über-Elfer ganz zwanglos - zum Trost durfte es aber ganz banaler Normalkraftstoff sein.

Es gab den Carrera RS in drei Ausstattungsstufen: mit der Normalausstattung aus dem Standard-911, als Straßenversion (wie beschrieben), und als RSR. Wie das Kürzel verriet, handelte es sich hier im Prinzip um ein reines Gruppe-4-Renngerät, nochmal erleichtert und 300 PS stark. Er kostete mit einem Schlag 25.000 Mark mehr als der reguläre RS - Porsche lieferte diese Granate ohne mit der Wimper zu zucken an Privatkunden, allerdings nur 49mal. Übrigens orderten nur 200 Asketen die Leichtbau-Straßenversion - das Gros der 1590 Carrera-Exemplare verließ die Händlersalons mit der Touringausstattung des 911 S. Die firmierte auf der M-Ausstattungsliste unter dem Code 472 und war für bescheidene 2500 Mark zu haben. Sie beinhaltete so verweichlichende Garnierungen wie etwa Kleiderhaken und Dämm-Matten.

Carrera RS von 1973, oben im Straßentrim, oft mit Komplettausstattung gekauft, unten in Rennsportausführung.

Puristen blickten mitleidig auf diese dekadent hochgerüsteten RS-Modelle, die immerhin 115 Kilogramm schwerer geraten waren als der karge Leichtbau-RS - und sie schwärmen noch heute von der (zumindest theoretischen) Möglichkeit, den damals 59.000 Mark teuren RSR mit Straßenzulassung ganz legal zu bewegen. Das ging, auch wenn es kaum ein Kunde tat, und der Gegenwert für den seinerzeit dramatisch hohen Kaufbetrag war berauschend. Die nüchternen Daten lesen sich so: Null auf 100 in 4,7 Sekunden; null auf 180 in zwölf Sekunden, Spitze 300 km/h - das war zu Beginn der 70er Jahre ein Wert, der keine Entsprechung fand, mehr noch, der selbst im gegenwärtigen Zeitalter der elektronisch abgeriegelten Über-Autos für höchsten Respekt sorgen kann. Der Drehzahlmesser des RSR reichte bis 10.000 Touren, sein aufgebohrtes Triebwerk schöpfte die exorbitante Leistung aus 2,8 Litern Hubraum - das maximale Drehmoment von 300 Newtonmeter klingt bis heute drastisch. Rennsportliche Ziele demon-

Die Carrera Panamericana

Seit wann ist der maskuline Carrera weiblich? Gar nicht, doch der Namensgeber ist es: Carrera Panamericana war der Name eines in den fünfziger Jahren populären Rennens (spanisch *carrera*), das auf normalen Straßen 3000 Kilometer weit durch ganz Mexiko führte. Von der Nordgrenze bis in den tiefen Süden bretterten die carrerista, die Rennfahrer; ein Abenteuer, dessen Ausgang ungewiss war. Fahrer wie Hans Hermann, Fürst Metternich und José Herrarte sorgten für Porsche-Erfolge, die sich - besonders in den nahen USA - gut vermarkten ließen. Die Reputation stieg merklich, die Zuffenhausener, zuvor klein und unbekannt, verschafften sich auf diese Weise langsam Respekt in der neuen Welt und halfen einen ihrer größten Märkte zu erschließen.

Seit dieser Zeit ist Carrera der Name sportlicher Spitzenmodelle im Porsche-Modellprogramm. Es begann mit dem 356A, der den RS-Spyder-Motor erhielt und zum wahren Geschoß mutierte. Diverse Rennsportmodelle hatten die Ehre, Carrera heißen zu dürfen. Doch erst 1972 stand der erste Elfer mit dem klangvollen Namen auf einem Automobilsalon - und die Fans fingen sofort Feuer. Zwar stand Carrera auch in den Folgejahren zunächst als ein Synonym für Sportlichkeit, doch verwässerten die Carreras nach und nach. Seit den 80ern schließlich heißt jeder 911 auch Carrera, und von spartanischer Sportlichkeit ist keine Rede mehr. Erst mit dem Kürzel RS bedeutet Carrera auch heute noch etwas ganz besonderes...

Die Konkurrenz im Tourenwagensegment hatte es schwer gegen Porsches bebürzelte Geräte - zur Erinnerung an diese Ära steht der obere RSR 2,8 im Porsche-Museum. Der Straßen-RS taugte natürlich blendend zum Rallyeeinsatz (unten).

strierten im übrigen der auf 110 Liter vergrößerte Tank und die brutale Bremsanlage, die prinzipiell dem Rennsport-Typ 917 entlehnt war.

Seine wahren Triumphe feierte dieses Auto denn auch nicht beim Verschrecken biederer Opel-Rekord-Fahrer auf der linken Bahn, sondern auf der Rennpiste. Die Tourenwagenklasse mischte der bebürzelte Carrera beispiellos auf, und auf dem internationalen Rallyeparkett blieb er unvergessen. Bei der 1973er Targa Florio hinterließ der RSR lange Gesichter in den Teams der Konkurrenz, und auf den GT-Kursen an der Nürburg, in Daytona oder Monza vernaschten die RS und RSR souverän so potente Mitbewerber wie die DeTomasos oder Ferraris und auch die fetten Corvetten von Chevrolet. Der Lohn dafür waren die GT-Europameisterschaften 1973 und 1974 - siehe Sport-Kapitel.

Dann war da noch ein Carrera-RS-Triebwerk, das nicht im Heck eines Porsche arbeitete, sondern unter falscher Flagge über die linken Spuren segelte: Das Hannoveraner Autohaus Nordstadt placierte einen 210-PS-RS-Motor als Mittelmotor in einen VW Käfer 1303! Das kugelige Geschoß erwies sich in den Händen diverser Testredakteure als nette Spielerei. 213 km/h durften als echte Ansage gelten, der Preis, den die Umbauer auf Anfrage für eine Serienfertigung nannten, schockte nicht minder: mindestens 60.000 Mark.

G-Punkte –

1973: Der 911 überlebt Amerikas Gesetze - und fährt trotzdem in die Krise

Sind die dick, Mann: Porsches Crash Bumpers provozierten Streitgespräche - heute wirken sie fast klassisch.

Die Gemeinde war geschockt. Deutsche Porsche-Puristen weigerten sich, zu verstehen, was gerade passiert war. Die amerikanische Fan-Gemeinde freilich war froh, daß der 911 überhaupt noch lebte. Worum es ging? Im Herbst 1973 kam die G-Serie des 911, und deren Antlitz erinnerte manche Porsche-Fans mehr an dröge schwedische Familienlimousinen als an einen Sportwagen-Mythos. Die dezenten Stoßstangen des Elfers waren fetten Sicherheits-Bumpers gewichen, die bei kleinen Rempeleien (bis 8 km/h, so hieß es) energieverzehrend wirken sollten und furchtbar sachlich aussahen. Der Federweg der neuen Alu-Stoßstangen betrug 50 Millimeter, und die Häme der Ästheten bezog sich in erster Linie auf den schwarzen Gummi-Faltenbalg, der die Stoßfänger zur Seite hin von der Karosserie abgrenzte.

Natürlich war Porsche nicht die einzige Firma, die für den US-Markt ihre Konzessionen machen mußte. Es waren düstere Zeiten für alle Autoklassiker der Welt, jene Jahre, in denen etwa der süße MG Midget ein plumpes Gummigeschwür auf die Kühlernase operiert bekam, der klassische MG B zum scheußlichen Gummiboot mutierte, der Alfa Spider von feisten *Crash Bumpers* entstellt wurde.

Anlaß waren jeweils die sogenannten *bumper rules* gewesen, ein weltweit einmaliges Gesetz: Es sah vor, daß bei Aufprallgeschwindigkeiten bis 5 km/h keine Reparaturkosten am Fahrzeug entstehen durften. Die Vorgabe war ein Produkt des geschärften Sicherheitsbewußtseins, das der Anwalt und Erfolgsautor Ralph Nader mit seinem Buch „Unsafe at any speed“ (zu deutsch: „Unsicher bei jedem Tempo") ausgelöst hatte. Der 911er war im Vergleich mit seinen Konkurrenten noch ganz gut weggekommen, was die Stoßstangengeschwulste betraf - doch es blieb ein Schock.

Seit Modelljahr 1973 im Porsche-Programm: die gegossene ATS-Leichtmetallfelge im klassischen 70er-Jahre-Stil

Die Porsche-Pressemannen unter Huschke von Hanstein versuchten, der erzwungenen Linie das Beste abzugewinnen - doch die Worte aus der Pressemappe vom 15. August 1973 wirken ziemlich bemüht: „Die neuen Aluminium-Stoßstangen mit dem ziehharmonikaartigen Faltenbalg vorn und hinten absorbieren nicht nur Aufprallenergie, sie verändern auch die altbekannte 911-Linie positiv. Der Wagen wirkt noch gestreckter, noch eleganter und zugleich kräftig. Die Sportlichkeit der Fahrzeuge wird durch diese neue Sicherheits-Stoßstange ebenso betont wie durch den Frontspoiler, der jetzt serienmäßig für alle Typen geliefert wird.“

Auf Wunsch (und für alle Amerika-Fahrzeuge) gab es die neuen Stoßstangen übrigens mit Aufpralldämpfer - das heißt, nach kleinen Parkplatz-Berührungen stellten sich die Stoßstangen automatisch zurück, nachdem sie eingefedert waren. Inlands-Exemplare trugen dage-

Targaorange! Ende der 60er Jahre ein populärer Elfer-Farbton, hier auf einem E von 1969 - später häufig überlackiert. ➤

S-P 7965

1974er Modellverwirrung: Der 911 löste den T ab, der S den E, der Carrera den S.

gen die einfacheren Prallrohre, die nach ungestümen Kontaktversuchen ausgetauscht werden mußten.

Freilich, die Modellpflege für das Jahr 1974 beschränkte sich nicht auf die umstrittenen Stoßfänger und serienmäßige Frontspoiler. Optisch waren die neuen Modelle zum Beispiel am „Chorgestühl" zu erkennen - so nannte man im Zuffenhausener Werksjargon die neuen, hochgezogenen Frontsitze; man sprach von „integrierten" Kopfstützen - damals *sicherlich* ein Fortschritt, zumal zum Modelljahr 1974 die Automatikgurte zum Serienumfang gehörten. Mit den niedrigen Serien-Sitzen hätten sie keinen Sinn gemacht.

Das Interieur hatten die Porsche-Designer generell überarbeitet. Die Türtafeln bekamen ein gestrafftes Outfit und eine Klappe auf dem Kartenfach. Neu waren die Leder-Lenkräder für den Carrera im bulliger wirkenden Dreispeichen-Design. Die Volants der beiden einfacheren Modelle entsprachen den bisherigen, allerdings besaßen sie jetzt einen großen, rechteckigen Pralltopf und einen etwas dickeren Kranz. Gegen einen Aufpreis von 180 Mark war das sportlichere Carrera-Lenkrad lieferbar. Zwischen Lenkrad und Lenksäule saß jetzt ein energieverzehrender Pralltopf, der sich bei einem Unfall stauchte.

Die Modellpalette: Der Carrera war kein Homologations-Sondermodell mehr, und die Versionen T und E verschwanden aus den Porsche-Katalogen. „Mit den Typenbezeichnungen macht man es den Leuten nicht ganz leicht", merkte *auto motor und sport* an. Ab August 1973 gab es nur noch drei Modelle: einen 911 ohne Buchstaben-Kürzel, den 911 S und den Carrera. Das verwirrte - der 911 löste den bisherigen T ab, der S den E, und der Carrera den S. Alles klar? Mehr Leistung als ihre Vorgänger hatten sie alle drei.

Alle 911er trugen jetzt Motoren mit 2,7 Litern Hubraum, exakt 2687 Kubik - das waren die Maße des Carrera RS. Erreicht wurde die Vergrößerung durch ein weiteres Aufbohren auf 90 Millimeter. Die Leichtmetallzylinder und die Nikasil-Beschichtung der Laufflächen waren Details, die Porsche-Fans ebenfalls bereits aus dem Carrera RS kannten. Die Leichtbau-Granate war übrigens aus dem Programm gekippt, wenn auch der Name Carrera überlebte. Der unveränderte 2,7-Liter-Motor wohnte allerdings nur noch in den serienmäßigen 911-Karosserien. Eine Dünnblech-Version mit asketischer Ausstattung gab es nicht mehr.

Geblieben waren dagegen die breiteren hinteren Kotflügel, aber generell war der RS-Weihrauch stark verdünnt: Einmal gab es den Carrera nun als Targa, was einen Widerspruch in sich markierte. Zum anderen verwässerten serienmäßige elektrische Fensterheber (ab Modelljahr 1975) den einstmals kompromißlosen

Das neue "Chorgestühl" verhinderte Verletzungen, die Kopfstützen waren immer richtig plaziert.

Anspruch. Und zum dritten hoben die Porsche-Marketingstrategen den Carrera-Bürzel ins offizielle M-Programm. Sie lösten damit einen hemmungslosen Bürzel-Boom aus - und kürten (ohne Willen) den Ur-Carrera in leichter RS-Version zum Kultmobil. Objektiv betrachtet hatte Porsche nur dem Wunsch der Kundschaft Rechnung getragen: Auf einen kargen Carrera waren sechs üppig ausgestattete gekommen.

Der Carrera behielt seine mechanische Doppelreihen-Einspritzpumpe, die Modelle 911 und 911 S hielt die bekannte Bosch-K-Jetronic bei Laune. Der 911 trat zum Modelljahr 1974 mit 150 PS bei 5700/min an, der 911 S mit 175 PS bei 5800 Touren, der 911 Carrera unverändert mit 210 PS.

Mit der G-Serie servierte Porsche eine ganze Reihe kleinerer Retuschen. Die wichtigsten davon waren:

- der auf 80 Liter für alle Modelle vergrößerte Tank aus Blech;
- nur noch der Fahrer des Basis-911 muß seinen Falt-Ersatzreifen mit Preßluft aufpumpen. S und Carrera besaßen einen kleinen Kompressor, der an den Zigarettenanzünder angeschlossen werden konnte;
- ein Rohrölkühler im vorderen rechten Radhaus sorgt beim S und Carrera für einen gesunden Temperatur-Haushalt;
- alle 911 haben jetzt einen vorderen Stabilisator;
- die verlängerten Fußpedale;
- die Hilfsfeder des Kupplungspedals, welche die Kräfte um ein Drittel reduzierte und den 911 in den Augen der Porsche-Presseleute „frauenfreundlicher“ erschienen ließ;
- der Wegfall der hydropneumatischen Federbeine aus der M-Ausstattungsliste;
- neue Hinterachslenker aus Leichtmetallguß;
- Entfrosterdüsen für die Seitenscheiben;
- stärkere Drehstromgeneratoren (980 Watt) für die Modelle 911 und 911 S - der Carrera behielt seinen 770er-Generator aus Gewichtsgründen;
- eine Batterie mit 66 Amperestunden im Kofferraum vorne links statt zweier 36er-Akkus in den vorderen Kotflügeln;
- eine Scheinwerfer-Reinigungsanlage gegen Mehrpreis;
- der Wassereinfüllstutzen für die Scheibenwaschanlage (Inhalt: 8,5 Liter) direkt neben dem Tankstutzen unter einem Deckel;
- der Targa der beiden einfacheren Versionen hatte plötzlich wieder ein Festdach, das aber auch Platz im Kofferraum fand. Gegen einen stolzen Mehrpreis von einem halben Tausender gab es auch die Faltkonstruktion, die beim Carrera serienmäßig war.

Oben: Die Zwangsentlüftung oberhalb der Heckscheibe sorgt für die Entlüftung des Innenraums.
Unten: Die frühe Zeit der Noträder - bei Porsche interessant gelöst.
Rechts: Haubendekor im Stil der poppigen 70er als Sonderwunsch.

PS 170

Zum 25ten Marken-Jubiläum lancierte Porsche eine Sonderserie von 500 Jubiläums-911ern, mit Ferry-Autogramm und Seriennummer rechts am Handschuhkastendeckel.

◄ Porsche hat in den Siebzigern den 911 entscheidend umgestylt - nicht zum Gefallen aller Fans. Die Ur-Form (hier ein 69er T-Targa) gilt vielen als höchster ästhetischer Genuß.

Mit dem Aus des volkstümlicheren 911 T hatten sich die Porsche-Preise wieder eine Stufe höher geschraubt; der Einstieg geriet einen Hauch unerreichbarer. Exakt 27.000 Mark kostete der 911, 31.000 Mark der 911 S, 38.000 Mark der 911 Carrera. Genaugenommen gab es in der G-Serie ein viertes Modell, wiederum eine Homologationsserie, aber in einer Auflage von nur 100 Wagen: Die Rede ist vom Carrera RS 3,0, mit 230-PS-Motor und Kotflügelverbreiterungen, die bereits an den späteren Turbo erinnern. Auch dieser Rennsport-Porsche konnte - theoretisch - auf normalen Straßen bewegt werden. Es blieb im übrigen bei der vorgesehenen Auflage, ein Boom wie beim Ur-RS fand nicht statt. Was sicherlich auch mit dem Preis zusammenhing...

Die 2,7er wurden mitten in die Rezession geboren - keine 10.000 Elfer setzte Porsche 1974 ab!

In den Zuffenhausener Preisregionen war die Luft ohnehin dünn geworden in diesem Krisenjahr 1973, der heißen Phase der Ölkrise. Doch selbst 1974, als der Sprit wieder zu Normalpreisen aus dem Zapfhahn floß, saß den Autokäufern der Schock im Nacken - sie hielten sich verschreckt von vierrädriger Versuchung fern. Porsche hatte zum ersten Mal in der Geschichte des Hauses einen Karriereknick zu verdauen, der Anlaß zu zeitweiliger Kurzarbeit gab. Die Zahlen lasen sich erschreckend: 15.415 Elfer hatten Zuffenhausen noch im Jahr 1973 verlassen. Im Jahr darauf waren es keine zehntausend mehr.

Die Rezession kündigte sich schon am 10. Mai 1974 an, jenem Tag, an dem Porsche den 25. Geburtstag des 356 feiern wollte, der im Mai 1949 sein Debüt auf dem Genfer Salon gegeben hatte. Die Stimmung war gedrückt; es war die Zeit, als Politiker um Tempolimits rangen. „160 km/h auf einer leeren Autobahn können für einen guten Fahrer und einen guten Wagen besser sein als 80 km/h in einer regnerischen Nacht für einen erschöpften Fahrer auf gleicher Strecke", mahnte Porsche-Chef Dr. Ernst Fuhrmann in seiner gemäßigt freudigen Laudatio. In Amerika pappten Porsche-Fans Aufkleber ans Blech ihrer Wagen, Aufschrift: „Ban low performance drivers, not high performance cars." Frei übersetzt: Verbietet unsichere Fahrer, nicht schnelle Autos.

Es blieb nicht bei Sprüchen. Während der Krise (die acht Wochen Kurzarbeit erzwang) spielten die Zuffenhausener Strategen alle Gedanken durch, unter anderem liebäugelten sie mit dem Bau eines Porsche-Motorrads. Man entschied sich gegen das Bike, weil das Motorrad „ein reiner Hobby-Artikel" sei und zudem „sehr gefährlich", wie Ernst Fuhrmann 1977 in einem Interview erläuterte. Auch der Tod des 911 war diskutiert worden; laut früherer Planung sollte 1974 das Jahr des Nachfolgers sein. Es kam nicht soweit, nicht zuletzt dank Entwicklungschef Helmuth Bott, der bekanntlich ein Verfechter der Elfer-Philosophie ist.

Der Mythos -

ein Drama in einem Akt, es stand im Christophorus 127 von 1974:

„Dezember 1973, mit 140 km/h fegte ein Schneesturm über Mitteleuropa. Wir fuhren von München auf der Autobahn Richtung Stuttgart mit dem 911 S, hinter Augsburg eine weiße Wand. Nebel? Es war Schnee in kaum je erblickter Dichte, von Verwehungen zog er hoch wie Staub. Erster Gang, kaum über Leerlauf, man fuhr mit Warnblinklicht, Wagen blieben mit zugepappter Scheibe und rutschenden Reifen stehen, nicht der Porsche. Volle Warmluft auf die Scheibe, die Wischer schafften unbeirrt ein klares Sichtfeld. Die Copilotin mußte melden, ob der Kurs noch parallel zur Leitplanke lag. Eine Ahnung kam auf: Wir kämpften uns durch eine Naturkatastrophe. Würden die Kerzen unverölt mitmachen - stundenlang mit Minimaldrehzahl? Der Motorlauf blieb unbeirrt, die Bodenhaftung der Antriebsräder zuverlässig. Hinter einem Stau, der zu absoluter Blockade bis in die Morgenstunden geführt hat, riskierten wir den Schwenk auf unbekannte Nebenstraßen, die vom Wind spiegelglatt gefegt waren, teils knietief von Verwehungen bedeckt. Wir kamen an, ganz undramatisch. Für den Porsche war es nichts gewesen, eine Fahrt wie jede andere."

Porsche wagte die Flucht im Rückwärtsgang - mit einer drastisch retuschierten PR-Konzeption. Mit bodenständiger Aura mühten sich die Porsche-Werber unter der Ägide Huschke von Hansteins, das Schickeria-Image abzuschütteln, das Porsche in den fetten sechziger Jahren durchaus selbstbewußt zementiert hatte. Außerdem sollten die Porsche-Werber das Argument der Alltagstauglichkeit hervorheben. „Waren es früher die Argumente aus dem Trophäenschrank, die für reißenden Absatz und lange Lieferfristen sorgten, so kündet ein neuer Ton vom aktuellen Trend", wußte *auto motor und sport* im März 1975 zu berichten. Die Schlagzeile hieß: „Nur fünf von 100 Porschekäufern sind Rennfahrer."

„Das Vorurteil vom brüllenden Ungetüm ist völlig unzutreffend", beschwichtigte Porsche-Pressesprecher Manfred Jantke und rückte gerade, daß der 911 „mühelos von einer Hausfrau gefahren werden kann." In *auto motor und sport* zählte Jantke die Vernunftsgründe auf, die zum Porsche-Kauf führen könnten, etwa die „rohstoffsparende, kompakte Baugröße", die langen 20.000-Kilometer-Inspektionsintervalle, den Konsum von Normalbenzin. Porsche-Verkäufer erhielten umgestrickte Argumentationsmappen und wurden während Schulungen auf Gran Canaria auf den volkstümlichen Kurs geeicht. Bedeutungsschwer überliefert ist der Satz des Porsche-Marketingchefs Georg Ledert: „Porsche-Kunden sind nicht so leicht zu beeinflussen wie ein Zwölfjähriger, der einen Marsriegel haben will, weil Bomber Müller den im Fernsehen vorgeknabbert hat."

Porsche ging sogar noch einen Schritt weiter; die Redaktion des *Christophorus* scheute auch nicht das Sakrileg - und propagierte den 911 im Juli 1974 als Zugfahrzeug. „Porsche mit Anhänger,

7208
AA EA 911

Mit Kontinuität aus der Krise –

1974: Porsche und „die wache Selbstkritik"

Dreierlei: Der Traum-Porsche der Mittsiebziger hieß turbo (rechts - siehe nächstes Kapitel).

Die Ölkrise hat Porsche ein paar Federn gekostet: Mitte 1974, zum Modelljahr 1975, ist die Mitarbeiterzahl auf den tiefsten Pegel der siebziger Jahre gesackt - 3386 Porsche-Werker arbeiten in Zuffenhausen, rund 17% weniger als im Jahr zuvor. „Zum Glück hatten wir damals nie Probleme mit Gewerkschaften", resümierte später der Finanzvorstand Heinz Branitzki über diese düsteren Tage.

Neue Probleme verlangten andere Ideen, auch fürs Image der Sportmarke: Porsche schickte 1974 einen Sportomatic-911er mit merkwürdigen Manieren in den Stuttgarter Stadtverkehr. Stand das Fahrzeug länger als drei Sekunden im Leerlauf, drehte ein Relais die Zündung ab - Ausschlag gab der elektronische Tacho über eine Tranistorschaltung. Durch langsames Treten des Gaspedals wurde die Zündung über einen eingebauten Startkontakt reaktiviert. Wenn eine Fahrstufe der Sportomatic eingelegt wurde, setzte sich der Versuchs-Elfer in Bewegung; der Öldruckgeber verhinderte, daß der Anlasser bei laufendem Motor betätigt wurde.

„Studie zur Herabsetzung des Kraftstoff-Verbrauchs und der Abgasemission im Stadtverkehr" nannten die Zuffenhausener Techniker den Versuch, der heute wieder neue Aktualität hätte. Porsche hat das Projekt nicht weiter verfolgt, doch es zeigt den Willen (oder die Pflicht), sich zu rechtfertigen für das Streben nach Kompromißlosigkeit.

„Porsche muß sich auch mit den autofeindlichen Tendenzen auseinandersetzen", berichtete der *Christophorus* in Ausgabe 134/75: „Mit dem Rücken zur Wand haben die Stuttgarter tapfer gekämpft. (...) Schnelligkeit steht auch nicht mehr an erster Stelle zur Auszeichnung eines Sportwagens, sie ist vielmehr eine Dreingabe zu Sicherheit, Umweltfreundlichkeit und Komfort." Unter diesen Vorzeichen präsentierte Porsche die H-Generation der 911-Reihe. Vorerst schien die maßvoll optimierte Modellreihe die einzige Neuerung dieses Jahres zu sein... - bis zum 2.Oktober 1974. Aber das ist eine andere Geschichte, nachzulesen im nächsten Kapitel.

Noch einen Blick in den *Christophorus*: „Kein Auto ist so perfekt, daß man nicht unablässig daran weiterarbeiten müßte. Porsche tut es mit wacher Selbstkritik, aber sie ergab keinen Sinn für tiefgreifende Änderungen."

Vorerst blieb die Modellpalette unberührt: Es gab den 911 mit und ohne S, den Carrera, alle drei als Targa oder Coupé. Die Motoren blieben unverändert, nur an der K-Jetronic des 911 und 911 S wurden Details wie Leitungsanschlüsse oder die Kraftstoffpumpe geändert.

Die wohl wichtigste Modifikation spielte sich im Verborgenen ab, wenngleich

◄ Kein Original, sondern aufwendig restauriert: Ein später 911 S.

sie (wieder einmal) an einem wunden Punkt des Klassikers rührte: der immer noch häufig benörgelten Heizung. Ein zusätzliches elektrisches Gebläse zwischen dem Motorkühlgebläse und den Wärmetauschern sollte bei 911 und 911 S die Heizwirkung verstärken, das heißt, in allen Betriebsbereichen eine gleichmäßigere Heizluftmenge fördern. Bisher war der Heizluftverlauf linear gewesen, bei stehender Maschine strömte also kein warmer Hauch durch die Belüftungsschlitze - jetzt pumpte das Gebläse auch bei Stillstand Warmluft zu den Passagieren. Das Gebläse lief nach Einschalten der Zündung immer mit, um die Wärmetauscher zu kühlen, auch wenn die Heizung abgestellt war. Zum Starten schaltete es sich automatisch ab. Deshalb rollte jetzt auch der Carrera der H-Serie mit erhöhter Lichtmaschinen-Kapazität an - 980 statt 770 Watt. Mit zwei Hebeln konnten Porsche-Piloten nun die Heizluft für rechts und links dosieren; im Carrera und im späteren turbo fanden die Käufer eine vornehme thermostatisch gesteuerte Regelung der Innenraum-Temperatur vor.

Die sonstigen Retuschen waren für Normalkäufer kaum zu bemerken: Die Wärmetauscher waren mit dem Modelljahr 1975 aluminiert, zugunsten einer höheren Lebensdauer; bei 911 und 911 S waren die Aufnahmeböcke für den gegen Mehrpreis lieferbaren Stabilisator nun serienmäßig (was das Nachrüsten erleichterte); und die gegen Mehrpreis erhältliche Lederausstattung umfaßte nicht mehr nur die Sitze, Seitenteile und die Fondrückwand, sondern auch „Armaturentafel-Oberteil, Hutablage und Leistenpartien", so die zeitgenössische Porsche-Info, die gleichzeitig feinere Lederqualität versprach. Das Lederlenkrad gehörte weiterhin zu den Serienfeatures.

Beim 911 kündigte sich der Abschied von alten Sportwagen-Tagen an: Die chromglänzenden Radkappen im Stil der seligen 356 verschwanden endgültig im Museum; auch dem kleinsten Porsche hatten die Männer am Rotstift serienmäßige Alufelgen spendiert. In der noblen Welt der Porsche-Verkaufsprospekte hattem die Stahl-Scheibenräder zuletzt wie Fremdkörper gewirkt; kaum ein Kunde mochte sie noch haben. Statt der antiken 5 1/2 Jx15-Räder mit 165/15er Gummis (wie beim VW 1600) gab es zum Modelljahr '75 die Druckguß-Leichtmetallfelgen mit Reifen der Dimension 185/70 VR 15, jene Räder, die Porsche-Freunde von den stärkeren Modellen kannten. Eine weitere Serien-Beigabe für den kleinsten Elfer waren serienmäßige hintere Ausstellfenster. Der 911

Kaum modifiziert ging der 911 ins Modelljahr 1975.

Carrera erhielt zum neuen Jahrgang „neuen hochflorigen Velours-Teppichboden", die Außenspiegel und Scheinwerferringe in Wagenfarbe und einen mattschwarzen Targabügel.

Erstmals tauchte in Porsches Preislisten zum Modelljahr 1975 ein Gimmick auf, das deutschen Autokäufern irritierend vorkommen mußte: der *Tempostat*, wie er damals hieß. Heute nennt man die Tempo-Arretierung umgangssprachlich Tempomat; die Amis liebten sie als *Cruise Control*, und sie orderten den Elfer verstärkt mit dieser Beigabe. In Deutschland war das ganz neu, eine Entwicklung von VDO in Frankfurt: Einstellbar waren Geschwindigkeiten zwischen 40 und 180 km/h; zum An- und Ausknipsen saß ein kleiner Hebel in der Nähe des Lenkrads. Ein Stellmotor betätigte das Gasgestänge des Triebwerks, Impulse erhielt er von der Hinterachse. Mit Berührung des Brems- oder Gaspedals schaltete sich die Tempoautomatik aus. Nach dem Kuppeln klinkte sie sich selbsttätig ein und pushte den Elfer maßvoll auf die einjustierte Wunschgeschwindigkeit zurück. Die Anlage bestand aus einem elektronischen Regler, einem Stellglied, einem Bedienungsschalter, einem Kupplungsschalter und einem Tachogeber - Aufpreis: 430 Mark, ein erstaunlich sozialer Kurs.

Überhaupt, nie zuvor war die 911er-Mehrpreisliste ähnlich prall gefüllt. Neben den klassischen Optionen wie Targa-Version (2000 Mark), Fünfganggetriebe (650 Mark) und Sportomatic (1000 Mark) konnte eine Klimaanlage geordert werden (für 2400 Mark), gab es alternativ das Stahlschiebedach (2490 Mark), natürlich ein Sperrdifferential (690 Mark), aber auch den üppigen Spoilerbesatz (für 2300 Mark!) und eine gar nicht billige Metalliclackierung - 1000 Mark teuer. Zuzahlen durften die Porsche-Kunden selbst für Standards wie eine Scheibenwischer-Intervallschaltung (50 Mark - das gab es selbst bei Bieder-Kutschen wie dem Mercedes 200 D serienmäßig!) oder die Nebelschlußleuchte (65 Mark).

Wie stand er da, der 911er, im zwölften Jahr seines Lebens, kurz nach der Auto-Dämmerung? Nicht nur Zweifler sprachen immer wieder über seine Ablösung; tatsächlich köchelten in Porsches Versuchsabteilung ja schon 924 und 928 der Serienreife entgegen... *auto motor und sport* verglich den 911 S im Sommer 1974 mit seinen Hauptkonkurrenten: Als zweiter Sportler Stuttgarter Produktion trat der Mercedes 280 SLC an, die Münchner schickten den BMW 3.0 CSi ins Rennen, und als Exot nahm der Alfa Romeo Montreal teil, der einzige Achtzylinder im Rennen. Der Porsche war mit damals 175 PS der schwächste der Konkurrenten, eine Tatsache, die heute überraschen mag.

Trotz seines PS-Defizits wurde der Zuffenhausener Kandidat Sieger in den Disziplinen Beschleunigung und Höchstgeschwindigkeit. Das niedrige Gewicht des 911 half natürlich, die 100er-Marke in 7,5 Sekunden und eine Höchstgeschwindigkeit von 230 km/h zu erreichen. Alfa und Porsche waren die *echten* Sportwagen des Vergleichs; BMW und Mercedes prägte eine Limousinen-Anmutung (und eigentlich auch -herkunft). Für seine Form erhielt der Porsche noch immer Lob, „gerade wegen ihrer Schlichtheit kommt sie dem Ideal des klassischen Sportwagens am nächsten", notierten die Stuttgarter Tester. Punkte abgeben mußte der Porsche allerdings wegen der bescheidenen Kofferraumgröße, der mangelhaften Übersichtlichkeit, der nicht ganz zufriedenstellenden Heizung. Auch weckte die mangelnde Elastizität den Argwohn der Tester: Unter 4000/min tat sich nicht allzu viel, und oberhalb von 6500 Touren riegelte der Begrenzer ab. Der Bereich dazwischen sei, so die Tester, zwar beeindruckend, aber in Verbindung mit dem serienmäßigen Viergang-Getriebe ein wenig knapp gehalten. Selbst bei ausgedrehten Gängen könne kein vernünftiger Anschluß nach dem Hochschalten gefunden werden, bemängelte die *ams*-crew.

In der Zielgeraden lag der Porsche schließlich auf dem zweiten Rang, knapp hinter dem BMW. Trotz aller 911-gewohnten Qualitäten, unter anderem dem hohen Verarbeitungslevel und dem stabilen Fahrverhalten, waren die Tester vom Mangel an Elastizität enttäuscht. Andererseits: Die Preis-Indexwertung des Stuttgarter Fachmagazins attestierte dem Elfer das beste Preis-/Leistungsverhältnis aller vier Bewerber. Viel Auto für's Geld!

LB-AV 225

Blow up –

1974: Der Turbo fährt die Konkurrenz in Grund und Boden

Mit dem Turbo brach der 911 auf in neue Leistungswelten: 260 PS reichten für mehr als 250 km/h.

Schon immer hatte es unter Porsche-Piloten diesen geheimen Traum gegeben: Nicht vorne, sondern ganz vorne mitzufahren. Vor den Ferraris, den Maseratis, neuerdings auch den DeTomasos und Lamborghinis - jenen Monster-Geräten, die den Kaufpreis der Standard-Elfer nochmal ordentlich übertrafen.

Mitte der siebziger Jahre konnte das klappen. Am 2. Oktober 1974, Schlag 15 Uhr, standen handverlesene Journalisten auf dem Pariser Salon vor dem neuen Über-Porsche. Kein Gramm Chrom war am Äußeren des neuen Autos zu entdecken, das vorn auf 185ern, hinten auf 215er Reifen stand, das die Kotflügelbacken aufgeblasen hatte wie weiland der 1973er RSR und den neu gestylten, flacher gewordenen Carrera-Spoiler am Heck trug. Und dann war da noch dieser dezent wirkende Schriftzug: *turbo*. Schlicht und einfach.

turbo - das war fortan ein Synonym für Super-Sportwagen, für pure Kraft. Mit dem Turbo gebar die Legende 911 einen neuen Mythos: 260 PS stark, über 250 km/h schnell, 65.800 Mark teuer. Das war zu Zeiten, in denen ein Ferrari 308 GT 4 für rund 17.000 Mark weniger zu haben war! Dafür versprach Porsche „exzeptionelle Beschleunigungswerte" - wohl wahr. In sechs Sekunden schoß der Turbo zur 100er-Marke, bei 160 im Vierten drehte er immer noch unter 4000; in weniger als 20 Sekunden war die 200-km/h-Marke erreicht, die noch lange nicht das Ende markierte. Die Konkurrenz, hauptsächlich aus den namhaften Italienern bestehend, unterbot 26 Sekunden nicht - das war ein Niveau, bei dem der 911 Carrera noch mithalten konnte.

Die Höchstgeschwindigkeit erreichte der Turbo bei vergleichsweise zivilen 6000/min, zwischen 4000 und 6500 Touren standen dauerhaft über 200 PS zur Verfügung. Das Leistungsgewicht lag bei 4,4 kg/PS.

„Die Firma Porsche wird ihrem Modellprogramm die Krone aufsetzen", hieß es in der ersten Pressenotiz vom Oktober 1974. Und obwohl die Zuffenhausener Strategen anfangs vorsichtig von einer 500er Kleinserie sprachen, was mitten in der Ölkrisenstimmung angebracht schien, war das ein erhobener Zeigefinger gegen die Konkurrenz. Oder, eleganter formuliert: „Porsche versucht sich gegen hubraumstärkere Sportler mit einer neuen Technologie zu behaupten. Immer wieder wird der vermeintliche Hubraumnachteil angesprochen, es wird genauso oft beteuert, daß die Motorcharakteristik durch den Turbo eine ganz andere und mit Saugmotoren gar nicht zu vergleichen sei", so die Porsche-Veröffentlichung zum Pariser Salon. Mit seiner Potenz reihe sich der Turbo „in die oberste Kaste automobiler Leistungsfähigkeit ein".

Seine sportliche Herkunft sollte auch durch seinen Namen verdeutlicht werden: *Strabo* war zunächst im Gespräch gewesen, ein Verkürzung von Straßenturbo. Offiziell hieß der Turbo übrigens 930, und werksintern ist das auch die korrekte Bezeichnung. Nur: Kein Porsche-Fan wollte sich daran gewöhnen. Er blieb ein Elfer, trotz der erheblichen Unterschiede. Das sah auch Porsche ein, und schrieb fortan meistens *911 turbo* (oder auch nur *turbo*), wenn der Stärkste gemeint war.

Kernstück der Kraftkur war eine optisch kaum auffallende Konstruktion, ein Turbolader des Herstellers *Kühnle, Kopp und Kausch*, Typ KKK 3 LDZ, mit einem Ladedruck von maximal 0,8 atü. Der Lader war auf der linken Motorseite am Schalldämpfer angeflanscht - und nur von unten sichtbar. Zwei Schaufelräder, die auf einer gemeinsamen Welle saßen, waren das Wesentliche des Aggregats. Eine Turbine lag im Abgasstrom und wurde von diesem angetrieben; dabei wurden Drehzahlen bis zu 90.000/min erreicht. Verbunden mit dem zweiten Schaufelrad komprimierte dieses (als sogenannter „Verdichter") die Ansaugluft und führte sie dem Zylinder zu. Die dazugehörigen Verdichter- und Turbinengehäuse waren durch ein Lagergehäuse miteinander verbunden, in dem auch die schwimmende Lagerbüchse für die Turbinenwelle saß. Schwimmend deshalb, weil sie sich mit rund 30.000/min mitdrehte und somit nur die Differenz von circa 60.000 Touren zu verkraften hatte. Salopp ausgedrückt: Der sonst nutzlos verblasene Abgasstrom sorgte hier für eine bessere Energieausnutzung, die bei vergleichbarer Leistung niedrigere Drehzahlen ermöglichte. „Der Turbolader erzeugt eine Zylinderfüllung und einen Mitteldruck, wie er mit regulären Saugmotoren nicht zu erreichen ist", hob Porsche in der ersten Pressemappe hervor. Außerdem wirke der Turbolader im Abgassystem schallmindernd, wie ein zusätzlicher Dämpfer. Um schon bei mittleren Drehzahlen Leistung zu bringen, mußten die Techniker den Lader klein dimensionieren, damit er rechtzeitig Ladedruck aufbauen kann. Überschüssige Abgas-Energie wird per Bypaß direkt in den Auspuff geleitet, unter Umgehung der Turbine. Porsche sah durch die Abgasnutzung in der Turbo-Philosophie alles in allem auch einen umweltschützerischen Aspekt. Trotzdem: Die Entscheidung, ein solches Auto zu bauen, fiel nicht leicht. Doch der damalige Porsche-Chef Ernst Fuhrmann stand hinter dem Turbo. Wer damals noch krisenbedingt zögerte, weiß heute längst, daß die Entscheidung richtig war.

Die Genese des 911 Turbo war eine logische Entwicklung. Sie fußte auf der Erkenntnis, daß mit Beginn der 70er Jahre die Mega-Sportwagen mit edlen, aber starken Triebwerken oder superpotenten Ami-V8-Motoren ihre Blütezeit erlebten - der Elfer in seiner konventionellen Form aber vorerst am Ende seiner Kapazitäten war. Mit dem Saugmotor im Carrera RS, mit 2,7 Litern Hubraum und 210 PS schien das Ende der Fahnenstange erreicht, eine konventionelle Weiterentwicklung des Aggregats schied daher aus. Allein der Turbo konnte die Regentschaft auf der Überholspur sichern - zumal Porsche mit Abgas-Turboladern in den Rennsport-911ern bereits üppige Erfolge eingefahren hatte (siehe Rennsport-Kapitel).

Der Turbo war also keine Technik-Revolution, im Gegenteil: Für Porsche schien er als kalkulierbare Größe; bei anderen Herstellern hatte er in Flugmotoren und im Nutzfahrzeugbau zu Beginn der 70er Jahre bereits eine Heimat gefunden. Auch BMW darf nicht vergessen werden. Die Münchner präsentierten ihren 2002 turbo schon ein Jahr

Fahrspaß ohne Grenzen! Aber wehe, wenn in Kurven der Lader einsetzte...

Kraftwerk: Der Drei-Liter-Boxer mit Turboaufladung (1975)
Kleines Bild: Der Turbclader im Schnitt

Noch baute Porsche nur den Elfer: als Turbo, Carrera (hier mit Targa-Karosserie) und 911, die Basisversion.

zuvor, auf der IAA 1973. Der 212 km/h schnellen Sportlimousine war allerdings kein langes Leben beschieden, sie wurde nach nur einem Jahr Bauzeit wieder eingestellt.

Als Triebwerksbasis diente der bekannte Sechszylinder der „kleinen" Elfer, allerdings auf drei Liter aufgebohrt - die Bohrung stieg um 5 auf 95 mm; der Hub betrug unveränderte 70,4 mm. Die Hubraumvergrößerung war nötig, damit der Motor auch unterhalb der turborelevanten Drehzahl genügend Durchzugskraft bringt.

Porsche hatte als erster Hersteller die Turbo-Technik mit einer kontinuierlichen Kraftstoffeinspritzung (Bosch K-Jetronic) verbunden, deren Lieferschwierigkeiten anfangs auch für Verzögerung bei der Turbo-Fertigung sorgten.

Der Porsche Turbo konnte so auch die verschärften amerikanischen Abgasnormen erfüllen. Daß die Kraftkur erwartungsgemäß mit nur geringer Kilozunahme einherging, dokumentiert übrigens das Gewicht des Treibsatzes: 207 Kilogramm. Zu den Turbo-spezifischen Extras gehört ein zusätzlicher Ölkühler im Hauptstrom. Änderungen am Aggregat bestanden unter anderem aus einem steiferen Aluminiumgehäuse, einem schneller laufenden Kühlgebläse und einer größeren Kupplung. Das höhere maximale Drehmoment von fast 35 mkg bei 4000/min mußte ja irgendwie verdaut werden (Vergleich: der 911 S leistete 24 mkg/4000 Touren; ein VW Polo mit 900 ccm nur 6,2 mkg/3500 Touren). Die Porsche-Techniker vergrößerten den Kupplungsdurchmesser auf 240 Millimeter, und statt der Gummitorsionsdämpfer des 911 wurden die Stahlfedern des Carrera RS verwendet. Trotzdem hatte die Kupplung keine großen Reserven, und Porsche warnte deswegen auch vor wiederholten „Rennstarts". Um die Komforteinbußen zu lindern und die Kupplung gut dosierbar zu machen, änderten die Techniker die Pedalerie geringfügig ab und bauten die Servofeder des 911 ein.

Dem Turbo hatten die Porsche-Techniker ein eigenes Getriebe angepaßt, ein Viergang-Räderwerk, das sich in der Praxis den Ruf erwarb, nicht zu den leichtgängigsten im Land zu zählen. Es handelte sich um eine Neuentwicklung auf Basis des bisherigen 911-Getriebes (Typ 915) - es sollte nicht nur im Turbo arbeiten, sondern auch die Basis einer neuen Generation von Rennsport-Räderwerken sein. Deswegen wurden die Zahnräder verbreitert, um so den gestiegenen Anforderungen nach Leistungsübertragung auch unter extremen Bedingungen gewachsen zu sein. Höher belastbare Werkstoffe wie ein Gehäuse aus Silumin untertützten dieses Bestreben. Dies war auch im Sinne des Turbo, der so zu einem ausreichend dimensionierten Getriebe kam. Exaktheit war das höchste Entwicklungsziel; auch an der Synchronisierung hatten die Zuffenhausener gearbeitet, um das Einlegen des ersten Ganges zu vereinfachen. Leider fehlte den Porsche-Technikern nun der Platz für einen fünften Gang - doch die Zuffenhausener glaubten an die Elastizität und Durchzugskraft des bulligen Ladermotors: „Den Fünfgang-Enthusiasten wird es sicherlich schwerfallen zu glauben, daß sie auf der Autobahn nur den vierten Gang, auf Bundesstraßen nur den dritten und vierten Gang, in der Stadt fast nur den zweiten Gang benötigen", schrieb *Christophorus* über die ersten Turbo. Dafür ging der zweite Gang fast bis Tempo 150!

Premiere im Serien-Bau feierte im Turbo die kontaktlose Hochleistungs-Kondensator-Zündung (HKZ genannt), die Porsche und Bosch ursprünglich für den Renn-Carrera entwickelt hatten. Im Über-Elfer sollte sie vor allem verhindern, daß im Alltags-Verkehr die Kerzen verrußen können und außerdem für ein exaktes Einhalten des Zündzeitpunkts sorgen. Porsche war stolz auf die Großstadt-Tauglichkeit des Supersportlers - das dokumentiert das gewandelte Anforderungsprofil an die Zuffenhausener Produkte. Schnell sollten sie sein, aber auch unproblematisch, komfortabel, weniger fordernd. So verkündete Porsche, daß der aufgeladene Elfer auf „alle negativen Attribute konventioneller Höchstleistung" verzichte: „Denn je nach Bedarf ist der Porsche Turbo braves Arbeitspferd oder edler Renner.„

Darüber, ob der 911 Turbo nun mit billigerem Normal-Kraftstoff zu befüllen war oder Supersprit forderte, stritten sich zur Premiere des Megasportlers übrigens die Gelehrten: „Daß er, wie alle anderen Porsche-Motoren, mit Normalbenzin betrieben werden kann, ist ein Beweis für die Fortschrittlichkeit, die sich mit Porsches System der Abgasaufladung verbindet", verkündete die Porsche-Presseabteilung. Das Fachblatt *auto motor und sport* dagegen plädierte für Superbenzin mit mindestens 96 Oktan (ROZ). Die für diese Frage wichtige Verdichtung betrug rechnerische 11:1, wenn die Vorverdichtung des Turboladers mit einbezogen wird. Der Nominalwert von nur 6,5:1 täuscht über die wahren Verhältnisse weg.

Das Fahrwerk des Turbo war eng verwandt mit den Standard-911ern,

eingeflossen ist aber einige Rennerfahrung, zum Beispiel die geänderte Kinematik der Vorder- und Hinterachse, die vom Turbo RSR bzw. Carrera RSR abgeleitet war. Die Porsche-Ingenieure hatten insbesondere den Sturz- und Vorspurverlauf der Vorderachse geändert, damit ging der schnelle Turbo bei starkem Bremsen nicht so in die Knie. Auch an der Hinterachse modifizierten die Techniker: Die neuen Hinterachslenker waren aus Alu gegossen und steifer, durch Verkürzen der Schwingarmlänge und geringfügiges Anheben des Drehpunkts wurde der Sturz- und Vorspurverlauf geändert. Die steifere Radnabenlagerung hatte ihr Vorbild im Renn-Porsche 917. Zusammen mit der härteren Grundfederung und den Stabilisisatoren an beiden Achsen sollten diese Maßnahmen die Elastizität aus der Radaufhängung nehmen und den Turbo in Kurven von extremen Lastwechselreaktionen befreien, was freilich nur in begrenztem Maß gelang. Der Turbo erwartete von seinem Betreiber besonderen Respekt und ein ordentliches Maß an Fahrkönnen; Verzeihen war nicht seine größte Stärke.

Lenkung und Bremsen stammten aus dem Carrera 2.7. Für traditionell gute Verzögerungswerte war Porsche bekannt (und ist es heute noch), die Bremsen haben die Zuffenhausener nie vernachlässigt. Beim Turbo jedoch gab es Probleme: Zwar war, ebenfalls als Rennsport-Anleihe, geplant gewesen, gelochte Bremsscheiben von Beginn an zu ver-

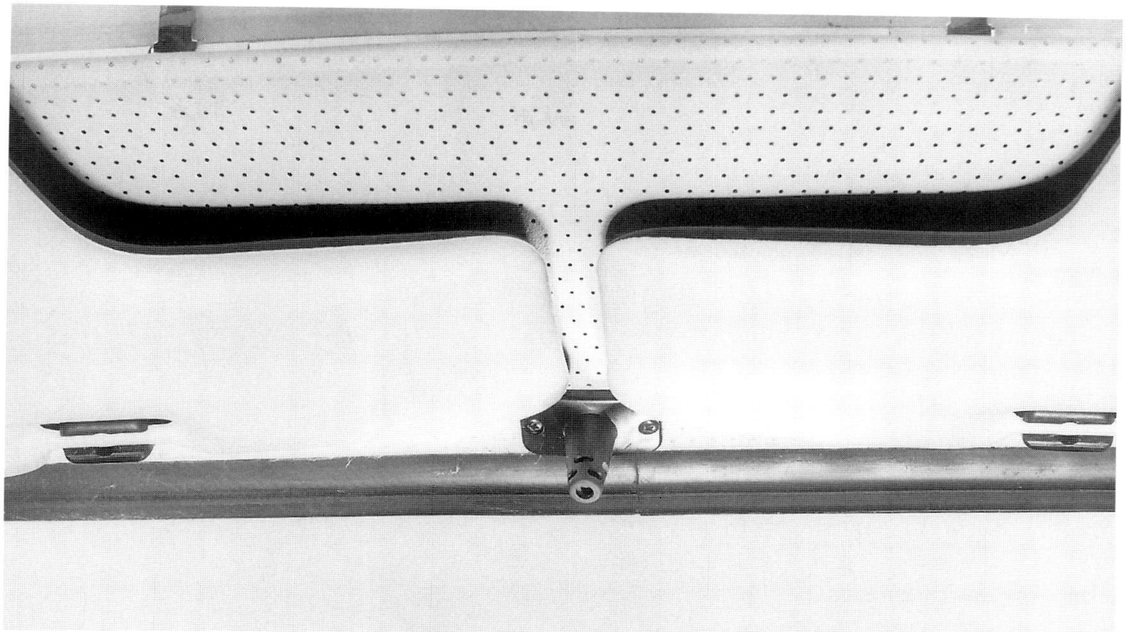

wenden, um für ausreichende Wärmeabfuhr zu sorgen. Doch es gab Probleme bei Versuchen, und so mußten Turbo-Kunden noch bis zum Herbst 1977 auf die fadingsicheren Bremsen warten.

Im übrigen waren Federn und Dämpfer härter abgestimmt als bei den Serien-Elfern, es gab eigens entwickelte Bilstein-Stoßdämpfer, der Leistung angepaßte Stabilisatoren und Distanzstücke zur Spurverbreiterung. Die Federung war weniger auf Komfort ausgelegt als bei den schwächeren Modellen - was nicht heißt, daß der Turbo seinen Piloten mit knüppelharten Manieren quälte. Eher im Gegenteil: Anders als der zähe, asketische RS sollte der aufgeladene Elfer keine gnadenlose Brüllkiste sein, sondern mehr ein rascher Reisewagen, gemacht für den Alltag, für hervorragende Autobahnschnitte und auch fürs Bummeln in der Stadt.

Leistungsfanatiker irritierte die Bereifung des in Paris gezeigten Prototyps: 185er vorn, 215er hinten, wie schon erwähnt. Mit diesen Gummis, auf 7 J bzw. 8 J x 15 Fuchs-Felgen, ging der Turbo im März 1975 denn endlich in Serie, allerdings gab es eine populäre Alternative. Gegen einen Aufpreis von immerhin 800 Mark rollte der Top-911 auf flachen Pirellis der 50er Serie an, vorn 205/50er, hinten 225/50er. Ein Tester schrieb, die Pneus ähnelten Rennreifen und führen sich auch so; die schlanken Serienreifen dagegen erregten auf einem 250-km/h-Auto auch damals schon Argwohn. Porsche verteidigte sich mit Seitenblick auf die Reifenindustrie, die noch Entwicklungsarbeit aufzuholen hatte: „Das ist volle Absicht, denn wir sind der Meinung, daß die heute so beliebten überbreiten Reifen auf normalen Straßenfahrzeugen infolge ihres gefährlichen Aquaplaning-Verhaltens nicht vertretbar sind", so das offizielle Zuffenhausener Statement vom Dezember 1974.

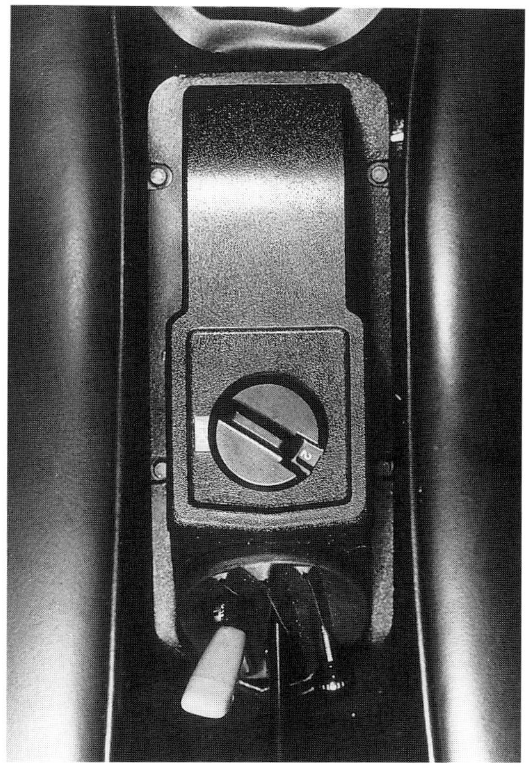

Mehr Komfort brachte die automatische Heizungsregulierung.
Oben: Temperaturfühler zwischen den Sonnenblenden
Unten: Sollwertsteller zur Temperaturvorwahl

Nun ja - wer heutzutage an einen Original-Turbo geraten sollte und auf zeit- und leistungsgemäßere Bereifung umrüsten will, muß wegen des kleineren Abrollumfangs auch den Tacho wechseln, der sonst Nonsens anzeigt.

Überhaupt, mit den Turbo-Reifen schien es manche Konfusion gegeben zu haben: Für die Winterbereifung des ersten Turbo-Jahrgangs schrieb Porsche eine skurrile Reifenkombination vor - vorn 185/70 SR 15 auf sechs oder sieben Zoll breiten Felgen, hinten 185 SR 14 auf 5,5-Zoll-Rädern. Ein Jahr später hatte sich das schon wieder geändert...

Den neu gestylten „Flachspoiler“ hatte Porsche vom 3.0 RS übernommen; bisher hatte es ihn beim RS gegeben und, auf Wunsch, beim Carrera ab 1975. Allerdings handelte es sich nicht mehr um den epochemachenden Entenbürzel, sondern um eine Neuentwicklung, wobei wiederum die gesamte Haube aus GFK bestand. Er hatte im Unterschied zum Carrera ein zusätzliches Lufteinlaßgitter und einen Luftkanal zum Gebläse. Diese Retuschen sollten für niedrigere Kühllufttemperaturen sorgen und einen Hitzestau bei abgestelltem Motor verhindern. Mit diesem Flügel war der Turbo vom ersten Tag an nicht zu verwechseln mit den Saug-Elfern, die Meinungen der Fans entzweiten sich erstmals fundamental. Weder mit Ästhetik noch mit Sportlichkeit hatte aber die Entscheidung des Kraftfahrtbundesamtes zu tun. Im deutschen Vorschriftenwerk läßt sich nachlesen, daß Anbauteile aus Gefährdungsgründen (so gut wie) nicht über die Kontur eines Fahrzeuges herausragen dürfen, was des Turbos Flosse zweifelsohne tat. Zunächst hatten die Zuffenhausener keine Wahl, sie mußten, da ihnen die ABE verweigert worden war, das neue Spitzenmodell per Einzelabnahme zulassen. Doch der Bann war gebrochen: viele Elfer-Piloten montierten sich den Spoiler auch an ihren Standard-Porsche. Es ging aber auch noch eleganter, denn wer wollte, konnte sich auch den Carrera mit Turbo-Karosserie bestellen. Diese frühe Variante des in den 80er Jahren beliebten *Turbo-Looks* stand allerdings nicht in den regulären Preislisten.

Der Frontspoiler bereitete weit weniger Sorgen als sein hinteres Pendant, er bestand lediglich aus einer an die Schürze angeklebten Spoilerlippe aus PU-Schaum. Porsche rühmte sich, mit den aerodynamischen Hilfsmitteln den Auftrieb beim Turbo fast völlig reduziert zu haben. Der Turbo fuhr im Vergleich zum spoilerlosen 911 wesentlich konkreter geradeaus, brachte in schnellen Autobahnkurven ein beruhigendes Gefühl an Sicherheit und gestattete auch mit hohen Tempi bei Seitenwind die Beibehaltung der Fahrspur. Auch das Abbremsen wurde verbessert, das Fahrzeug lag stabiler.

Die Zuffenhausener Zentrale wurde nicht müde, den Komfort-Charakter des Turbo zu preisen, auf seine üppige Serienausstattung abzuheben. Im Grundpreis von 65.800 Mark waren folgende Goodies enthalten: das „Schlechtwetterpaket“ (beinhaltete zweistufig beheizbare Heckscheibe, beheizbare Windschutzscheibe, Heckscheibenwischer, Schein-

Ein früher Turbo in Teilen: Das Fahrwerk war für die höheren Belastungen entsprechend optimiert worden.

werfer-Reinigungsanlage, Nebelscheinwerfer), getöntes Glas rundum, elektrische Fensterheber, geschmiedete 15"-Alufelgen, elektronischer Tachometer bis 300 km/h, Ganzleder-Ausstattung mit Schottenkaro-Stoff, automatische Heizungsregulierung (über die noch zu sprechen sein wird), hochfloriger Spezial-Veloursteppich, Stereo-Cassettenradio mit vier Lautsprechern und elektrischer Antenne, Chromschmuck statt mattschwarzer Zierleisten und Beschläge ohne Mehrpreis, Ölstandsanzeige, Lederlenkrad, alle Serienfarben ohne Aufpreise sowie lackierte Spiegel und Scheinwerferringe - für einen Supersportler wahrlich ein luxuriöses Ambiente. Auf die Synthese aus Alltagstauglichkeit und Sport war Porsche besonders stolz: Der Turbo avancierte „zur Krone des Modellprogramms“.

Die Heizung selbst stammte aus dem Standard-911, allerdings ohne das Heizgebläse. Die automatische Heizungsregulierung half, die Temperatur im Innenraum konstant zu halten, unabhängig von Außentemperatur, Fahrgeschwindigkeit und Motordrehzahl. Die Heizung mußte also nicht mehr laufend nachreguliert werden, ein unermeßlicher Komfort-Schritt für Elfer-Piloten, die sich im Lauf der Jahre an die klimatischen Schwankungen des Stuttgarters hatten gewöhnen müssen. Die neue Anlage bestand aus Temperaturfühlern, einem Sollwertsteller, einer elektronischen Auswerteinheit und einem Stellmotor. Die Temperaturfühler maßen über einen Widerstand die Temperatur und gaben sie an die Auswertelektronik weiter. Der Innenraum-Fühler saß zwischen den Sonnenblenden (und ließ sich dort gerne durch ein geöffnetes Schiebedach etwas durcheinanderbringen), der zweite Fühler befand sich unmittelbar am Wärmetauscher. Die gewünschte „Behaglichkeitsstufe“ (Porsche-Originalton) konnte der Pilot am Sollwertsteller zwischen des Sitzen regulieren. Die Elektronik verglich nun die drei Kenngrößen (Innenraum-Temperatur, Wärmetauscher-Temperatur und Position des Sollwert-Stellers) mit der Stellung des Heizungs-Regulierhebels, der manuell nur bei Ausfall der Anlage und Lösen einer Schraube betätigt werden durfte. Lag eine Differenz vor, bewegte der Stellmotor den Heizungshebel. Klingt kompliziert? Nun: „Der Fahrer stellt seine Temperatur ein- für allemal ein. Er kann die Heizung praktisch für immer sich selbst überlassen, gleich, ob es draußen wärmer oder kälter ist oder ob er schnell oder langsam fährt.“ Elf Stufen standen zur Wahl, zwischen 0 (Aus) und 10, zusätzlich DEF (Defrost). Bei Stufe 5 ließ sich das Interieur zum Beispiel auf exakt 22 Grad temperieren. „Das prinzipielle Problem dieser Heizungsart (starke Drehzahlabhängigkeit) wurde hier erstmals zufriedenstellend gelöst“, schrieb Gert Hack in *auto motor und sport*, als die Serie im Frühjahr 1975 angelaufen war. Alle Hebel für die Luftverteilung in Mittelstellung zu schieben, war über lange Jahre hinweg der Standard der Elfer-Fahrer, da sich so günstigste Ergebnisse erzielen lassen. Anfangs gab es die neue Heizung serienmäßig nur im Turbo, in den Saugmotor-Elfern war sie aufpreispflichtig. Für den Turbo waren auch die Tür- und Fensterrahmendichtungen überarbeitet worden, was sich durch Reduktion der Windgeräusche angenehm bemerkbar machte.

Porsche hatte den Turbo in eine rezessive Zeit geboren, in eine Ära, die den Schock der autofreien Sonntage noch nicht ganz überwunden hatte. Trotzdem, oder gerade deshalb - voller Begeisterung kletterten die Fachjournalisten im Frühjahr 1975 aus ihren Testwagen. „Es ist nicht die schiere Beschleunigung allein, die fasziniert, sondern vielmehr die Art und Weise, wie sie dargeboten wird“, schrieb *auto motor und sport*: „Ähnlich einem Schubtriebwerk vermittelt der Turbo-Motor eine völlig neue Dimension der Kraftentfaltung. Besonders beeindruckend ist, daß all dies überraschend leise und unerhört kultiviert vonstatten geht.“ Schnelle Schalter waren gefragt,

Herbst 1973: So stand der Turbo auf der IAA in Frankfurt.

denn viel Zeit benötigte der Turbo nicht zum Ausfahren der Gangstufen. Und das abgrundtiefe Loch, das sich schwarz und tief auftat, um dem Fahrer noch einmal einen Augenblick der Besinnung zu gönnen, bevor der einsetzende Turbolader gnadenlos die Fäuste ballte und das 1200-Kilo-Geschoß nach vorne schlug, war ein besonderer *Thrill*. Erst Jahre später verspürte man für diese unorthodoxe Art der Leistungsentfaltung keine rechte Lust mehr und mahnte sanftere Übergänge an. Sauberes Driften in Kurven war mit dem Turbo deswegen äußerst schwierig. Es gehörte schon ein äußerst sensibler Gasfuß dazu, um den beständig leicht Übersteuernden zu einem kontrollierten Powerslide zu bewegen. Der plötzlich einsetzende Schub verfügte über einige Tücke - was beherzte Arbeit am Volant erforderlich machte. Daß das Fahrwerk „einige Ansprüche an den Lenker" stellte, befanden selbst die Haus- und Hofchronisten des *Christophorus*.

Über das mühelose Anstellen des Radios bei Tempo 200 staunte dagegen Jürgen Rapp in einem *sport auto*-Test vom Frühjahr 1975. Nach einer gewissen Eingewöhnung fahre man mit dem Turbo Tempo 200 so locker wie Tempo 100 im VW Käfer. Rapp stellte freilich auch fest, daß die forcierte Autobahnfahrt ihren Preis hatte: rund 23 Liter auf 100 Kilometer. Das war ein Wert, mit dem man noch leben konnte im Jahre 1975, wenn man die Fahrleistungen in Betracht zog.

Der Turbo sollte für die kommenden Jahre Maßstäbe setzen. Die Porsche-Gemeinde war entzückt von der neuen 911-Variante. Viele seiner Goodies fanden sich, nach und nach, auch in den zahmeren 911-Varianten wieder. Bitte umblättern...

Gezinkte Karten –

1975: die Generation der Rostverächter

Plötzlich war es nicht mehr klar: Sie fahren Porsche? Das war jahrelang der 356, danach der 911. Sportlich, exklusiv und teuer. Und jeder war sich sicher, was ein Porsche war. Doch im Modelljahr 1976 stand der 911 nicht mehr allein in den Showrooms. Es gab plötzlich einen kleine Bruder, den die meisten Freunde des Hauses Porsche nicht als Familienmitglied akzeptieren wollten - gemeint ist natürlich der 924. Er war es, der Mitte der 70er Jahre die Gemüter bewegte, die Fachpresse beschäftigte. Porsche hatte ihn ursprünglich als Auftragsarbeit für VW entwickelt. Die Wolfsburger Konzernherren senkten dann aber den Daumen, weil das Auto angeblich nicht ins Produktionsprogramm passe. Porsche kaufte daraufhin die eigene Entwicklung zurück, ohne aber eigene Produktionskapazitäten frei zu haben. Dafür sorgte dann VW über Audi NSU. Den Plan, ein eigenes neues Werk auf grüner Wiese vor den Toren Stuttgarts zu erreichten, ließ Porsche fallen. Die damit verbundenen Investitionen schreckten die Sportwagen-Manager angesichts einer nicht gesicherten Perspektive ab, zudem wollte man nicht die Stammarbeiterschaft verlieren, deren handwerkliches Know-How Garant für Qualität war.

Die Mittsiebziger machten es möglich - ein Blumenmädchen posierte vor dem Elfer.

Die von Harm Lagaay, der später den Z1 für BMW zeichnete und dann zu Porsche zurückkehrte, mitentworfene Karosserie litt zeitlebens unter den Audi-Ringen. Die Karosseriefertigung erfolgte im Neckarsulmer Audi-Werk, und der erste Motor stammte aus dem VW-Regal. Den schlechten Ruf wurde er auch nicht los, als er längst einen Porsche-Motor besaß. Wurde sein Vorgänger, der 914er, wegen seines VW-Emblems als „Volksporsche" gehänselt, so galt der 200 km/h schnelle 924er als ordinärer Audi - die Marke war, anders als heute, vom Mief der Bürgerlichkeit umgeben. Doch die Verwendung von Großserienteilen waren für eine Fertigung in dieser Preisklasse unabdingbar. Deswegen sah Porsche in ihm einen legitimen 356-Erben - rationelle Konstruktion, Großserientechnik, Sicherheit und Wirtschaftlichkeit waren einige Schlagworte. Die Zuffenhausener versuchten, auf einem Marktsegment Fuß zu fassen, der von Großserien-Coupés vom Schlage eines Opel Manta oder Ford Capri beherrscht wurde.

Der 911 stand freilich über den Dingen, unangetastet von seinem kleinen Bruder, der die Fronten aufgeweicht hatte. Porschefahren, das war bisher vom sorgfältig gepflegten Nimbus umgeben gewesen. Der 924 fuhr da nur hinterher.

Und stärkte damit dem klassischen Elfer den Rücken: Das Geschäftsjahr 1975/76 dokumentierte fette Zeiten, das Ende der Talsohle. Zum ersten Mal in der Porsche-Geschichte waren über 20.000 Autos in einem Jahr ausgeliefert worden: 7317 Stück vom Typ 911, 1531 Einheiten Carrera, 1157 Turbo und 2092 mal der 912 E. Die Differenz bestritt der 924. Mit einem Umsatz von 604 Millionen Mark erreichte Porsche eine neue Höchstmarke; 66 Prozent aller Fahrzeuge gingen in den Export.

Den 912 E montierte Porsche sogar ausschließlich für den Amerika-Markt, wo es den 924 noch nicht gab. Er lebte nur für eine Saison, in den Jahren 1975/76, wo er die Marktnische füllen sollte, die der 914er hinterlassen hatte. Der 912 E war ein abgespeckter Elfer mit dem Vierzylinder aus dem 914/4, der preislich deutlich unter den großen Brüdern lag. Motortechniker Hans Mezger hatte das brave Triebwerk überarbeitet. Seine 90 PS reichten für knapp 180 km/h aus, und eine Bosch L-Jetronic sorgte zusammen mit Thermo-Reaktoren für den Segen der amerikanischen Smogwächter. Dem 912 E blieb nur die Statistenrolle, in Deutschland ist er ein praktisch unbekanntes Auto, auch unter Porsche-Kennern.

Das Modelljahr 1976 startete Porsche mit einer technischen Revolution, die nicht auf der Überholspur zu spüren war: Die 911-Karosserie war von nun an aus feuerverzinktem, beidseitig beschichtetem Thyssen-Stahlblech gepreßt. Als erster Hersteller hatten sich die Zuffenhausener an diese kompromißlose Form der Rostbekämpfung gewagt. „Sie sind rostsicher, wie es im neuzeitlichen Automobilbau bislang nicht zu beobachten war", jubelte *auto motor und sport* über die geschützten Elfer. Ausgangspunkt der Zeitenwende war das Langzeitauto-Projekt zur IAA 1973 gewesen; die Weissacher Forschungstruppe hatte mit einem Prototyp dokumentiert, daß ein durchschnittliches Autoleben nicht nach acht Jahren zu Ende sein müsse, sondern durchaus 20 Jahre oder umgerechnet 300.000 Kilometer währen könne.

Oben: Der mattschwarze Targabügel des Carrera bewies Sportlichkeit, Kunden der Basis-Version zahlten Aufpreis.
Schräg: Kein Problem für zarte Hände war das Herausnehmen des Targadachs.
Rechts: Der 924 bei seiner Vorstellung in Südfrankreich.

Porsche schuf in den 70er Jahren einen Trend, der bis heute anhält. Bei Audi zählt die vollverzinkte Karosserie in der Neuzeit zu den handfesten Verkaufsargumenten... (siehe auch Kasten „Zink statt Rost").

„Die Kundenfreundlichkeit all dieser Maßnahmen gipfelt in neuen Werks-Garantiefristen", jubelte die Zuffenhausener Pressestelle. Tatsächlich standen die Schwaben mit einer Sechsjahres-Garantie gegen Durchrostung für die gesamte Bodengruppe und aller tragenden Karosserieteile einsam an der Spitze der damaligen Anbieter. Und das ohne lästige Nachbehandlung! Hinzu kam die Ein-Jahres-Vollgarantie ohne Kilometerbeschränkung, die ab Modelljahr 1976 griff und zu jener Zeit als Großtat galt - die Ära der Mobilitätsgarantien war 1975/76 noch lange nicht angebrochen.

Porsche sonnte sich jedenfalls in den positiven Schlagzeilen. Auto-Kritikern hielten die Porsche-Marketingmänner entgegen, daß damit die „Schrittmacherrolle demonstriert (wird), die der Sportwagen aufgrund seiner anspruchsvollen Technik für die Autoentwicklung spielt und weiter spielen wird."

Porsche kehrte mit dem Modelljahr 1976 (der I-Serie also) zu einer Tradition des Hauses zurück: der Dreier-Palette. Der 911 S fiel weg, es gab nunmehr den 911 als Grundmodell (165 PS, 2,7 Litern), den Carrera (jetzt mit drei Litern Hubraum, 200 PS) und den Turbo, der sein zweites Lebensjahr kaum verändert begann. Die Straffung wurde, so die Argumentation der Zuffenhausener Zentrale, durch den 924 möglich, der fortan den Part eines Einsteiger-Modells übernehmen sollte.

Kein Imagewandel: Der 911 stand weiterhin als Zeichen für Erfolg.

Ab Modelljahr 1976 waren die Spiegel elektrisch verstell- und beheizbar.

Der Abstand zwischen 911 und Carrera hatte sich verringert, weil man dem Standard-Elfer durch Anheben der Verdichtung 15 Mehr-PS gegönnt hatte. Aus seinen unverändert 2687 Kubik schöpfte er nun 165 PS bei 5800 Touren; das Verdichtungsverhältnis betrug 8,5:1 (statt wie zuvor 8:1). Wie der Carrera-Motor erhielt das 911-Triebwerk ein neues Kühlgebläserad mit nur fünf Luftschaufeln - statt elf wie zuvor und auch zwei Jahre beim SC später wieder. Durch eine geänderte Übersetzung von 1,8:1 statt 1,3:1 rotieren Gebläse und Lichtmaschine schneller. Grund hierfür war der zu hohe Stromverbrauch der 911, der mitunter im Stadtverkehr über Generator-Kapazität lag.

Der neue Basis-Elfer war rund 2000 Mark teurer als sein Vorgänger, dafür auch besser ausgestattet und 8 km/h schneller; Tester ermittelten 222 km/h. Sie notierten auch, daß die höhere Leistung und das bessere Drehvermögen auf Kosten der Elastizität ginge, die Schaltfrequenz steige. Empfehlenswert ist deshalb das Fünfganggetriebe, Mehrpreis 690 Mark. Zur erweiterten Serienausstattung zählten unter anderem die getönte und beheizbare Heckscheibe (beim Targa war sie zweistufig zu erwärmen) und ein elektronischer Tachometer. Am Motor waren Auspuffanlage und Kraftstoffeinspritzung in Details optimiert worden. Der 76er Modelljahrgang unterscheidet sich von seinen Vorgängern durch die neuen, größeren Außenspiegel, die sich jetzt in einem Kunststoffgehäuse befinden. Sie sind für alle 911 elektrisch verstellbar und werden zusammen mit der Heckscheibe beheizt.

Der ehemals beinharte, spartanische Carrera wandelte sich, nach dem Willen seiner Väter, mehr zum Komfort- denn zum reinen und kompromißlosen Sportautomobil. „Im Gegensatz zu all seinen Vorgängern müheloser, geräuschärmer und komfortabler“ sollte er sein. Was der Turbo schon vergangenes Jahr vorexerziert hatte, galt ab Sommer 1975 auch für den Carrera: Hubraum-Aufstockung durch vergrößerte Bohrung auf drei Liter. Wie schon vor 1969 bestand das Kurbelgehäuse wieder aus Aluminium, das zwar schwerer ist, aber auch mehr Festigkeit bietet als der Magnesium-Druckguß.

Nach der abermaligen Hubraumerweiterung schien das erforderlich zu sein. Die drei Liter Volumen brachten ein deutliches Plus an Elastizität und Durchzugsvermögen; das maximale Drehmoment von 26 mkg fiel jetzt bereits bei 4200 Touren an, der Vorgänger brauchte dafür rund 1000 Umdrehungen mehr. 200 PS bei 6000/min - das bedeutete zehn PS weniger, was unter anderem an der geänderten Ansauganlage lag und am Wunsch, mehr Leistung und Drehmoment im unteren Drehzahlbereich zu bekommen. Die Beschleunigung war mit dem Vorgängermodell identisch, ebenso wie die Höchstgeschwindigkeit. Zudem hatte der Dreiliter-Motor als letzter in der Palette die K-Jetronic spendiert bekommen, die ihn für das Amerikageschäft lizenzierte. Wie alle Saugmotor-Elfer schlürfte der Carrera Normalbenzin. Er war 700 Mark teurer geworden, einhergehend mit Gratis-Bonbons im Ausstattungsbereich: die automatische Heizungsregulierung aus dem Turbo, Scheinwerfer-Waschanlage, beleuchteter Tür-/Zündschlüssel, abgesteppte und dicker gepolsterte Türtafeln gehörten jetzt zum Serienumfang. Ebenfalls ab Werk gibt es vier Gänge, auf Wunsch ohne Mehrpreis jedoch auch ein Fünfganggetriebe oder gar die Sportomatic, die aus Geräuschgründen nur noch mit drei statt bisher vier Vorwärts-Stufen auskommen mußte. Wichtige Exportländer hatten ihre Lärmgesetze verschärft, und die Reduzierung auf drei Gänge war keine sehr elegante Lödung des Problems - das nahende Ende der Kupplungsautomatik war in Sicht.

Das Äußere des Carrera orientierte sich zum Jahr '76 am Turbo, die Scheinwerferringe und Außenspiegel waren in Wagenfarbe lackiert. Chrom statt modischem mattschwarz gab es weiterhin ohne Aufpreis, das Weglassen der Modellbezeichnung ließ sich Porsche mit 70 Mark honorieren. Wer weniger zurückhaltend war, orderte für 95 Mark die Carrera-Schriftzüge an den Türen. Die vom Turbo bekannten 50er Schlappen paßten auch unter die Carrera-Kotflügel und standen mit 800 Mark in der Liste. Übrigens - für diese Walzen gab es Porsche-Zubehörprogramm sogar Schneeketten; für Zweifler die Bestellnummer: 911 361 904 01.

Den 911 wie auch den Carrera gab es auch in der Targa-Version. Das schon bekannte Faltdach mit der Scherenmechanik war jetzt wieder Standard.

Für eine Handvoll gute Freunde legten die Porscheaner noch einmal einen Carrera nach altem Schrot und Korn auf! Die Karosserie war zwar der Zeit entsprechend feuerverzinkt, aber der Motor war der alte: 2,7 Liter und 210 PS sorgten bei 123 Coupé- und 32 Targabesitzern noch einmal für richtigen Spaß.

Der Porsche Turbo erlebte sein zweites Modelljahr nur mild geliftet. Porsche verkündete, der Verkauf habe „alle Erwartungen übertroffen". Am 5.Mai 1976 lieferte Porsche das 1000ste Exemplar aus, an Antoinette zu Fürstenberg, die Tochter Joachim Erbprinz zu Fürstenbergs, einem einst erfolgreichen Porsche-Sportfahrer. Zuvor hatte die 27jährige Tierärztin einen 911 Carrera bewegt, jetzt überreichte ihr Ferry Porsche höchstpersönlich die Schlüssel. Den allerersten Turbo hatte übrigens Ferrys Schwester Louise Piëch bewegt, die als leidenschaftliche Autofahrerin galt. 43 Prozent aller Turbos blieben übrigens in Deutschland, 36 Prozent gingen ins Land der rigorosen Tempolimits, nach Amerika. Der Turbo erhielt natürlich auch die erweiterte Serienausstattung mit beheizbaren Spiegeln, beleuchtbaren Schlüsseln, dazu serienmäßig die damals topaktuellen 50er Walzen - oder auf Wunsch auch weiterhin die bisherige Bereifung zum gleichen Preis. Beide Varianten erhielten übrigens ein etwas anders abgestuftes Getriebe. Gegen Mehrpreis gab es zeitgeistige Dekor-Aufkleber im Siebziger-Jahre-Design, die ihren Platz über den Radläufen der hinteren Kotflügel fanden - Aufschrift: „turbo", in der modischen Typographie des bunten Jahrzehnts. Geschmacksache!

Keine Scheu vor Chauvinismus! Im Hintergrund ein Turbo 3.0 aus dem 1976er Modelljahr.

Zink statt Rost

Mit der Generation der feuerverzinkten 911er schlug Porsche ein weiteres Kapitel der Werksgeschichte auf - und begründete ein neues Zeitalter des Karosseriebaus. In *Christophorus* sprach Porsche gar pathetisch von einem „Markstein des Automobilbaus".

Das ist nicht allzu übertrieben. In den 70er Jahren galt es noch als gottgegeben, wenn achtjähriges Blech zerfiel. Und das geschah selbst mit feinen Stuttgarter oder Münchner Limousinen! Porsche führte die feuerverzinkten Karosserien als Novum im Automobilbau ein, setzte damit auf Dauer auch die Konkurrenz unter Zugzwang. Der Verbraucher ahnte, was möglich war...

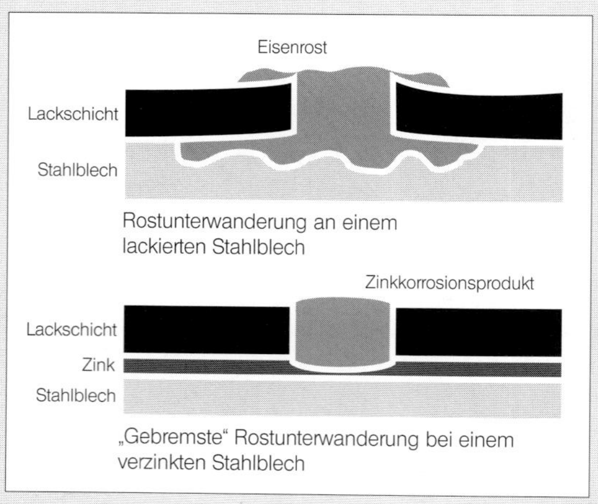

Heute gehört verzinktes Blech als Rostschutz zum Standard-Repertoire, voran bei Audi, wo diese Technik seit 1985 angewendet wird.

Die Gedanken zur Rostbekämpfung waren für Porsche Mitte der 70er Jahre nicht neu. Speziell der 356 mit seiner sensiblen Karosseriestruktur galt schon in den 60ern als furchtbarer Roster. Bereits 1967 ließ das Stammhaus zwei dauerhafte 911 S auf die Straße los - die Karosserie war aus *Edelstahl rostfrei* gefertigt. Heinz Todtmann, Leiter der Informationsstelle *Edelstahl rostfrei*, hatte die Aktion zusammen mit Porsche initiiert und fuhr auch einen der Wagen. Nach zwei Jahren und 50.000 Kilometern zog er zusammen mit den Porsche-Werbeleuten Bilanz: kein Kratzer, kein Rost; das Auto hatte sich wacker geschlagen. Auf der IAA 1969 stand der mattsilberne Nirosta-Elfer neben einem BMW 2800 CS Coupé, der ebenfalls eine Edelstahl-Karosse erhalten hatte.

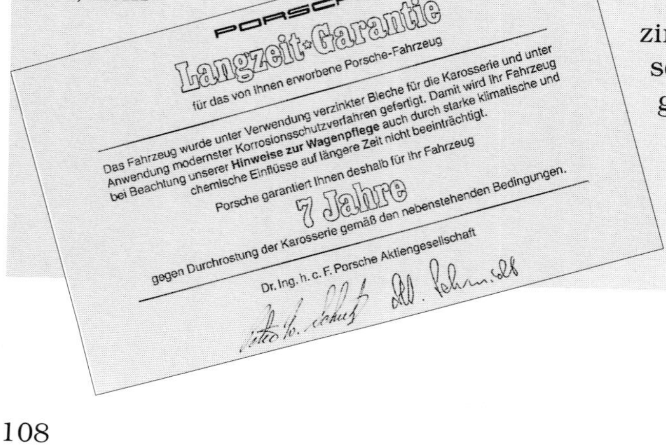
PORSCHE
Langzeit-Garantie
für das von Ihnen erworbene Porsche-Fahrzeug

Das Fahrzeug wurde unter Verwendung verzinkter Bleche für die Karosserie und unter Anwendung modernster Korrosionsschutzverfahren gefertigt. Damit wird Ihr Fahrzeug bei Beachtung unserer **Hinweise zur Wagenpflege** auch durch starke klimatische und chemische Einflüsse auf längere Zeit nicht beeinträchtigt.

Porsche garantiert Ihnen deshalb für Ihr Fahrzeug
7 Jahre
gegen Durchrostung der Karosserie gemäß den nebenstehenden Bedingungen.

Dr. Ing. h. c. F. Porsche Aktiengesellschaft

Porsche dachte damals nicht ernsthaft an eine Serienfertigung - dazu war das rostfreie Blech zu teuer, die Verarbeitung zu aufwendig, weil das Material sehr hart ist. Aber es sollten neue Einsatzbereiche im Automobilbau getestet werden, und Porsche nutzte den Werbeeffekt.

Für die Verwendung von feuerverzinkten Blechen hatten sich die Porsche-Techniker dann nach ausgiebigen Versuchsreihen entschieden. Auch andere Verfahren waren angedacht und geprüft worden. Impulsgeber des Rostschutz-Verfahrens war das *Forschungs-Projekt Langzeit-Auto*, das auf der IAA 1973 gestanden hatte, ein Testobjekt, dem Porsche bei einem möglichen Serienbau eine Lebenszeit von 20 Jahren zuschrieb. Es blieb bei der Studie; die Zeiten waren noch nicht so kritisch wie heute. Viele Kunden wollten gar kein Auto für die Ewigkeit. „Würden Sie ein Hemd 20 Jahre lang tragen, nur weil es knitterfrei ist?", schrieb ein kopfschüttelnder Konsument damals an die *ADAC motorwelt*.

Porsche blieb trotzdem am Ball. Als besonderer Vorteil des Feuerverzinkens schälte sich die geringe Schichtdicke von zehn bis 50 Mikrometern, je nach Bauteil, heraus. Die Karosseriebleche waren in der späteren Serie dünner beschichtet als zum Beispiel das höher beanspruchte Schwellermaterial oder Hinterachsrohr.

Bei den hohen Temperaturen während des Feuerverzinkens, das Blech glüht rot, entsteht eine Zwischenschicht durch eine intermetallische Eisen-Zink-Verbindung. Außerdem bildet sich der sogenannte kathodische Schutz: Wird die Lackschicht zerstört, tritt die Schutzwirkung des Zinks in Kraft. Es überzieht sich selbst mit einer grauen Schicht aus Zinkoxid, auch „Zinkrost“ genannt. Diese widerstandsfähige Schicht ist weit weniger voluminös als vergleichbare Eisenrost-Produkte, sodaß der Lack nicht so leicht abgesprengt werden kann und das darunterliegende Blech unbehelligt bleibt. Das gegenüber Eisen unedlere Zink „opfert“ sich für die Karosserie. Zinkionen wandern vom Zink zum Eisen und schützen die freigelegte Oberfläche. Da auf der Innenseite der Karosserie kaum Verletzungen auftreten, ist der Schutz vor Durchrostungen von den Hohlräumen her weitgehend perfekt. Porsche ermittelte während der Versuchsphase auch, was bei Reparaturarbeiten passieren könne. Ergebnis: Der Korrosionsschutz ließ sich durch Grundieren mit Zinkstaubfarbe weitgehend wieder herstellen.

Der gravierende Nachteil des Feuerverzinkens war und ist, neben dem höheren Preis, die aufwendigere Verarbeitung, besonders die Lackierung. Probleme bereiteten die nicht vermeidbaren Oberflächeneinflüsse während der Produktion. Durch Schweißen oder Finisharbeiten (also beispielsweise dem Schleifen an nicht 100prozentig glatten Stellen) kann die Zinkschicht leicht zerstört werden, so daß an diesen Stellen lediglich die Lackschichten vor Korrosion schützen können. Porsche versuchte, das zu vermeiden - soweit es möglich war! Allerdings kann Zink auch einige Millimeter überbrücken und die freiliegende Stelle elektrisch neutralisieren.

Porsche erklärte 1975, daß der 911 als Innovationsträger ideal sei, Feuerverzinken sei „für hochwertige Automobile eher realisierbar als für massenproduzierte Durchschnittsautos“.

So oder so - speziell im Bereich der Bodengruppe biß sich der Rost fortan die Zähne aus. Der 911 gammelte mit spürbarer Zurückhaltung - „hier erweist sich Qualität als Umweltfaktor“, wie es viele Jahre später das für Produktion zuständige Vorstandsmitglied Rudi Noppen formulierte. Porsche war auf die lange Lebensdauer seiner Produkte schon immer stolz.

Aufbau der Schutzschichten bei der Porsche Lackierung.

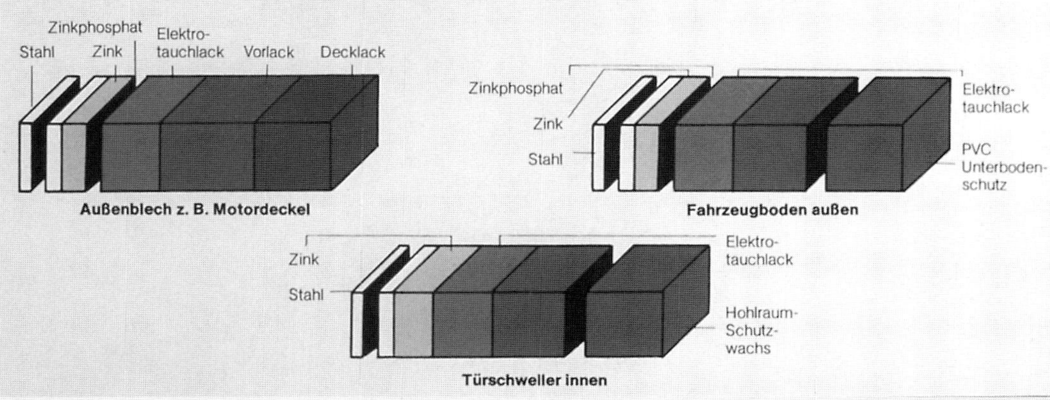

Ganz oben: Demonstrativ bewies Porsche die Haltbarkeit der neuen Zink-Karosserien.
Unten: Das FLA (Forschungsprojekt Langzeit-Auto) stand auf der IAA 1973.

„Ein Thron für Götter“

1976: der Nachfolger und milde Modellpflege

Auf grüner Wiese: Der Elfer wurde mehr und mehr zum Freizeitautomobil.

„Es wird wohl noch zwei bis drei Jahre dauern, bis die Fertigung des 911 eingestellt werden kann“, verkündete Porsche-Aufsichtsratsvorsitzender Dr. Ernst Fuhrmann in einem Interview. Es war 1977 im Herbst.

Ein halbes Jahr zuvor, im April, debütierte der 928 - er sollte nach Fuhrmanns Plan langfristig den 911 ablösen, was nicht gelang: Die Stückzahlen des Achtzylinders blieben hinter denen des bejahrten Elfers weit zurück. Der rundliche 928 war zu schwer, zu teuer, zu wenig prägnant, um Wegbereiter einer neuen Ära zu sein. Mit 55.000 Mark Basispreis rangierte er kräftig über dem 911 SC, der für rund 36 große Scheine zu haben war. „Er ist ein Thron für Götter“, dichtete Tester Dr. Hermann Harster in *Bild am Sonntag* - doch der 928 blieb ein Außenseiter wie der kleine 924; es gab nur einen puren Porsche für die Gußeisernen. Selbst Ferry Porsche übte Jahre später verhalten Kritik: „Es war nicht mehr meine eigene Handschrift.“ Der aufwendig zu bauende Schwergewichtler mit dem 240 PS starken V8-Motor hatte zwar konstruktiv viel mit dem 924 gemeinsam, so zum Beispiel das Transaxle-Prinzip: Der Motor war vorne eingebaut, verbunden mit einer Welle zum Getriebe, das an der Hinterachse saß. Trotzdem besaßen 924 und 928 kaum identische Teile, was Porsche finanziell auf Dauer belastete. Richtungsweisende Technik besaß der große Porsche auch. Die vorspurkorrigierende *Weissach-Hinterachse* war ein herausragendes Beispiel, sie trug wesentlich zum sicheren Fahrverhalten des 928 bei.

Oben: Der Porsche 928 setzte mit der Synthese aus Leistung und Luxus neue Maßstäbe

Die neuen Modelle hatten ihren Anteil an Porsches erster Umsatzmilliarde der Firmengeschichte im Geschäftsjahr 1976/77. Der 911er verkaufte sich 13.850 mal, im Jahr zuvor waren es gut 1.800 Einheiten weniger gewesen. Porsche profitierte von der erholten Lage auf dem Automobilmarkt, besonders die Amerikaner kauften gerne den schwäbischen Sportler. Insgesamt gingen drei Viertel der Produktion ins Ausland. Am 3. Juni 1977 hatte ein 911 Coupé die Ehre, der 250.000 Porsche zu sein. 60 Prozent davon waren 911!

Die 911-Reihe fuhr nur mild optimiert ins neue Modelljahr, für Laien schien es, als wäre nichts geschehen. Porsche präsentierte ein paar neue Serienfarben und Stoffe, änderte die Oberflächenstruktur der Kunststoffe und Textilien, installierte eine Zentralbelüftung zur besseren Verteilung der Frischluft, eine beleuchtete Heizungsregulierung sowie eine Zweikammer-Kontrolleuchte für Handbremse und Gurtwarner. Sinnvoller war die Öldruck- und Ölstandanzeige, die jetzt auch im Standard-911 serienmäßig war. Sie hatte bisher 195 Mark Aufpreis gekostet. Auch für erhöhte Diebstahlsicherheit hatte Porsche eine Idee: Mit Hasendraht geknackte Elfer sollte es fortan nicht mehr geben, die Türinnenverriegelung war nur noch mit Drehrädern zu öffnen. Der verkürzte Verriegelungsstift war im geschlossenen Zustand jetzt versenkt und so von selbstgewundenen Drahtschlingen nicht mehr zu packen.

Im Zubehörprogramm der Standard-Elfer gab es Anfang 1977 ein sogenanntes „Komfort-Paket", das für 1.400 Mark Kupplungshilfe, Bremskraftverstärker, Komfort-Stoßdämpfer von Bilstein, elektrische Fensterheber, Stabilisatoren in Carrera-Abmessungen und 14-Zoll-Schmiedefelgen(!) mit Reifen der Dimension 195/70 VR 14 beinhaltete. Allerdings bremsten die Techniker die Endgeschwindigkeit: Wer Komfort wollte, konnte durch Eingriffe am Motor nicht schneller als 210 km/h unterwegs sein.

Mitte: Neue Zentralbelüftung für alle 911-
Unten: Dank Drehrad konnte kein 911 mehr mit Draht geöffnet werden.

Bereits ein Klassiker war das 911 S 2.4 ➤ Coupé aus dem Jahr 1972.

Aufgewertet wurde auch der Carrera 3.0, mit Kupplungshilfe und Bremsservo, mit elektrischen Fensterhebern beim Targa, mit getönter und zweistufig beheizbarer Heckscheibe sowie einem Heckscheibenwischer (beides bisher nur Turbo) war er wieder ein Stück komfortabler geworden. Ebenfalls serienmäßig gab es ab sofort die automatische Heizungsregulierung.

Eine Vorahnung auf die kommenden Elfer-Einheitsjahre gab die Druckgußfelge, die die begehrten Fuchs-Felgen mit knapp 2.000 Mark Mehrkosten auf die Sonderpreisliste verbannte. Der Standard-911 war als Coupé und Targa auf 35.950 Mark bzw. 38.450 Mark festgesetzt worden. Der Carrera 3,0 kam als Coupé auf 46.350 Mark, der Targa-Frischluftspaß war auch hier mit 2.500 Mark extra zu honorieren.

Der Turbo erhielt, wie der Carrera, den Bremskraftverstärker und die Kupplungshilfe sowie die anderen kleinen Änderungen. Eine Ladedruckanzeige war jetzt in den Instrumenten integriert, eine neue Mittelkonsole bot Platz für zusätzliche Einrichtungen. Die Reifendimensionen wachsen weiter: der aufgeladene Elfer steht jetzt serienmäßig auf 16-Zöllern. Der Preis blieb unverändert - 67.850 Mark. Es ging freilich auch teurer: Der Frankfurter Autoveredler *B+B Auto Exklusiv Service* KG rüstete Serien-Targas auf Turbotechnik hoch, eine Kombination, mit der Porsche serienmäßig noch nicht dienen konnte. Der Umbau allein kostete fast soviel wie ein neues Turbo-Coupé. Die Tuner-Branche begann zu boomen!

S-Y 6212

Überlebens-Training

1977: Die SC-Generation - ruhige Tage für den 911

Die Nachrufe waren verfaßt, und gelegentlich wurde einer, ein voreiliger, gedruckt. „Man wird ihn, auch wenn es ihn einmal nicht mehr zu kaufen gibt, nicht so schnell vergessen“, schrieb der Tester Klaus Westrup über den SC, „letzter der berühmten Elfer“. Man war überzeugt, daß der 928 das Erbe der Legende antreten werden müsse. Doch das massive Transaxle-Coupé tat sich schwer, hinkte beständig hinter dem Stückzahlplan her, weil es sich nur zäh absetzen ließ, trotz des Titels „Auto des Jahres 1978“.

Gestrafftes Programm: Den 911 gab es nur noch als SC und Turbo.

Die Auszeichnung hatte für Wirbel gesorgt. Zum ersten Mal hatte ein Sportwagen, ein unerreichbares Nobelauto die Trophäe errungen, die seit 1965 vergeben wurde. Traditionell waren Familienkutschen mit dem Titel behängt worden, Autos wie der Renault 16 (1966), der Fiat 124 (1967) oder der VW Golf (1974). Bodenständige Kritiker sahen die Kür des 928 als Sakrileg, und es gab auch böse Worte: „Der 928 ist schön, aber saudumm“, schäumte ein Leserbriefschreiber in der *ADAC motorwelt*.

Merkwürdigerweise war der 911 niemals so umstritten wie der 928 - vielleicht wirkte er zu massig, zu monumental, trotz des achtbaren technischen Aufwands. Er fiel im Blick der Öffentlichkeit durch, vergleichbar mit Mercedes' S-Klasse zu Beginn der 90er Jahre.

Dennoch hatte sich mit der Existenz des großen Coupés die Porsche-Palette in neue Claims zergliedert, und das zeigte sich an den künftigen 911-Modellen: Es gab vorerst nur noch zwei Varianten, den aufgewerteten Turbo und den 911 SC, der im Prinzip ein leicht gedämpfter Carrera war. Nach dem Willen der Porsche-Marketingmänner sollten die bisherigen Standard- und Carrera-Elfer in einem Auto verschmelzen. Die Bezeichnung „SC“ leitete Porsche aus den Bedeutungen „Super“ des verflossenen 911 S und dem motorspendenden „Carrera“ ab.

Das neue Kürzel verbreitete Wehmut, weckte Argwohn, ließ neue Kassandrarufe lautwerden. Auch der letzte 356 hatte SC geheißen, doch seine Zeit lief aus, als der 911 gekommen war... Man sah in den Transaxle-Porsche die neue Generation, dazu noch einmal Klaus Westrup: „Der berühmte Elfer wird schon in absehbarer Zeit sterben und damit dasselbe Schicksal erleiden wie sein Vorgänger (...)„

Im Jahr 1977 freilich stand der neue SC auf der Frankfurter IAA, wie alle Porsche auf dem Messestand in Weiß auf rotem Teppich.

Optisch erinnerte er an den Carrera, nur das unbekannte Typenschild tat die Neuerung kund. Sein Carrera-Motor besaß auch weiterhin drei Liter Hubraum, war allerdings um 10 Prozent abgeschwächt, dafür hatte sich das Drehmoment leicht erhöht. 180 PS lieferte die Maschine bei eher zivilen 5500/min (der Carrera mußte 6000 drehen), der Begrenzer regelte schon bei 6800/min ab. Somit war der klassische Elfer auch etwas langsamer geworden, mit 225 km/h verlor er knapp 10 km/h an Endgeschwindigkeit. Er beschleunigte mit 7 Sekunden auch einen Tick träger von null auf 100 km/h, und er hatte sich auch der Trunksucht ergeben. Sein Konsum, in zeitgenössischen Tests nachzulesen, lag zwischen 17 und 18 Litern auf 100 Kilometern, ein heute nicht mehr vorstellbarer Wert bei „nur“ 180 PS. Sein Vorgänger, so beweinten die Tester, sei nicht nur stärker, sondern auch rund drei Liter sparsamer gewesen. Ein 911, der 1976 bei *auto motor und sport* im Dauertestbetrieb gelaufen war, hatte sich im Testmittel mit 13,2 Litern Normalbenzin zufriedengegeben. Als Trost durfte gelten, daß der 911 SC der bislang kultivierteste Basis-Elfer war.

Die unterschiedlichen Abgasgesetze der Exportmärkte hatten eine gewisse Komplexität in der Fertigung erzwungen. Es gab zum Beispiel sechs verschiedene SC-Triebwerke, die alle 180 PS leisteten. Die sogenannte „Sekundär-Lufteinblasung“ besaßen sie aus Gründen der rationellen Fertigung und in Erwartung strengerer Gesetze auch in Europa alle miteinander - Amerikas Abgasvorschriften führten zu dieser „Abgas-Luftpumpe“, mit deren Hilfe die Grenzwerte eingehalten werden konnten.

Für den SC-Motor wurden die Kurbelwelle (und damit auch die Pleuelstangen) verstärkt und die Hauptlager vergrößert. Eine kontaktlose Zündanlage gehörte fortan zum Standard.

Für den nordamerikanischen und japanischen Markt bestückte Porsche das SC-Triebwerk mit einem Katalysator, Japan und Kalifornien verlangten zudem Abgasrückführung, und Japan forderte einen Grasbrandschutz.

Der letzte seiner Art? Elfer-Fans befürchteten den Tod ihres Kultautos - das Aus wurde offen diskutiert.

Der 911 SC nahm nun endlich Abschied vom Vierganggetriebe und kehrte zu zeitgemäßen fünf Fahrstufen zurück. Das Getriebegehäuse war jetzt aus Silumin gefertigt, ein Verdrehdämpfersystem sorgte für Schwingungsdämpfung und reduzierte erheblich das Elfertypische Getrieberasseln. Wahlweise gab es für knappe 1200 Mark mehr noch immer die Dreigang-Sportomatic.

Vom bisherigen Carrera kamen die Sechs- bzw. Sieben-Zoll-Druckguß-Felgen im Sterndesign und die Stabilisatoren. Gegen einen Aufpreis von knapp 2000 Mark gab es die Fuchs-Felgen mit sechs und sieben Zoll mit der breiten Pirelli-Bereifung (205/55 bzw. 225/50). Platz genug hatten sie, denn das Kotflügelformat entstammte dem verblichenen Carrera. Die Kupplungshilfe und einen Bremskraftverstärker hat der SC ebenfalls von seinem Vorgänger geerbt. Auch die SC-Bremsen entsprachen dem Carrera - der Servo hatte allein die Aufgabe, den Pedaldruck zu senken, Bedienungskomfort zu schaffen. Den Grad der Servo-Unterstützung hatten die Porsche-Techniker der Kupplungshilfe angepaßt. Der Bremsservo saß, wie auch der Hauptbremszylinder, direkt über der Pedalerie im Kofferraum. Er wurde vormontiert und als komplette Einheit eingepflanzt. Den erforderlichen Unterdruck bezog die Bremshilfe vom Motor über einen Geweschlauch und ein festes Rohr im Kardantunnel; ein Rückschlagventil hielt den Unterdruck auf seinem maximalen Wert. Die Pedalkraft, so Porsche, habe dank Bremshilfe um die Hälfte abgenommen, ohne daß der Pedalweg wesentlich kürzer geworden wäre.

Die 78er Turbos kamen mit neuer Bremsanlage.

Im Vergleich zum Carrera entfielen die aufwendige Heizungs-Automatik (690 Mark Zuzahlung!) und die elektrischen Fensterheber, die Puristen ohnehin als Zeichen der Dekadenz werteten. Ansonsten stammt das Interieur vom Vorgänger, nur die hinteren Ausstellfenster, früher Serie, waren nicht mehr für Geld und gute Worte lieferbar, weil, so Porsche, sie Begehrlichkeiten bei Dieben begünstigten. Sinnigerweise galt das auch für den Turbo. Die Instrumente änderten sich im Detail, neue Farben gab es obenauf. Der billigste Elfer kam jetzt auf 39.900 Mark, der Targa war 2800 Mark teurer. Ein Carrera hatte bisher 47.700 Mark gekostet, der SC bot das Prestige des Vorgängermodells also zum durchaus günstigen Kurs an. Hätte nicht der Ruch des Auslaufmodells in der Luft gelegen - die 911-Fans hätten Grund zur Freude gehabt.

Der Turbo war in seiner Urform ein Auto gewesen, das seinen Fahrer auslaugen, bis zur Erschöpfung fordern konnte; ein Fachblatt hatte notiert, daß „glückliche Turbo-Piloten häufig verschwitzt" ihren Traum-Automobilen entstiegen. Beim Beschleunigen mußte er Vorsicht

LB-AV 22

LB-AV 223

S-CD 1337

Ebenfalls zu dieser Zeit kam der zweite Turbo ins Modellprogramm. Der 924 wurde aufgeladen, Porsche wollte damit endgültig vom Audi-Touch weg und Sportlichkeit beweisen. Aber selbst ständige Hinweise, die Motoren würden in Zuffenhausen gefertigt und nach strengen Kriterien geprüft, vergrößerte den Respekt vor dem kleinen Porsche nicht. Auch der 928 wurde durch PR-Aktionen gestützt, so gewann er beispielsweise eine Vergleichsfahrt mit dem 911 auf dem Nürburgring. Journalisten und Renn-Profis pilotierten die Fahrzeuge und kamen zu dem überraschenden Schluß, daß sich der 928 schneller um den Rundkurs prügeln ließ. Oder fehlte nur der richtige Mann im Elfer?

Der Elfer hinterließ im Vergleich zu seinen jüngeren Geschwistern einen ausgereiften Eindruck. Der konkurrierende Turbo legte Unausgeglichenheit an den Tag und der 928 wirkte dicklich, auch beim Fahren. Zudem lag Boxers Verbrauch niedriger, wenn auch immer noch auf recht hohem Niveau.

Porsche war es gelungen, seinen Umsatz im Geschäftsjahr 1978/79 um 16 Prozent zu steigern, nicht zuletzt durch die neuen Modelle. Trotzdem zogen dunkle Wolken auf: Der Dollarkurs war auf ein Rekordtief gesackt, und die Amerikaner kauften ungefähr die Hälfte der Porsche-Produktion - der größte Markt für die Schwaben. „Bei einer Exportquote unserer Größenordnung ist es nicht mehr möglich, den Verkauf in die USA zu subventionieren", erklärte Finanzvorstand Heinz Branitzki und ordnete kräftige Preissteigerungen für den amerikanischen Markt an. Die trafen erstaunlicherweise verstärkt den 924, weniger den 911; Porsches Hoffnung konzentrierte sich auf Kundentreue und die Lust auf Luxusgüter. Die Zeichen standen dennoch auf Sturm. Branitzki kräuselte die Stirn: „Ein weiterer drastischer Kursverfall würde uns vor ernste Probleme stellen", sagte er.

Probleme gab es derweil zwischen der Porsche-Dynastie und ihrem Vorstandsvorsitzenden Ernst Fuhrmann. Die Presse war darauf aufmerksam geworden, daß es in Zuffenhausen gärte. „Fuhrmann entwickelte so autoritäre Züge, daß von Zusammenarbeit keine Rede mehr sein konnte", schrieb in diesen Tagen das *Manager Magazin*. Fuhrmann sei einst mit der Rückendeckung aller Gesellschafter angetreten - keiner stünde nun mehr hinter ihm, wußte das Wirtschafts-Fachblatt zu berichten. Der Zoff in Zuffenhausen war gewissermaßen öffentlich geworden, als Fuhrmann den Firmensenior Ferry Porsche aus der Zentrale in ein abgelegenes Büro nach Ludwigsburg verdrängt hatte. Mit Gesellschafter (und Techniker-Kollegen) Ferdinand Piëch lag Fuhrmann praktisch ständig im Clinch.

Die Quittung für seine egozentrische Modellpolitik erhielt Fuhrmann im Sommer 1979, wenige Monate bevor er auf Druck des Porsche-Clans aus dem Unternehmen stolperte. Zwar war der 924 durchaus erfolgreich, die Verkäufer waren zufrieden - nur zum bisherigen Porsche-Image wollten die Frontmotor-Sportler nicht so recht passen. Porsche dementierte auch standhaft eine Einstellung des Boxers. So recht mochte das keiner glauben, die Fachpresse sah einen Nachfolger im preislich zum SC aufgeschlossenen 924 Turbo. Zu zwei Punkten befragte deshalb *auto motor und sport* seine Leser. Erstens: Finden Sie, daß die Modelle 924 Turbo und 928 ein vollwertiger Ersatz für den 911 sind? Zweitens: Welches der derzeitigen Porsche-Modelle ist für Sie der echte Porsche?

Zu gewinnen gab es (entgegen dem Stil des Hauses) nichts, aber die Leser stellten mit ihrem eindeutigen Votum eindrucksvoll dar, daß Porsche der Verzicht auf den 911 mit einem verheerenden Imageverlust bezahlt hätte. Befragte Elfer-Eigner wie der Bielefelder Verleger Konrad Wilhelm Delius lehnten den 928 rundweg ab. Gebe es den 911 eines Tages nicht mehr, wäre für ihn ein BMW Coupé die sportliche Alternative, schrieb Delius. Einem anderen 911-Enthusiasten schwebte für eine solche Notsituation der Mercedes 450 SLC vor.

Das Modelljahr 1980 beging der 911 SC mit einer neuen Kat-Generation für die Exportländer - zum ersten Mal mit

300 PS, fast 90.000 Mark (1980): Der 3,3er Turbo war ein Auto der Superlative.

Doppel-Donner: eine rasante Autobahnstudie von 1978.

Drei-Liter-Carrera-Targa von 1976. ➤

Lambdasonde. Deren Signale wurden in einem Steuergerät verarbeitet und gingen als Taktimpulse an ein Kraftstoffventil, das in Verbindung mit dem Kraftstoff-Mengenteiler die augenblickliche Einspritzmenge verringerte (abgemagertes Gemisch) oder anreicherte (fetteres Gemisch). So wird eine für das Abgasverhalten optimale Verbrennung erreicht. Im Laufe des Modelljahres hatte Porsche mit einer milden Verdichtungserhöhung (von 8,5 auf 8,6:1) und Verbesserungen am Zündsystem die Leistung auf 188 PS gepusht. Die Fahrleistungen blieben unterm Strich allerdings gleich.

Ansonsten vermeldete die Zuffenhausener Presseabteilung die Existenz eines neuen (unter Extrembedingungen leistungsfähigeren) Röhrenölkühlers, einer Motorraumbeleuchtung für alle Modelle und einer neu gestalteten Mittelkonsole. Der SC erhielt das altbekannte Dreispeichen-Lenkrad des Vorgänger-Carrera mit 380 mm Durchmesser. Elektrische Fensterheber wanderten von der Mehrpreisliste ins Serienprogramm. Weil der 911 bei Dieben weiterhin beliebt war, ließ Porsche ein 295 Mark teures Extra auf die Mehrpreisliste setzen: Ab sofort konnte eine Alarmanlage geordert werden, die über einen Schlüsselschalter in der Fahrertürwand scharfgestellt werden konnte. Sie verfügte noch nicht über ein optisches Signal.

Den fünften Gang des Grundmodells hatten die Porsche-Ingenieure etwas länger ausgelegt, zugunsten eines niedrigeren Geräuschniveaus und günstigen Verbrauchs. Die Sportomatic war indessen sanft entschlafen. Verchromte Fenstereinfassungen und Edelstahl-Targabügel gab es im Modelljahr 1980 nicht mehr, und wer sich den Mehrpreis im Jahr zuvor gespart hatte, dokumentierte jetzt deutlich, ein altes Auto zu fahren. Ansonsten erkennen nur Insider die Unterschiede zwischen einem 1975er und einem 1989er Modell!

Für die 80er Saison gab es auch neue Innenausstattungs-Stoffmuster; besonders prägnant war das sogenannte „Schachbrett-Velours", ein sportiv wirkendes Karomuster.

Der Turbo, von Porsche als „alltagstauglicher, flüsternder Rennsportwagen" apostrophiert, kultivierte seine „elementare Leistungsentfaltung" mit Hilfe einer überarbeiteten Zweirohr-Auspuffanlage. Porsche versprach eine Geräuschsenkung um ein Viertel. Der Aufgeladene erhielt zum 80er Modelljahr zusätzlich den Röhrenölkühler des Standardmodells.

Außerdem gab es wieder einen Carrera aus Zuffenhausen! Leider nur auf Basis des 924. Doch die Fans ließen sich nicht lumpen und griffen rasch zu; die 400 Stück, die Porsche baute, waren schnell vergriffen. Weniger lässig waren die 928 an die Kunden zu bringen, auch nicht der neue 928 S, der jetzt mit 300 PS und 250 km/h deutlich auf den Turbo schielte und trotz des abermaligen Zuschlags an Luxus und Komfort die wenigsten Porsche-Freaks überzeugte.

Die achtziger Jahre begrüßte Porsche in gedämpfter Stimmung. Zu den Animositäten in der höchsten Etage gesellten sich gesellschaftliche Probleme - „man ging davon aus, daß die Welt dem Hauptprodukt der Firma, also Sportwagen mit hochentwickelter Technologie und hohem Preis, grundsätzlich feindlich gegenüberstand", wie Peter W. Schutz 1984 vor Porsche-Händlern in Reno, Nevada, resümierte.

Schutz war der Mann, der Porsche aus dem teilweise hausgemachten Tief hieven sollte; er übernahm am 1. Januar 1981 den Sessel Ernst Fuhrmanns. Der Wechsel, eingefädelt von Maximilian Schubarth, einem prominenten Headhunter, sorgte in Porsche-Kreisen - gelinde gesagt - für Aufsehen. Schutz, in Berlin geboren, in Amerika aufgewachsen, galt als Experte für Dieselmotoren (!). Die Wirtschaftspresse attestierte ihm „eine mittelmäßige Karriere" bei *Caterpillar* und *Cummins* in Amerika. Bei *Klöckner Humboldt Deutz* in Köln saß er im Vorstand, bevor er zu Porsche berufen wurde. Schutz schockte Puristen mit seinem Privatwa-

Kleines Foto links: Handsignierte 911er zum 50. Porsche-Jubiläum. Ferry Porsche steuerte seinen Namenszug in der Kopfstütze bei.

gen, einer eigenhändig restaurierten Corvette, und dem Geständnis, bisher noch keinen Porsche pilotiert zu haben. Das *Manager Magazin* wertete Schutz' ersten Auftritt vor der Presse als „volles Eingeständnis seiner Ahnungslosigkeit".

Immerhin: In Schutz' Amtszeit fiel Porsches Plädoyer für den klassisch gewordenen 911. Porsche bekannte sich wieder zu seinem Vorzeigestück. Statt krampfhafter Versuche, den Alten langsam auslaufen zu lassen, bekam der Mythos neuen Schub.

Doch der Reihe nach. Zum Modelljahr 1981 erschien der 911 SC um 16 PS erstarkt: auf 204 PS stieg die Leistung. Hans Mezger, Leiter der Motorenvorentwicklung, zum optimierten Triebwerk: „Wir haben uns darauf beschränkt, den Wirkungsgrad des Sechszylinders zu verbessern, um ihn noch sparsamer zu machen, als er ohnehin schon war." Sparsamer und zugleich stärker - Mezger und seine Männer machten es möglich. Sie hantierten mit kräftig erhöhter Verdichtung (von 8,6 auf 9,8:1), Änderungen an den Steuerzeiten durch schärfere Nockenwellen, einer geänderten Abstimmung der Zünd- und Einspritzanlage (immer noch die mechanische K-Jetronic) und überarbeiteten Brennräumen. Allerdings hatte man die Zylinderköpfe nicht angetastet, sondern neue Kolben konstruiert, deren Form für bessere Verwirbelung und eine effizientere Verbrennung sorgte.

Die Leistungskur brachte mit sich, daß der 911 SC zwar fortan nach Superbenzin verlangte, aber auch deutlich zurückhaltender mit dem teuer gewordenen Saft umging. Die höheren Preise für Super heben die Verbrauchsminimierung zwar zum Teil auf, unterm Strich blieb jedoch eine deutliche Ersparnis.

Die 204 PS des überarbeiteten SC fielen bei 5900/min, also leicht gestiegener Drehzahl, an. Sie hievten den Basis-Elfer auf das Level des verblichenen Carrera, trotz drastisch verschärfter Abgasbestimmungen. Der Drehmoment-Zuwachs auf 267 Nm bei 4300 Touren machte sich allerdings nur auf dem Papier bemerkbar, dafür kam der neue SC wesentlich besser aus dem Drehzahlkeller. Gasgeben ab 2000/min quittierte er mit ruckfreiem und kräftigem Beschleunigen, wenn auch der richtige Punch erst jenseits der 3000 Touren einsetzte. Besonders hier war der Fortschritt zum unmittelbaren Vorgänger zu spüren, die Elastizität hatte zugenommen, und trotz unveränderter Getriebeübersetzungen konnten Überholvorgänge jetzt wesentlich zügiger abgeschlossen werden. Schaltfaules Fahren ließ Deutschlands Obersportler jetzt also durchgehen. Zwischen 4500 und 6000 Umdrehungen gab es Leistung satt, der Motor entwickelte speziell in diesem Bereich einen unnachahmlichen Klang; man konnte spüren, wie wohl sich der SC in diesen Regionen fühlte.

„Bei 4500 Touren beginnt jene Zone, in der das Triebwerk sein ganzes Temperament ausspielt und das Coupé so vehement antreten läßt, wie man es von jenen alten 911-Sportversionen kennt, die auf den klangvollen Namen Carrera hörten", jubelte *auto motor und sport* im Herbst 1980. Die Tester priesen die „beispielhafte Agilität, die der eines Renntriebwerks nicht unähnlich" sei. Und das alles gab's jetzt auch noch zum Vorzugspreis: Die Stuttgarter Tester ermittelten einen Durchschnittsverbrauch von 15 Litern, rund anderthalb Liter weniger als der 188-PS-SC. Allerdings hatten die Redakteure ihren Test-Elfer auch kräftig fliegen lassen, besonders auf Landstraßen, wo der Porsche „sich wie ein Sportwagen der alten Schule benimmt und seinen Fahrer ständig herausfordert." Durchschnittsfahrer kamen mit 11 bis 12 Litern zurecht, wenn sie die jetzt möglichen 235 km/h nicht ständig ausfuhren. Für Porsche war der überarbeitete SC der „sparsamste Dreiliter-Sportwagen der Welt".

Kritik verdiente (noch immer) die hakelige Schaltung; das 1977 eingeführte Verdrehdämpfersystem wurde beim SC wegen Fertigungsproblemen auf Stahlfederdämpfer umgestellt. Unverbesserlich zeigte sich der Elfer beim Durcheilen schneller Kurven, speziell bei Lastwechseln und im Grenzbereich erforderte er weiterhin beherztes Zupacken des Piloten. Der Geradeauslauf war als solcher auch zu Beginn der Achtziger nicht vorhanden, die Windempfindlichkeit erforderte Konzentration und kräftige Armmuskulatur.

Weitere Änderungen kamen zum Modelljahr 1981: neue Farben, Seitenblinkleuchten im oberen Drittel der vorderen Kotflügel, Verbandskasten und Warndreieck als Serien-Beigaben und eine Nebelschlußleuchte ohne Aufpreis. Es handelte sich dabei noch nicht um ein in die Blende integriertes Licht, sondern ein konventionell unter die Stoßstange geschraubtes Anbauteil.

Den Innenraum bestimmten Sitze mit Bezügen aus „Berberstoff", wie bei Porsche das tweedartige Textil genannt wurde. Dafür gab es keinen Schottenkaro-Stoff mehr; er hatte eher dem Zeitgeschmack der 70er Jahre entsprochen. Die Sonderleder kamen mit neuer Narbung und in anderen Farben, die aufpreispflichtigen Sportsitze in Ganzleder.

Mitten in die Krise und ins Personal-Hickhack fiel 1981 das 50. Jubiläum der Porsche-Gründung. Als Jahr Null gilt für das Stammhaus 1931, damals hatte Ferdinand Porsche sein Stuttgarter Konstruktionsbüro eröffnet. Porsche zelebrierte den Jahrestag mit limitierten Sondermodellen in erlesenem Outfit: es gab 600 Porsche 924, 140 Porsche 928 S und 200 Porsche 911 SC in der Farbe Meteormetallic. Das Interieur war in dunkelroter Leder-Stoff-Kombination gehalten; auch Türtafeln, Lenkrad, Dachverkleidung und Teppich waren in diesem Ton gehalten. Zur Serienausstattung gehörten Goodies wie ein elektrisch verstellbarer rechter Außenspiegel, Automatik-Gurte auf den Notsitzen, Motor-Antenne, Heckwischer, Grünglas und 7- bzw. 8Jx15-Fuchs-Felgen mit der Serienbereifung (185/70 bzw. 215/60 VR 15). Besonderer Gimmick: der eingestickte Namenszug von Ferry Porsche in den Kopfstützen. Preise: 57.500 Mark für das Coupé, 60.500 Mark für den Targa - deutlich mehr als die Basisversionen.

Der Turbo, noch immer der schnellste deutsche Serienwagen, war praktisch nicht geändert worden - abgesehen von den Retuschen, die auch den SC betrafen. Unsichtbar, aber nicht zu vernachlässigen war die inzwischen ausschließliche Verwendung von verzinktem Stahlblech. Porsche erhöhte gleichzeitig die Durchrostungsgarantie auf sieben Jahre - und zwar für die gesamte Karosserie!

Im Modelljahr darauf, 1982, testete *auto motor und sport* fünf verschiedene Antriebskonzepte damals aktueller Sportwagen. Der 911 SC war die Antiquität des Ensembles, aus Zuffenhausen fuhr außerdem der neu präsentierte 944 vor. Mercedes hatte den 500 SL gesandt, der die konventionelle Antriebsform vertrat. Renault schickte den R 5 Turbo aus der Alpine-Manufaktur ins Rennen. Eine neue Philosophie mußte sich zu Anfang der 80er Jahre erst durchsetzen: der Vierradantrieb. Audi war zum *ams*-Test mit dem Quattro vertreten. Der Allradantrieb steckte damals noch in den Kinderschuhen, war sportorientiert und teuer. Daß es schon sieben Jahre später, 1989, einen serienmäßigen Vierrad-911 geben würde, hätte kaum jemand für möglich gehalten... Das Allrad-Turbo-Cabrio, das auf der IAA 1981 zu sehen war, galt als reine Machbarkeitsstudie (siehe auch Cabrio-Kapitel).

Der klassische Elfer brillierte selbst im Umfeld seiner neuzeitlichen Konkurrenten; ein zweiter Platz hinter dem Quattro war nicht zu verachten. Die Stuttgarter Tester priesen „die hervorragende Wintertauglichkeit" des Alt-Schwaben, warnten aber auch vor dessen Fahrwerkscharakteristik. Den legendären Lastwechselreaktionen des

Der gläserne Kunde –

32 Prozent aller 911-Käufer lasen „Playboy"

„Mit einer Befragung unserer Kunden wollen wir versuchen, Meinungen und Tatsachen zu den Problemkreisen Kaufprozeß, Wagenbeurteilung und Kundenstruktur zu gewinnen." Der Satz geht einer Porsche-Umfrage unter 911-Käufern des Modelljahres 1980 voran, und er bedeutet frei übersetzt: Porsche bemühte sich um den gläsernen Kunden. Welche Chancen würde der 911 in Zukunft haben - das war die große Frage jener Jahre.

Porsche verschickte rund 500 Fragebögen. Die Ergebnisse sind noch heute interessant: Sie verdeutlichen, warum der 911 am Leben bleiben konnte, wie er zum Mythos wurde, wie ihn seine Fans verstanden.

Einige höchst aufschlußreiche Zahlen:

- 70,5 Prozent aller 911-Käufer besaßen auch zuvor einen Porsche.
- 9,8 Prozent fuhren zuvor mehr als sieben Porsche-Modelle.
- 13,5 Prozent waren von der Marke BMW abgewandert.
- 1,6 Prozent hatten zuvor einen Jaguar pilotiert.
- 1,2 Prozent besaßen einen Ford.
- 15,2 Prozent legten mehr als 40.000 Kilometer im Jahr zurück.
- 43,4 Prozent sahen die Porsche-Tennisturniere der Händler als „sinnvoll" an.
- 32,4 Prozent lasen den „Playboy".
- 18,4 Prozent interessierten sich für das „Manager Magazin".
- 45,1 Prozent führten mit dem Porsche-Verkäufer nur ein einziges Verkaufsgespräch, bevor es zum Vertragsabschluß kam.
- 22,5 Prozent hätten sich für einen BMW 628/635 CSi interessiert, wenn es die Marke Porsche nicht gegeben hätte.
- 0,4 Prozent beurteilten die Lastwechsel-Reaktionen in der Kurve als „schlecht", aber...
- 19,3 Prozent empfanden sie als „ausgezeichnet".
- 19,0 Prozent aller (gerade einjährigen!) 911er hatten noch keinen außerplanmäßigen Werkstattbesuch hinter sich.
- 21,3 Prozent aller Neukäufer steuerten häufiger als dreimal die Werkstatt an.
- 1,2 Prozent der 911-Besitzer warteten ihr Auto selbst.
- 52,9 Prozent der Käufer bewerteten Image und Prestige als „ausgezeichnet".
- 2,5 Prozent waren mit ihrem Porsche „unzufrieden".

F-P 911

911 war eine ganze Fotoserie gewidmet, die zeigte, wie sich der SC bei plötzlichem Gaswegnehmen auf der Kreisbahn gebärdete: Er drehte sich, „ein klares Sicherheitsriskio", schrieben die Tester.

Das juckte den klassischen Porsche-Kunden nicht, speziell auf dem US-Markt hatte sich die Nachfrage erholt. 1982 kam Porsche wieder in die Nähe seiner Kapazitätsgrenzen. Das Geschäftsjahr 1981/82 schloß Porsche mit einem neuen Rekord ab: Umsatz 1,49 Mrd. Mark, plus 28 Prozent im Vorjahresvergleich. „Das wertvollste Gut von Porsche sind unsere treuen Kunden", kommentierte Peter W. Schutz das neue Rekordergebnis.

Eine Niederlage gab es im Herbst 1981 nur für den Turbo: Er zog bei einem Rennen auf dem NATO-Flugplatz Hopsten den Kürzeren. Allerdings hatte der Konkurrent ungefähr 80.000 PS zu bieten und trat in Form einer Phantom F-4 F an. Auf den ersten 100 Metern lag Porsche-Mann Jürgen Barth noch vorn, dann holte die Kampfmaschine auf. Sie lag mit zwei Zehnteln vorn, knapp dahinter eine mitstreitende 120-PS-Egli-Honda...

Auch die Modelljahre 1982/83 erlebte der 911 wieder weitgehend unverändert. Auffällig war lediglich, daß Porsche den Felgenstern der Druckguß-Felge jetzt schwarz pulverbeschichtete, während sich das Felgenhorn blankpoliert präsentierte. Die Leistung des Drehstromgenerators erhöhte sich. Das Ölthermometer erhielt eine andere Skaleneinteilung, und die Seitenscheiben bekamen endlich auch Warmluft via Düsen ab. Der SC erhielt die Scheinwerferreinigungsanlage serienmäßig, bisher kostete dieses Extra 285 Mark mehr. Erstmals konnten geltungsbewußte SC-Kunden für 2500 Mark einen am Turbo orientierten Spoilersatz ordern, dessen „Kragen" allerdings weniger voluminös ausfiel, da hier kein Ladeluftkühler Platz beanspruchte. Wem das zu sportlich war, orderte einen exklusiven Targa als Sonderanfertigung, ausgeschlagen mit Etienne-Aigner-Leder. Selbst der Targabügel war innen mit dem braunen Spezialleder überzogen, schön passend zu den Etienne-Aigner-Koffern, die dann aber extra zu kaufen waren.

Beim aufgeladenen Elfer überarbeiteten die Stuttgarter Ingenieure die Gemischaufbereitung gründlich. Das kam zwar nicht der Leistung zugute, doch der Verbrauch reduzierte sich vor allem im Stadtbetrieb deutlich. Ein neuer Hauptschalldämpfer entläßt die Abgase ins Freie, der Turbo-Bypaß erhält einen separaten Ausgang mit eigenem Auspuff. Für alle Modelle erhöhte Porsche zum 82er Jahr die Dachlast, von 35 auf 75 Kilogramm. Gleichzeitig bot das Stammhaus ein maßgeschneidertes Dachtransportsystem an.

Aber eigentlich drehte sich alles in diesen Tagen bereits um das neue Cabrio - siehe folgendes Kapitel. So sehr, daß selbst der Targa kaum noch Erwähnung fand, obwohl es ihn weiterhin im Porsche-Programm gab.

Die lieben Kleinen

Der 911 mit Rasenmähermotor - das gab's!

Für den motorhungrigen Nachwuchs existierte auch so etwas: der 911 im Dreikäsehoch-Format. Schon 1976 baute die Porsche-Vertretung Karl Thiel KG in Paderborn einen Mini-Porsche mit 250-ccm-Motor. Und Porsche selbst begann zehn Jahre später, die Kiddies geldiger Porsche-Fans zu motorisieren. Im Lieferprogramm fand sich 1986 ein 911 Cabrio im Maßstab 1:2, ohne Verdeck, mit zwei Vorwärtsgängen und einem Rückwärtsgang.

„Noch nie war ein Viertakt-Rasenmähermotor so appetitlich verpackt", schwärmte *Christophorus*. Stilgerecht lag der Treibsatz im Heck; ganze 83 Kubik und 2,2 PS versprachen ungezügelten Vortrieb bis zu 23 km/h. Gestartet wurde per Handzug, das 110 kg schwere Gefährt konnte stufenlos auf eine Höchstgeschwindigkeit zwischen 10 und 23 km/h einjustiert werden. Die 2,6 Liter Tankinhalt reichten für eine 30minütige Spritztour auf Papas Grundstück. Neben dem Verzicht auf fünf Zylinder mußte der Junior allerdings auch tolerant sein: Der Motor stammte von Honda.

Noch eine Spur nobler und vor allem sportlicher ging es im Winz-936 zu: Er wurde vom polnischen Porsche-Privatfahrer Sobieslaw Zasada entwickelt; Porsche war angetan und optimierte ihn weiter. In kleiner Stückzahl, so dachte man ganz richtig, würde er schon seine solventen Liebhaber finden. Daß von dem Spieltrieb und Fanatismus der Väter in diesem Fall die Kinder profitieren, ist die angenehme Seite dieser Sache. Scheibenbremsen sind Standard.

Der 936 war nicht nur optisch interessant, er bot mit seinen 206 Kubik auch eine wesentlich höhere Endgeschwindigkeit: Über 50 Kilometer käme man weit, würde man eine Stunde mit ihm fahren. Damit der Junior das Jacky-Ickx-Feeling richtig nacherleben konnte, hatte er seinen Papa zu drängen, eine kleine Rennstrecke ins Gelände zu bauen, Le Mans zum Beispiel im Maßstab 1:2...

Spaß beiseite: Der Preis lag um die 4000 Mark. Das bezahlte Daddy doch aus der Portokasse... – er kann es noch heute bezahlen, denn auf Bestellung wird der Mini-Elfer noch gebaut!

Offen für den zweiten Frühling

1981/82: Das Cabrio gibt der 911-Idee neuen Schub

Jahrelang war der 911 im Niemandsland zwischen Sein und Nichtsein herumgefahren, auf einem schmalen Grat: Offensichtlich hatte das Management, das ihn partout ersetzen wollte, nicht gemerkt, wie wertvoll er den Porsche-Kunden geworden war.

Die Kundschaft bangte. Bis zu diesem Herbst 1981, als der Elfer plötzlich wieder im Rampenlicht stand, sich an seinen weniger profilierten Stallgenossen vorbei in den Vordergrund gedrängelt hatte. Auf dieser IAA zeigte sich der 911 SC als Cabriolet, ohne Bügel, so offen wie noch kein Elfer bisher. 16 Jahre zuvor hatte Porsche die Tradition der Vollcabriolets beendet, hatte den letzten offenen 356 im Werksmuseum geparkt. Der Nachfolger, unter heftigen Wehen geboren, hieß Targa. Er hielt sich Anfang der Achtziger schon anderthalb Jahrzehnte im Porsche-Programm, auch wenn ihn die ganz fanatischen Offenfahrer nicht mochten.

Frankfurt im Herbst '81: Der offene Elfer stellte nicht nur seine Serienkollegen in den Schatten, auch Porsches 936er Le-Mans-Siegerwagen und den Porsche 960, eine Studie in Form des 928, die geringeren Verbrauch (!) sowie mehr Komfort und Sicherheit versprach. Von ihnen sprach selbst die Presse nur dreizeilenweise.

Denn das 911 Cabrio begeisterte nicht nur mit seiner bügellosen Form, die von den Weissacher Karosserie-Konstrukteuren ohne große Änderungen aus dem Targa realisiert worden war. Erst im Februar 1981 hatten die Arbeiten noch unter dem Projektnamen „Roadster" begonnen. Parallel dazu entstand in einem anderen Team der erste Allrad-Prototyp des Elfers, intern *911 A 4* genannt. Der elferverliebte Entwicklungschef Helmuth Bott bekam unter Peter W. Schutz' junger Regentschaft 1981 endlich wieder grünes Licht für große Taten rund um den Boxer - und schöpfte aus dem Vollen. Allrad und Cabriogedanke wurden kurzerhand kombiniert. Und damit auch alle sahen, daß bei Porsche nichts unmöglich ist, wanderte sogar der Turbo-Motor ins

Bügelfrei! Die 1981er IAA-Studie war der erste offene 911 ohne Targa-Henkel.

Heck. Die breiten Reifen samt Backen des schnellen Elfers erhielt die Studie zwar, durfte aber nicht gefahren werden, weil die Gestalter aus ästhetischen Gründen auf den Heckflügel verzichtet hatten - und darunter sitzt bekanntlich der Ladeluftkühler. Exakt zur Hallenöffnung war die Allrad-Turbo-Cabrio-Studie fertiggeworden.

Die Presse staunte, die Fans waren verzückt. Das war ihr Elfer!

Viele Messebesucher hatten allerdings gar nicht wahrgenommen, daß der offene 911 mit vier angetriebenen Rädern daherrollte, obwohl es am Stand deutlich zu lesen war und die Messegestalter das Fahrzeug auf einer Spiegelfläche geparkt hatten. Das Publikum hatte eindeutig reagiert: das 911 Cabrio war der neue Traum! Nach dem Allrad-Antrieb fragte kaum jemand. Den Marketingstrategen war klar, was zu machen war.

„Wir sind begeistert von den Möglichkeiten, die noch immer im 911-Konzept stecken. Nach der IAA werden wir ausgiebige Entwicklungsfahrten damit unternehmen und feststellen, welche Entwicklungen einmal in Serie gehen können" - mit diesen Worten weckte Peter Schutz in Frankfurt die Neugierde der Presse. Das Zitat entbehrt nicht einer gewissen Scheinheiligkeit: Bereits zuvor, am 19. August, hatte der erste Cabrio-Prototyp sein 8000-Kilometer-Pensum auf der martialischen Weissacher Versuchsbahn absolviert. Die Kilometerleistung entsprach der rund 20fachen Strecke im Autoalltag.

„Warum soll es Porsche anderen überlassen, Dächer abzusägen und ein Verdeck zu installieren?", fragte Hauschronist Reinhard Seiffert im *Christophorus* vom November 1981. Und der Vorstand lieferte die Antwort prompt noch vor Silvester: Das 911 Cabrio gehe in Serie, verkündete die Pressestelle um die Weihnachtszeit.

Der geringe Entwicklungsetat mag bei der Entscheidung eine Rolle gespielt haben: Porsche benötigte für die neue Form des Offenfahrgenusses lediglich leicht geänderte Blechteile, die im Bereich der Verdeckanlenkung und Gurtbefestigung angebracht wurden. Der Rest entsprach exakt der Targa-Karosserie. Die echte Entwicklungsarbeit beschränkte sich somit auf das Verdeck.

Unter diesen Vorbedingungen stellten die Porsche-Oberen lediglich fünf Mann ab, die das komplette Entwicklungsteam bildeten und den offenen Elfer in weniger als zwei Monaten zur Serienreife boxten. Unter den Vorgaben eines Konstrukteurs und eines Meisters arbeitete ein Sattler zusammen mit zwei Karosserieflaschnern. Wüßte man nicht, daß sich dieses Szenario 1981 abgespielt hat - man wäre versucht, es in die Gmünder Anfangstage zu datieren...

Rechts: Unter dem Projektnamen „Roadster" entstand die legendär gewordene 911-Studie.

Die Ahnentafel: Der allererste Porsche von 1948 war schließlich auch ein echter Roadster...

... und der 356 Speedster (hier ein 1956er Exemplar) galt schon zu Lebzeiten als Automythos.

Cabrio-Puristen hatten sich stets am Sicherheitsbügel des Targa gestört.

Den 356 gab´s von Anfang an als Coupé oder Cabrio, hier mit Beutler-Karosserie von 1949.

Damals exklusiv, heute fast unbezahlbar: 356 B Cabriolet, Jahrgang 1962.

Das 911 SC Cabrio - für Sonnenanbeter war es die Renaissance des wahren Porsche.

Eilbote: Erst im Februar 1981 begann die Cabrio-Planungsphase - mit solchen, noch unfertig wirkenden Skizzen.

Auf dem Genfer Salon im März 1982 konnten Presse und Kunden dann ein ausgereiftes Porsche 911 Cabrio bewundern - ohne Plusterbacken und Turbo, auf Basis des SC und, laut Ankündigung, happige 64.500 Mark teuer. Das konnte die Kundschaft nicht irritieren: Die Bestellungen stapelten sich schon, bevor der erste Porsche-Enthusiast überhaupt auf dem Fahrersitz saß. Der Auslieferungstermin war auf den Jahresanfang 1983 datiert, doch da wurden die Kunden schon nervös. Die erste Jahresproduktion war bereits zum Genfer Salon ausverkauft.

Sicher, Porsche hatte mit dem 911 Cabriolet an die wilden Jahre des Hauses angeknüpft - das aber mit schwäbischer Akkuratesse. Besonders die Dachkonstruktion sorgte bei Cabriokennern für Entzücken. Daß sie nur geringe Windgeräusche fabrizierte, hing mit dem geringen freien Stoffanteil zusammen: Ungefähr die Hälfte des Verdecks war mit Spriegeln aus Blech verstärkt, die zusammen mit der selbstnachstellenden Verdeckspannung durch federbelastete Stahlseile für einen flatterfreien und sicheren Sitz auch bei hohen Geschwindigkeiten sorgten. Porsche sprach von einer „...ausgeklügelten, neuartigen Dreispriegeltechnik mit 50% Festdachanteil" und „Coupé-Geborgenheit". Immerhin war die Konstruktion um 15 Kilogramm leichter als das Targa-Gegenstück. Vom Bügel-Elfer stammten übrigens die einteiligen Dichtungen rund um die Türscheiben - und noch ein Detail erinnerte an die Targa-Frühzeit in den 60ern: die flexible Kunststoff-Heckscheibe. Die ließ sich mit Hilfe eines Reißverschlusses lösen und wurde vor dem Öffnen des Verdecks nach unten geklappt. Dadurch brach sie nicht und verkratzte langsamer; zur verlängerten Lebensdauer kam der einfachere Austausch: Nur kurze Nähte mußten aufgetrennt werden, um ein Neuteil einzusetzen. Zudem blieb dem Cabrio-Fahrer die Option, mit heruntergeklappter Heckscheibe die Frischluft-Zufuhr wie einst beim „Reißverschluß-Targa" individuell zu regeln...

Die Tester des Jahres 1982 (Kunden gab's ja noch nicht) ergötzten sich am handlichen Mechanismus des 911-Verdecks: Öffnen und Schließen gingen problemlos vonstatten. Zwei aus dem Targa bekannte Hebel, die nur aufgesteckt und normalerweise im Handschuhfach verstaut wurden, halfen beim Lösen der vier Arretierungshaken. Abgesehen vom Zusammenlegen der Heckscheibe war weiter nichts zu beachten - das, könnte man vermuten, muß doch die komfortbegierigen Amis angesprochen haben, die von ihren Cabrios schon traditionell simpelstes Handling verlangten. Für die Übersee-Klientel war es aber immer noch nicht easy genug...

Trotz des Verdeckkastens waren die beiden hinteren Notsitze erhalten geblieben, sie boten aber mit ihren etwas steileren Lehnen noch weniger Platz als im Targa oder Coupé. Die Innenausstattung orientierte sich an den SC-Modellen, allerdings mit kleinen Retuschen: Ledersitze gab es serienmäßig, ebenso zwei beheizbare und elektrisch einstellbare Spiegel. Die automatische Heizung aus dem 911 SC fand sich im Open-Air-Modell allerdings nicht, statt dessen war für Fahrer und Beifahrer die Warmluft getrennt regulierbar - die Automatik wäre beim Offenfahren durcheinander gekommen, teilte Porsche mit.

Die amerikanische Kundschaft forderte derweil ein elektrisch angetriebenes Verdeck - in Zuffenhausen später als *Hollywood-Version* bezeichnet. Dieses Feature kam schließlich zum 1986er Modelljahr, auch wenn es die Puristen schüttelte... Wobei sie besser dankbar wären. Hätten die USA nicht schon längst geplante Sicherheitsgesetze gekippt, hätte es nie mehr einen derart offenen Porsche gegeben!

Als das Cabrio 1981 auf der IAA stand, wurden die Kunden nervös: Sie überschütteten die Stuttgarter Planer mit Kaufanfragen.

Aber immer der Reihe nach. Drei klassische Farben standen Anfang 1983 zur Auswahl: weiß, rot und silbermetallic, jeweils mit schwarzem Verdeck. Auch hier bot Porsche im Lauf der Modellpflege Alternativen an.

Noch 1982 testete *auto motor und sport* das Cabriolet und entdeckte „eine weitere sehr zeitgemäße Möglichkeit, Spaß beim Autofahren zu empfinden." Der Motor, so die Tester, komme akustisch noch besser zur Geltung; technische Musik zur Untermalung einer kurvigen Landstraßen-Stimmung. Dabei wecke der offene Porsche nicht so sehr die Lust am Heizen wie seine verlöteten Brüder. Lust an der Umgebung stehe an erster Stelle.

Porsche hatte mit dem offenen Elfer ein Zeichen gesetzt: Das Cabriolet war das Versprechen an die Porsche-Enthusiasten, den Elfer nicht sterben zu lassen. Er belebte die Baureihe, die von Zuffenhausens Management-Riege so konsequent totgeschwiegen wurde... Das war allerdings vor der Ära des Peter Schutz: Der Corvette-Besitzer wußte um den Wert von Legenden. Und er wurde nicht müde zu verkünden, was für ein glühender 911-Verehrer er sei.

Ob in St.Trop, auf der Kö oder dem Sunset Boulevard: Er hatte sich wieder einmal durchgeboxt, der Elfer.

Wunschkinder

1983: Der Carrera kehrt zurück

Revival des großen Namens: 1983 gab es wieder einen Carrera. Der Elfer lebte weiter!

„Wenn ich ein Auto wär“, sprach der Mann mit dem amerikanischen Akzent und der Porsche-Design-Sonnenbrille auf dem flächigen Gesicht, „wenn ich ein Auto wär', wäre ich ein Porsche.“ Welchen Porsche er meinte, daran ließ er keinen Zweifel: den 911.

Der Klassiker kam zurück. Mit Peter W. Schutz als Vorstandsvorsitzendem hatte sich Porsche einen Manager eingehandelt, der als glühender Verehrer der Elfer-Baureihe galt. Ferry Porsche und der Clan im Aufsichtsrat sahen das gern. Sie hatten am Stuhl des Vorgängers Fuhrmann auch deshalb gesägt, weil er den 911 nicht mochte, weil er den Klassiker aufs Abstellgleis schob. Schutz schien, so der erste Eindruck, aus anderem Holz geschnitzt. „Er tut, was man ihm sagt“, flüsterte ein Porsche-Intimus den Journalisten vom *Manager Magazin* - gemeint war der neue Mann im Chefsessel.

Mit Schutz, dem Corvette-Stingray-Besitzer, fuhr der 911 in den Auto-Olymp. Das 911 SC Cabrio war nur der erste Schritt des großen Revivals gewesen - wenn der *Spiegel* auch über den „Opa mit Reißverschluß“ spöttelte.

Die zweite Stufe zündete der Deutsch-Amerikaner Schutz im Spätsommer 1983, zum Modelljahr 1984: Der SC schied dahin, und der Carrera kam zurück. Klassischer, schneller - und umweltfreundlicher. Porsche lieferte ihn auf Wunsch mit Dreiwege-Kat und entzog damit den Autokritikern den Grund zum Maulen, weil der neue Porsche wieder mal schneller und kräftiger geworden war.

In den Jahren 1983/84 war die Kat-Diskussion auf ihrem Höhepunkt, das Waldsterben ein Politikum; das Auto drohte auf dem Scheiterhaufen der Volksmeinung zu verbrennen. Technokraten wie Ferdinand Piëch gossen noch Öl ins Feuer: „Ich habe einen kleinen Mischwald, und dem fehlt nix“, verkündete das Porsche-Aufsichtsratsmitglied frank und frei vor der Presse.

Trotz der Piëch-Worte erhielten die Porsche-Techniker die höheren Weihen für den Dreiwege-Kat und bekamen im Februar 1984 die deutsche ABE. Dreiwege-Katalysatoren baute Porsche bereits seit 1979 in die Exportfahrzeuge für Nordamerika und Japan ein. Die deutsche Autoindustrie vollzog den Wandel zum Kat nur zögerlich und von Skepsis begleitet - Porsche entkräftete die Kassandrarufe durch seine offensive Kat-Politik. Die 911-Kundschaft hatte sich anfangs allerdings mit Leistungseinbußen bei abgasgereinigten 911-Typen abzufinden...

Das Porsche-Bekenntnis zum 911 fußte sicherlich auch auf Schutz' Marketing-Politik: Der neue Mann im Zuffenhausener Werk I kurbelte den US-Absatz an, er trennte sich von der alten, unflexibel gewordenen Amerika-Verkaufsorganisation unter VW-Regie und verbreitete sein Credo: In Amerika sei der Porsche kein Auto, „sondern ein Spielzeug." Wohl wahr. Der 911 ließ sich unter diesen Vorzeichen besser verkaufen als seine Stammesbrüder - vermarktet als umhätschelte Antiquität, als Gefährt, in dem sich High-Tech und Romantik verbinden können.

Porsche verdiente gut im US-Geschäft in jenen Jahren: Die Kalkulation ging damals von einem Kurs von zwei Mark pro Dollar aus. Der Anstieg auf über drei Mark brachte Porsche Mehrgewinne von mehreren 10.000 Mark pro Auto... Wohltuend für die Zuffenhausener Bilanzen, denn die aufwendige Fertigung mit hohem Handarbeitsanteil kostete immer mehr Geld. Erstmals seit der Umwandlung in eine Aktiengesellschaft (das war 1972) stockte Porsche das Grundkapital auf, gleichzeitig werden an der Börse stimmrechtslose Vorzugsaktien eingeführt - anders ausgedrückt: jetzt kann jedermann einen Porsche-Anteil erwerben.

Goldene Zeiten waren es (im Vergleich zu heute jedenfalls), in die der neue Carrera geboren wurde. „Zum zwanzigsten Geburtstag zeitgemäßer denn je", so der Pressetext, rollte der Elfer vor seine Fans. 231 PS, satte 27 PS mehr, auf einen Schlag! Die gedämpfte US-Version besaß freilich nur 207 PS (Motortyp M 930/21), wurde aber hierzulande wegen des nicht flächendeckenden Bleifrei-Angebots noch ohne Katalysator ausgeliefert.

Den üppigen Zuwachs hatte Porsche abermals mit einer Hubraum-Aufstockung realisiert, auf 3,2 Liter. Möglich geworden war das mit einem vier Millimeter höheren Hub (auf 74,4 Millimeter); die Verkleinerung des Brennraums in Zündkerzen-Nähe steigerte das Verdichtungsverhältnis auf 10,3:1. Porsche brüstete sich mit einem Drittelmix-Verbrauch von 13,6/9,0/6,8 Litern auf 100 Kilometer und schrieb diese verblüffend anmutenden Werte der neuen Bosch-Motronic zu, die - konzeptionell - aus dem 944 in den Elfer eingewandert war. Diese sorgte mit einem elektronisch gespeicherten Kennfeld jederzeit für runden Motorlauf bei - oder trotz - sparsamster Gemischregelung. Das bei Porsche DME (Digitale Motor Elektronik) genannte Zünd- und Einspritzmanagement schaltet die Spritzufuhr im Schiebebetrieb automatisch ab und ist auf die Lambdasonde vorbereitet. Obenauf gab's noch ein frisch abgestuftes Fünfganggetriebe, das mit einem Rippenkühler versehen war und deshalb runde 25° kühler blieb. Die Kurbelwelle glich jetzt weitgehend der des Turbo.

Und außerdem optimierte Bremsscheiben, 3,5 Millimeter breiter als die bisherigen, mit größeren Belüftungsöffnungen. An den Hinterrädern sorgten die üppiger dimensionierten Bremskolben und der Bremskraftregler aus dem 928 S für bessere Bremskraftverteilung. Neu auch die Bremsbelag-Verschleißanzeige,

Schnell, schön, breit: Das Carrera Cabrio gab es auch im Turbo-Look.

Ein Carrera Coupé mit dem großen Zubehör-Heckflügel - wer nach noch mehr Geltung strebte, konnte auch Turbo-Optik ordern.

die dem Fahrer rund 700 Kilometer vor dem endgültigen Aus ins Gewissen glimmen sollte. Für Sicherstellung der gesamten Stromversorgung sorgte eine 1288 Watt starke Lichtmaschine. Die Heizleistung verbesserte sich durch größere Durchschnitte der Wärmetauscher und zusätzliche Heizgebläse.

Äußerlich erkannten Porsche-Fans den neuen Carrera am gleichlautenden Schriftzug auf der Motorhaube und einer neu gestylten Bugschürze mit integrierten Nebelleuchten. Auffälliger waren aber die neuen Felgen im „Telefondesign". Sie stießen nicht auf ungeteilte Gegenliebe, auch wenn Designer wie Colani sie „ganz toll" fanden. Ganz offizielle Irritationen ließ neuerdings die Zubehörliste zu. Sie führte nicht nur, wie bisher, das Carrera-Coupé mit dem großen Heckspoiler. Wer mehr Image brauchte, konnte ganz offiziell das Carrera Coupé auch mit den dicken Backen und dem Fahrwerk des Turbo ordern, die Spoiler vorne und hinten durfte man auch weglassen. Die Turbo-Optik, obgleich weit über 20.000 Mark teuer, entwickelte sich zum Renner, speziell bei den effektfreudigen Amis, die auf dem Super-Fahrwerk mit 55 Meilen über ihre Highways gurkten, untertourig und klima-gekühlt. Aber das war nun mal der Markt, für den Schutz rackerte, jener Markt, der den agilen 911 wollte und keinen 928 (zu feist) oder 924 (die Japaner waren billiger). Der *Spiegel* kolportierte in jenen Tagen das Paket des Westküsten-Kunden, der einen pinkfarbenen Stöckelschuh nach Zuffenhausen sandte: Der von ihm bestellte Carrera sollte in exakt dieser Farbe lackiert werden. Klar, daß solche Kunden auch die dicken Backen lieben mußten...

Das Cabrio hatte eingeschlagen, dies- und jenseits des großen Teichs. Die Amis hatten damals das Verdeck noch manuell zu bedienen, was sich bald ändern sollte, aber trotzdem: Fast die Hälfte der Produktion entfiel auf den offenen, den ganz offenen Elfer. Natürlich hieß auch dieses Modell nicht mehr SC, sondern Carrera - daraus folgert, daß es den Cabrio-SC nur ein knappes halbes Jahr gab: ein Special für Sammler. Dem amerikanischen Geschmack paßten sich die neuen Verdeckfarben blau und braun (neben schwarz) an. Auf das Hardtop durfte noch gewartet werden. Ganz vergessen war der Targa deswegen nicht: Die Ingenieure hatten das Targadach mit allen Dichtungen überarbeitet. Das Coupé übernahm jetzt den abschließbaren Kofferraumdeckel-Zug aus dem Targa und Cabrio.

Mit einer Elfer-Achillesferse räumte Porsche zum Modelljahr 1984 auf. Das bärenstarke Triebwerk bekam neu entwickelte Kettenspanner mit Druckölschmierung - Porsche hatte den Spanner einfach an den Hauptölkreis angeschlossen. „Da ist dann Öl ständig zugeflossen, und es gab überhaupt keine Probleme mehr", berichtete 911-Guru Paul Frère im Herbst 1988 der Wiener Fachzeitschrift Autorevue. Sein Statement ist das längere Zitieren wert: „Der Kettenspanner mit seiner Feder hatte ursprünglich Öl zur Dämpfung, und die Dichtungen waren nie hundertprozentig. Nachdem Öl ausgelaufen war, hatte der Spanner zu vibrieren begonnen, das war der Anfang der Probleme. Dann begann die Kette selbst stark zu vibrieren, das hat im Motor ungeheuren Krawall gemacht, und irgendwie konnte sie auch ganz kaputtgehen. Es konnte sich die Nockenwelle um einen Zahn oder zwei Zähne verdrehen, und dann sind die Ventile mit den Kolben zusammengekommen - große Sache!" Vergangenheit, auch das.

Wie auch der 911 Carrera bekam der Turbo eine modifizierte Innenausstat-

tung in dezenteren Tönen und mit Porsche-Schriftzug, Bremsbelag-Verschleißanzeige, den neuen Bugspoiler, einen optimierten Heckflügel, dazu eine serienmäßige Alarmanlage. Sein Lorbeer war zwiespältig: Wie in den Vorjahren auch hatten ihn die Leser von auto motor und sport zum besten Sportwagen aller Klassen gekürt. Dafür bereitete er den Sachbearbeitern der Versicherungen schlaflose Nächte: Er war 2,5mal so häufig in Unfälle verwickelt wie das (statistische) deutsche Durchschnitts-Automobil. Der Porsche 911 SC/Carrera lag deutlich darunter - er geriet aber immer noch 1,8mal häufiger in Bedrängnis. Allerdings blieb der Interessentenkreis des Turbo naturgemäß überschaubar: Er kostete zum Modelljahr 1984 satte 102.000 Mark, war also der erste Serien-Porsche, der in sechsstellige Preisdimensionen vorgeprescht war.

Teurer ging's freilich dennoch: Nur 20 Stück fertigte Porsche vom 911 SC RS. Die 188.100 Mark legten indes nur Rennfahrer (und Sammler) auf den Tisch, erhielten aber dafür ein 960 kg leichtes und 255 PS starkes Geschoß mit dem alten Dreiliter-Saugmotor. Die Mechanik stammte prinzipiell vom verblichenen SC, die Karosserie vom Turbo, allerdings durch Verwendung von Dünnglas, Alu und Kunststoff erheblich abgespeckt. Leistung brachten unter anderem die Zylinderköpfe vom 935, das Ergebnis: Der straßentaugliche Renner beschleunigte schneller von 0 auf 100 als der Turbo. Der in der Gruppe B einsetzbare SC RS nahm mit 3,76 PS/kg direkt nach den 959-Varianten den dritten Platz auf der ewigen Leistungsgewichts-Hitliste ein.

Im Oktober 1984 kamen die '85er Modelle und eine bemerkenswerte Kür: Die Leser der spani-

Zum Modelljahr 1985: teilelektrische Sitze, Vierspeichen-Lenkrad.

schen Autozeitschrift *Motor 16* wählten den 911 zum „Auto des Jahrhunderts", dicht gefolgt vom Käfer. Zwei Jahre später feierten die Deutschen den 100. Geburtstag des Automobils. Die Leser von *auto motor und sport* glaubten da das „Auto der Autos" eher im VW Käfer zu sehen, gefolgt von Golf, Ford T, Mini und Ente. Wie pragmatisch die Deutschen doch sind - und was der Prophet im eigenen Land gilt...

Der 911 sah das Modelljahr 1985 mit diversen Optimierungen. Ein Lamellenölkühler im vorderen rechten Kotflügel sorgt für ausgeglichenere Temperaturen, er bekommt die Kühlluft durch eine Öffnung, die zwischen Nebelscheinwerfer und Stoßstange liegt. Weiterhin glänzte er mit einer neuen Sitzgeneration, die deutlich bessere Seitenführung versprach, mit verlängerter Auflage für die Oberschenkel und elektrischer Sitzverstellung für die Fahrerseite (für den Copiloten gab es das als Zubehör). Elektrische Sitze lieferte Porsche gegen Mehrpreis übrigens auch mit Sitzheizung. Auf der Serienseite kamen unter anderem grün getönte Scheiben dazu, außerdem beheizte Scheibenwaschdüsen (dafür eine nur noch einstufig beheizte Heckscheibe beim Coupé), Teilledersitze, eine Scheibenantenne, vier Lautsprecher mit Überblendregler, ein Vierspeichen-Lenkrad mit lederüberzogener Prallplatte und das Schalthebel-Säckchen aus Leder, gehalten in der Farbe des Innenraums. Die Schaltwege waren übrigens um zehn Prozent kürzer geworden, was knackigere Gangwechsel versprach. Zur Reduzierung austretender Benzindämpfe installierte Porsche einen Aktivkohle-Filter. Wichtiger noch war ein unscheinbares Extra auf der Mehrpreis-Liste: Das *Katalysator-Konzept* für runde 2000 Mark beinhaltete eine Lambdasonde und den Kat. Der schon erwähnte Motor mit 207 PS hatte eine deutlich niedrigere Verdichtung als sein stärkeres Pendant, da es noch kein unverbleites Benzin mit ausreichender Oktanzahl gab. Diese Version erhielt auch ein kürzer ausgelegtes Getriebe ohne Ölkühlung (Typ 915/73). Unabhängig davon erhielten alle Carrera-Getriebe stärkere Gehäuse und eine überarbeitete Synchronisation, die das Einlegen der Gänge erleichterte.

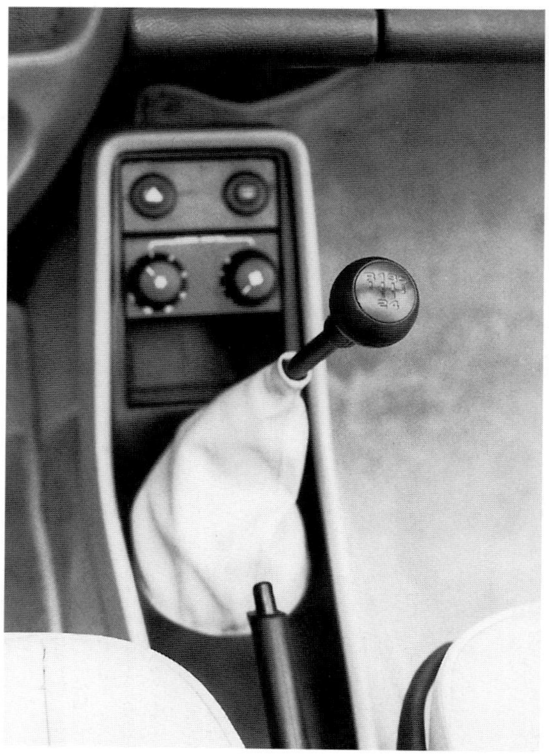

Moderne Zeiten: 1985 kam das automatische Cabriodach, 1986 das modifizierte Getriebe samt „grazilerem Schalthebel."

Weiterhin konnten auf der Zubehörliste Schmiedefelgen in Weißgold-metallic und eine neue Zentralverriegelung angekreuzt werden - letztere mit Absperrknopf auf der Mittelkonsole. Auch eine Sekurriflex-Windschutzscheibe war gegen 100 Mark lieferbar. Bei ihr verhinderte eine Folie auf der Innenseite, daß Glaskrümel die Insassen verletzten.

Der Turbo trug ab Herbst 1984 die Innenausstattung des Carrera, allerdings mit erweiterter Serienausstattung, zu der die Klimaanlage, Zentralverriegelung und zwei elektrisch verstellbare Sitze gehörten. Ein geänderter Bremskraftverstärker machte den Blasebalg damentauglicher, er reduzierte die Pedalkraft um 30 Prozent. Und neue Stabilisatoren (vorn 22, hinten 20 Millimeter statt 20/18 mm) wirkten fortan wider die Seitenneigung und versprachen stärkere Kurvenstabilität, unterstützt von Boge-Zweirohr-Gasdruckdämpfern, die auch der Carrera erhielt.

Die dicken Kotflügel des Turbo-Look-Pakets waren beim Coupé gut angekommen, es gab sie zum Modelljahr 1985 auch für den Carrera Targa und das Cabriolet, allerdings ohne den Heckflügel. Geänderte Blechstärken und zusätzliche Versteifungen sorgten für problemlose Aufnahme des Turbo-Fahrwerks. Der offene Elfer kam wiederum mit zwei neuen Verdeckfarben, weinrot und graugrün. 1984 war er der Hauptgewinn des Porsche-Tennis-Grand-Prix, bei dem auch Steffi Graf mitspielte, die damals 16 Jahre alt war und den 7. Platz der Tennis-Weltrangliste besetzte. Den Elfer nahm sie nicht mit nach Hause, noch nicht...

Porsche erlebte fette Zeiten, damals. Im Geschäftsjahr 1985/86 produzierten die Zuffenhausener am oberen Limit, die Kapazitäten waren ständig ausgelastet. Der Dollar sank zwar schon zusehends, war aber noch nicht in den Keller gestürzt: Porsche baute in diesem Geschäftsjahr rund 53.000 Autos (man vergleiche mit der 911-Urzeit!), davon gingen fast 30.000 über den großen Teich, aber nur rund 11.000 Exemplare blieben im Land. Das Porsche-Management schaute etwas betreten in die Neue Welt, lehnte sich aber auch an das solide Finanzpolster der letzten Jahre. Peter W. Schutz blieb aber optimistisch und lehnte eine Konsolidierung ab, er wollte verkaufen, was zu verkaufen war. Angst vor einer zusammenbrechenden US-Nachfrage hatte er damals nicht, sagte er dem *Manager Magazin*: „Wir glauben, daß unser Markt verhältnismäßig berechenbar und konstant ist.“

„Der 911 ist rüstiger denn je“, schrieb die Presseabteilung an die Redaktionen; es klang wie die Beschreibung eines Auto-Opas. Im Gegenteil: Die Amis (und natürlich auch europäische Käufer) konnten zum Modelljahr 1986 aufs Knöpfchen drücken und das Cabrio-Verdeck gegen rund 4000 Mark Mehrpreis automatisch arbeiten lassen - da blieb kein Puristenauge trocken. Nicht einmal verriegelt werden mußte von Hand, das geschah elektromotorisch. Zwei weitere Motoren fanden hinter den Rücksitzen ihren Platz und schlossen oder öffneten mikroprozessorgesteuert das Textildach in 20 Sekunden. Moderne Zeiten!

Der Carrera-Motor war weiterhin unverändert geblieben, allerdings hatten sich die Techniker einmal mehr über Heizung und Lüftung hergemacht, hatten auch optische Retuschen angebracht: Es

Frühlings-Erwachen: Zur 1987er Saison debütierten Turbo Targa und Turbo Cabrio - „eine nette kleine Überraschung“ (so Christophorus).

Drei Richtige: 1988 feierte Porsche den 25sten Geburtstag des 911 - links der 959, daneben der erste Turbo, rechts ein 1965er Ur-911. Links mitte: 87er Cabrio mit „Telefonscheiben-Felgen". Unten: Turbo, Modelljahr 1984.

gab größere Luftaustrittsdüsen und andere Schalter; der Temperaturfühler saß nicht mehr zwischen den Sonnenblenden, sondern im Armaturenbrett, wo er genauere Messungen ermöglichte. Das Cabrio kam nunmehr auch mit der automatischen Heizung, offenbar traute Porsche dem Fühler am neuen Platz zu, nicht mehr unmotiviert auf Temperaturschwankungen zu reagieren.

Zum Herbst 1985 hatten die Techniker die Vordersitze um 20 Millimeter tiefer gelegt und damit mehr Kopffreiheit erreicht. Porsche sprach von einer „völlig neu überarbeiteten Fahrwerkseinstellung", was die Überarbeitung der Stabilisatoren, Dämpfer und hinteren Drehstäbe meinte. Auf Wunsch gab es um weitere zehn Prozent verkürzte Schaltwege; das Käfer-Feeling der frühen Elfer hatte sich nach und nach für immer verabschiedet. Der 911 ließ sich noch ein bißchen knackiger schalten, aus dem Handgelenk gewissermaßen.

Erfreuen konnten die Stuttgarter ihre Kunden mit einer auf zehn Jahre erweiterten Durchrostungsgarantie. Auch die weiteren Fristen wurden angehoben: drei Jahre Lackgarantie und zwei Jahre auf das Fahrzeug ohne Kilometerbegrenzung.

Die Retuschen am 911 blieben marginal, etwa eine überarbeitete Scheibenwaschanlage oder abgedeckte Make-up-Spiegel oder sich anders anfühlende Teppiche, die der Innenausstattung farblich angepaßt waren. Die Radmutternschlösser wurden verbessert, sie wurden auch beim Carrera Serie. Alle Optimierungen betrafen auch den Turbo, der jetzt auf hinteren 245/45 VR 16-Reifen mit 9-Zoll-Felgen rollte (vorher 225/50 VR auf 8-Zoll-Rädern). Das sollte ihm zu besserem Geradeauslauf und höheren Kurvengeschwindigkeit verhelfen. Ansonsten war auch der Spitzen-Elfer unverändert geblieben; das echte Aufsehen erregte in jenen Tagen sowieso ein anderes Auto: der 959. Er bewies, welches Potential im Heckmotor-Konzept noch steckte. Dieser Imageträger war eben nicht auf der Transaxle-Basis des 928 entstanden... (siehe eigenes 959-Kapitel). Der Megasportler hatte die bisherigen 911er ein bißchen im Schatten parken lassen.

Offenfahrern und 911-Freaks machte Porsche ab Frühjahr 1987 zwei interessantere Offerten: den 911 Carrera Clubsport und das Duo Turbo Cabrio/Turbo Targa, mit dem Motor, dem Fahrwerk und den Fahrleistungen des stärksten 911 - somit kam natürlich auch der Turbo-Flügel an die offenen Varianten. Ob das alles bei einem Cabriolet noch Sinn macht, fragten sich Zweifler, während der *Christophorus* von „dieser netten kleinen Überraschung" schwärmte und feststellte, daß der Turbo Targa „etwas von einem Dragster" habe: „hinten viel Motor, viel Reifen und viel Flügel, vorn nur das Nötigste." Das war zwar orthographisch verwegen, aber immerhin nicht von der Hand zu weisen. Übrigens lieferte Porsche den Turbo als Cabrio serienmäßig mit elektrischem Verdeck.

In der Tradition der frühen, starken Elfer kam der Carrera Clubsport auf den Markt, und seine Väter verstanden ihn „als den 911 in Reinkultur", als Nachfahr der legendären Ur-911-S- und Carrera-RS-Modelle, mit denen viele Privatfahrer erfolgreich um Siege gerungen hatten. Der neue Clubsport war, wie der Name erklärte, kein Boulevard-911er, sondern allein für den Amateursport gedacht, bei dem mit serienmäßigen Autos gefahren werden muß (alle Zubehör- oder Sonderteile müssen vom Werk angeboten werden).

Der Carrera Clubsport war - nimmt man's ganz genau - kein eigenständiges Modell, sondern eine M-Nummer, ein Sonderausstattungspaket. Entgegen üblichen Gepflogenheiten kostete er keinen Aufpreis, war aber (natürlich) erheblich erleichtert und spartanischer ausgestattet. Auf den ersten Blick sah er aus wie ein Serien-Carrera, er kam ohne Front- und Heckspoiler, aber mit sehr asketischer Ausstrahlung: Es gab keine hinteren Sitze, weshalb der Clubsport nur als Zweisitzer zugelassen war; gegen Aufpreis konnte eine Ablage geordert werden. Clubsport-Käufer entsagten der Geräuschdämpfung am Fahrzeugboden, sie pfiffen auf elektrische Fensterheber, drehten an einer manuellen Heizung ohne Automatik-Gedärm, verstellten ihre Sportsitze von Hand, ließen sich von Sport-Dämpfern schütteln und bürdeten sich auf, eine Wachsschicht am Unterboden in regelmäßigen Abständen auf Verletzungen zu prüfen. Das Wachs war nämlich leichter als die sonst serienmäßige PVC-Beschichtung der Bodenpartie, aber auch weniger widerstandsfähig. Statt Leder gab's außerdem simple Stoffpolster, und der Einbau eines Radios war eigentlich nicht vorgesehen - nur auf ausdrücklichen Wunsch schraubte Porsche zwei Lautsprecher ins karge Interieur, das außerdem noch durch einen verkürzten Schalthebel auffiel. Im Heck arbeitete der serienmäßige Carrera-Motor, allerdings mit leichteren (weil hohlen) Einlaßventilen und einem anders programmierten Steuergerät, das erst bei 6840 Touren abriegelte - beim Serien-Carrera war schon bei 6520/min Schluß. Serienmäßig zog Porsche Schmiederäder der Dimensionen 7 und 8J x 16 auf, andere Größen gab es aus dem Exclusive-Angebot, ebenso anders ausgelegte Stoßdämpfer.

Der pure Elfer war rund 50 Kilo leichter als sein luxuriöseres Pendant, Porsche-Kenner erkannten ein Aufblitzen der früheren Rauhheit. Das Geräusch war sonorer, typischer, die Fahrbahn direkter zu spüren, das härtere Fahrwerk hinterließ in Kurven einen präziseren Eindruck. Er drehte gut, er klang ehrfurchtgebietend und ging auch so; ein 911 für gußeiserne Fans.

Die (im Vergleich zum Clubsport) zivilen 911er erhielten für das Modelljahr 1987 ein ganzes Bündel an Modifikationen, begonnen bei einer hydraulisch betätigten Kupplung, die sich jetzt wesentlich leichtgängiger anfühlte als das alte Haudegen-Exemplar, das kräftig getreten werden wollte. Eine neue Getriebegeneration überzeugte durch leichteres, exakteres Handling; jetzt mit „graziler gestaltetem Schalthebel" (so Porsche) und anderem Schaltschema: Der Rückwärtsgang lag jetzt wieder links vorne statt, wie bisher, rechts hinten. Erste Erfahrungen aus dem 959 flossen in die neue Fünfgang-Box ein. „Die bisherigen Generationen von 911-Fahrern sind freilich stolz darauf, daß sie mit Kupplung und Schaltung, so wie sie waren, zurechtkamen", schrieb Reinhard Seiffert 1986 im *Christophorus*.

Im Einzelnen kamen zum Modelljahr 1987 außerdem folgende Modifikationen:

- Das Heck hatten die Designer leicht geändert, im roten Leuchtenband waren nun zwei Nebelschlußleuchten integriert. Bisher hatten die Rückfahrscheinwerfer in den Rückleuchten ihren Platz, die Nebelschlußleuchte saß unter der Stoßstange links. Gleichzeitig wurde der PORSCHE-Schriftzug auf dem Leuchtenband kleiner.
- Porsche wollte auch beim 911 Anreize schaffen, die Kunden vom Kat zu überzeugen: Der Preis sank, und die Leistung des mit Kat versehenen Elfers wurde von 207 auf 217 PS angehoben, die Fahrleistungen entsprachen nun fast dem 231-PS-Motor ohne Abgasreinigung, sprich: Die Höchstgeschwindigkeit betrug 240 km/h. Kat-Fahrzeuge rüstete Porsche übrigens mit einem thermostatisch geregelten Ölkühlergebläse aus, das auch im Stop-and-go-Betrieb für gemäßigte Schmierstofftemperaturen sorgte.
- Es gab ein neues Lackfarben-Sortiment.
- In der Mehrpreisliste tauchte die Leuchtweitenregelung vom Armaturenbrett aus auf.
- Auf die vorderen Felgen zog Porsche ab Herbst 1986 195/65 VR 15-Reifen statt der 185/70er auf.
- High-Tech: „Ein bei Dunkelheit reflektierender Leuchtpunkt am Türgriff dient als Orientierungshilfe", so der originale Porsche-Text.
- Der Targa bekam verbesserte Türdichtungen.
- Beifahrer im Turbo saßen auf serienmäßig elektrisch verstellbaren Sitzen.
- Der Schaltknauf erhielt eine Lederummantelung.

Das Geschäftsjahr 1985/86 hinterläßt zwiespältige Gefühle. Porsche-Chef Schutz ist stolz auf 53.000 verkaufte Autos, auch die 70 täglich fertiggestellten 911 klingen angenehm. Der beständig fallende Dollar macht allerdings das erhoffte Geschäft teilweise zunichte. Ganz so rosig sind die Aussichten für Porsche nicht mehr - der Vierzylinder-Absatz macht immer mehr Probleme. Die Katastrophe kam rasch: 1987 brach die amerikanische Währung endgültig zusammen, die Porsche-Preise erreichten in der Folge inflationäre Höhen - und Peter W. Schutz wurde rasch in Stuttgart verabschiedet. Der Deutsch-Amerikaner hatte in der Vergangenheit zuviel auf Verkaufen gesetzt und dabei die Elfer-Pflege sträflich vernachlässigt.

Der Amerika-Absatz, wichtigstes Porsche-Standbein, schmolz dahin. Wie verfahren die Situation war, wurde jetzt, wo das Geld knapper wurde, offensichtlich: Drei verschiedene Modellreihen mit jeweils einer Unzahl an Varianten waren unrationell zu fertigen. Allein vom 911 gab es sechs Grundvarianten, hinzu kamen die zig verschiedenen Länderausstattungen durch die unterschiedlichen Abgasbestimmungen dieser Jahre.

Gleichzeitig mußte Porsche die neuen Fertigungsanlagen ausnutzen, die in der zweiten Hälfte der 80er Jahre für mehr als eine Milliarde Mark erstellt worden waren. Rentabilitätsgrenze: 30.000 Autos pro Jahr. Kurzarbeit wurde angemeldet. Deswegen verlegten die Planer die Vierzylinderfertigung von Neckarsulm nach Zuffenhausen. Die Chance, ein Kleinserienhersteller exklusiver Produkte zu bleiben, hatte Porsche unter Schutz' Führung verspielt; langsam stellte sich auch heraus, daß drei Modellreihen eine zuviel sind. Schon gab es erste Übernahmegerüchte: Fiat oder Ford? Vorerst nichts von beidem. Und wenn, so hatte sich Ferry Porsche entschieden, bleibt Porsche deutsch. In Daimler-Benz sieht der *Spiegel* 1988 den „ersten Anwärter für eine Übernahme".

Die jährlich produzierte Stückzahl hat sich im Geschäftsjahr 1987/88 auf schmerzliche 31.000 reduziert - „eines der schwierigsten Jahre in der Porsche-Geschichte", meinte Schutz-Nachfolger Heinz Branitzki 1989 zum *Christophorus*. Da wußte er noch nicht, was alles kommt.

Doch der Blick ging trotzdem in die Zukunft - mit Erinnerungen an die alte Zeit. Auf der '87er IAA stand der neue Speedster, der die lange unterbrochene Tradition des kargen Offenfahrens fortsetzte. Zwischen 1954 und 1958 hatte Porsche den legendären Ur-Speedster auf 356-Basis gebaut. Er war mehr als eine Studie, doch die Serienfertigung ließ noch ein Jahr auf sich warten. Lange genug, um die mit gerade 2100 Exemplaren angesetzte Serie zuvor komplett verkauft zu haben.

Doch zunächst steht ein Geburtstag an: Der 911 wird 25! Im Sommer 1987 wird deswegen in begrenzter Stückzahl ein Sondermodell aufgelegt. Die Elfer in Diamantblau-metallic gab es als Coupé, Targa und Cabrio. Der Felgenstern war in Wagenfarbe lackiert, eine Teillederausstattung in Silberblaumetallic gab es ebenso wie eine Jubiläumsplakette auf dem Handschuhkastendeckel. Das Bild wurde abgerundet durch edlen Teppich, elektrische Verdeckbetätigung beim Cabrio und Schiebedach beim Coupé. Der Schalthebel war verkürzt, auf den raffllederbezogenen Sitzen hatte Ferry wieder sein Autogramm in die Kopfstützen sticken lassen. Die Preise: Coupé 87.950, Targa 89.800, Cabrio 99.700 Mark.

Nach klassischem Ideal: Der Speedster knüpfte an den Ahnen der 50er an.
Nächste Seite: Die zweitbeste Art des 911-Besitzes – Sammlermodelle.

Doch auch die Standard-Elfer wurden besser ausgestattet: Ein elektrisch verstell- und beheizbarer Außenspiegel auf Beifahrerseite (wie er beim Cabrio schon Serie war), elektrische Höhenverstellung für die Sitze, Zentralverriegelung, Scheinwerferwaschanlage sowie die geschmiedeten Fuchsfelgen in 7" bzw. 8" bei gleicher Reifengröße wurden serienmäßig geliefert. Eine Notbetätigung garantierte, daß die elektrischen Fensterheber im Falle eines Defekts übergangen werden konnten. Die Clubsport-Version gab es weiterhin, Front- und Heckspoiler waren jetzt im Preis enthalten. Dem Turbo wurde ein neues *Klangpaket* verpaßt, die Cabrio-Version enthielt eine elektrische Verdeckbetätigung. Zwar relativierte die umfangreichere Ausstattung die erneute Preisanhebung ein wenig, doch die immerhin 80.500 Mark für ein Basis-Coupé (oder Clubsport) ohne Kat waren auch ein stolzer Preis - das Cabrio lag noch einmal gute 10.000 darüber.

Die wirtschaftliche Lage macht Porsche weiter zu schaffen. Besonders die auf den US-Markt drängenden Japaner deckten längst nicht nur den unteren Preissektor ab, Porsche verlor aber hauptsächlich Vierzylinder-Kunden. Die Produktionszahlen sanken weiter, alle Hoffnungen setzten die Porscheaner auf die neue Carrera-Generation, die im Herbst 1989 vorgestellt wurde - siehe Carrera-4-Kapitel.

Doch der alten Carrera-Karosserie war noch ein Jahr gegeben - bis im Juli 1989 ein letztes Coupé in Weiß aus den alten Hallen rollte. Auch den Turbo sollte es danach nicht mehr geben, doch „an einem Nachfolger wird gearbeitet", versprach Porsche leistungshungrigen Fans schon kurz nach der Einstellung. Mit dem Carrera geht auch Helmuth Bott in den Ruhestand, der als Ziehvater des Elfers über all die Jahre gelten darf. Sein letztes großes Projekt war der allradgetriebene Nachfolger für das Modelljahr 1989.

Vorerst gönnte man den Elfern aber noch ihr letztes Jahr: Sie rollten auf breiteren Reifen (205/55 und 225/50 auf 6" und 8") und besaßen grundsätzlich asbestfreie Dichtungen und Beläge. Eine neue Alarmanlage, die sich beim Abschließen der Türen automatisch scharf stellt und das per Leuchtdiode in den

...und noch exklusiver!

Wie Porsche Sonderwünsche erfüllt

Für Spezialwünsche hatte Porsche schon immer ein offenes Ohr gehabt. Langjährige Kunden können manches berichten, und heutige Restauratoren betagter Elfer haben's mitunter schwer, wenn die Gretchenfrage nach der Originalität gestellt wird. „Lackierung nach Wahl", dieser Aufpreis-Punkt hat Tradition in Porsche-Preislisten, und das hieß (und heißt), daß es jede Farbe gibt, die sich der Kunde wünscht. Mit „erhöhtem Riskio im Reparaturfall", wie die Fußnote informiert. Eine offizielle Serien-Farbtabelle ist deshalb keine endgültige Hilfe für Puristen, weil Porsche bis zu 300 verschiedene Lacktöne pro Modelljahr verarbeitete.

◄ Stilstudie als Geburstagsgeschenk: der Panamericana stieß mit seiner aggressiven Form bei Ferry Porsche auf wenig Gegenliebe.

Ob ein 3,3-Liter-Turbo durch die Flachbau-Schnauze schöner wurde, ist Geschmacksache – teurer wurde er auf jeden Fall.

Die Wünsche der traditionellen Kunden betrafen allerdings weniger das Outfit ihrer Porsche. Sie erhoben Anspruch auf optimierte Fahrwerke, nachdem Porsche jahrelang dem Komfortbewußtsein der breiten Käuferschicht nachgekommen war. Härtere Dämpfer, stärkere Stabilisatoren waren lieferbar - im Gegensatz zu vielen Nachrüstern prüfte man in Weissach gewissenhaft die Eignung entsprechender Teile. Und Profi-Sportlern im Kundenkreis wurden schon immer spezialisierte Fahrzeuge angeboten.

Bei extrabreiter Bereifung, von manchem innigst gewünscht, bleiben die Ingenieure dagegen zurückhaltend, wozu neben der erheblich steigenden Aquaplaning-Gefahr auch die Überbelastung der Radlager und anderer Fahrwerksteile Anlaß gaben. Selbst mit Leistungssteigerungen waren die Zuffenhausener vorsichtig. Ein 210-PS-Tuningsatz war bereits 1981 zu ordern, weitergehende Einzelanfertigungen wären zu teuer gewe-

Statt Klappscheinwerfern konnte man auch diese klobige Frontschürze mit vier Einzelstrahlern bekommen.

Weißes Volleder-Armaturenbrett – in Zuffenhausen gab's auch das zu kaufen.

Eine Sonderanfertigung von 1987 war dieses Cabrio mit Flachschnauze.

sen. Anbieten konnte das Werk aber Übersetzungsänderungen, auch der Einbau eines Sperrdifferentials oder eines Zusatzölkühlers war möglich. Der Turbo profitierte von einem Sportkit, das 30 PS und 15 km/h mehr Spitze brachte; schon zu Beginn der Achtziger war es über 20.000 Mark teuer.

Die Abteilung für Sonderwünsche formierte sich fester, Marketingstrategen erfanden den Namen *Porsche Exclusive* - mit ihrer Hilfe ist es kein Problem, den Kaufpreis eines Elfers ein zweites Mal in das Auto zu investieren.

In dieser Zeit entstand auch der Flachschnauzer, ein seines markanten Gesichtes beraubter Turbo. Die Rennsport-Versionen des 911 standen dabei Pate. Porsche baute ihn in zwei Versionen: zunächst mit in den Spoiler verlegten Scheinwerfern, Spötter nennen ihn *Hammerhai*, später auch mit aufwendigen (und somit teuren) Klappscheinwerfern. Mit rund 40.000 Mark schlug der Umbau zu Buche, seit Einführung der Nachfolge-Karosserie Ende der achtziger Jahre wurde er allerdings nicht mehr angeboten.

Seit 1986 hat die Spezialitäten-Abteilung ein besonderes Schmankerl für solvente Cabrio-Freunde im Programm: ein handgefertigtes Hardtop, exakt auf das jeweilige Auto abgestimmt und mit den Glasscheiben des Coupés versehen. Bei Preisen von jenseits der 10.000 Mark blieb es aber eine Rarität. Ähnlich teuer ist die Leistungssteigerung um 20 PS für Carrera 2 und 4, runde 500 Mark pro PS kostet Porsches Zylinderkopfbearbeitung und das RS-Steuergerät den Kunden.

Den meisten 911-Käufern liegt inzwischen die Innenausstattung besonders am Herzen. Im Prinzip ist alles machbar: Leder bis zum Dachhimmel, lackierte Zifferblätter, Wurzelholz-Leder-Lenkrad oder Türtaschenbeleuchtung? Macht Porsche prompt, letztere beispielsweise für einen knappen Tausender. Aber auch Anhängerkupplungen und Überrollbügel finden sich in der Preisliste sowie Sitze aller Art. Schön oder nicht? Zumindest werksoriginal - und das ist es ja, was für eine spätere Klassikerkarriere zählt.

Aus dieser Perspektive wird deutlich, wie tiefgreifend der optische Einschnitt in die Elfer-Front war.

Das 911-Konzept konsequent zu Ende gedacht: Porsches 959 öffnete den Zuffenhausenern völlig neue Horizonte. ➤

BB-PW 260

Der Mega-Elfer –

Der 959 beschäftigte Technikfans und Klatschkolumnisten

König Juan Carlos von Spanien hatte einen, und Starpianist Justus Frantz setzte sein Exemplar in die Botanik. Gloria von Thurn und Taxis kam gar nicht soweit: Sie verkaufte ihren 959 am Tag der ersten Zulassung an einen Spekulanten - mit fettem Aufpreis freilich. Einen bösen Brief des Hauses Porsche konterte die Regensburger Durchlaucht mit der Feststellung, der Porsche 959 sei ihr nicht ausgereift genug gewesen. Damals, im Jahr 1985, geisterte er durch die Regenbogen-Presse.

Wer sich für wichtig hielt und darauf drängte, das zu zeigen, der mußte seinen 959 haben - egal wie. Spekulanten kauften jeden, den sie finden konnten. Der werksseitig festgesetzte Grundpreis, 398.000 Mark, besaß bald nur noch symbolischen Charakter. Die Wohlstandsikone war sechsstellige Aufpreise wert. Von bis zu 700.000 Mark war die Rede.

Im März 1987 begann die Auslieferung; zwei bis fünf Fahrzeuge pro Woche montierten ausgesuchte Porsche-Mitarbeiter im sogenannten „Rößle-Bau" des Stuttgarter Werks.

Der 959 gehört in dieses Buch, zweifellos - obwohl der 911 nur seine Basis war, mit der er fast nichts mehr gemein hatte außer der grundsätzlichen Form. „An der Außenhaut sind nur die Heckleuchten vom 911", notierte der Fachautor Jürgen Lewandowski zum Über-Porsche, „der Rest ist neu: Die Materialien, die Teile, die Technik." Die Türen stammten zwar von den 911-Werkzeugen, waren aber aus Aluminium statt aus Stahlblech gepreßt. Und unter dem Blech war der 959 ohnehin ein ganz anderes Auto, nicht nur im Vergleich zum 911, sondern generell: Porsche hatte nach Superlativen gefahndet, in strenger Tradition des Hauses, hatte die Techniker angestachelt und nicht gebremst. Nie sollen in Weissach so viele Überstunden gemacht worden sein als zur Zeit der 959-Genese, und das Resultat war ein Auto ohne Gegenstück, ohne Vergleichs-Varianten, überirdisch perfekt und genauso teuer.

Der Über-Porsche 959: Technologieträger für zukünftige Entwicklungen und zugleich Prestigeobjekt für die oberen Zweihundert. Er brachte die Zuffenhausener jedenfalls in die Schlagzeilen.

Aber der Reihe nach, und damit zurück ins Jahr 1980, dem Jahr, in dem die Idee zum 959 geboren wurde. Es war die Premiere der Reglements-Gruppe B im Automobilsport, die Wettbewerbsfahrzeuge mit einer Mindeststückzahl von 200 Wagen umfaßte. Porsche wollte hier, anders als bei den teuren Einzelstücken der Gruppe C, ein seriennahes Fahrzeug bauen, das für Rallyes und Rennen ebenso gut geeignet sein sollte wie für die Straße, für den Alltag mit Hifi-Anlage und Air Condition an Bord. „200 Wagen können wir nicht nur an aktive Sportfahrer verkaufen", mahnte Entwicklungschef Helmuth Bott, und er zementierte die Erkenntnis, daß der Gruppe-B-Porsche an eine vorhandene Modellreihe angelehnt werden müsse.

Es traf den 911, ausgerechnet. Ausschlag gaben freilich keine sentimentalen, sondern durch und durch pragmatische Gründe. Helmuth Bott und seine Techniker glaubten nicht an einen erfolgreichen Frontmotorwagen in der Gruppe B, jener Klasse, in der zum Beispiel die Rallye-Weltmeisterschaft seinerzeit ausgetragen wurde. Originalton Bott aus dem Jahr 1983: „Auf dem Rallyesektor hat sich abgezeichnet, daß man nur noch mit allradgetriebenen Fahrzeugen konkurrieren kann. So ergaben sich sehr früh die Voraussetzungen, Allradantrieb und Ableitung eher aus einem Heck-

Die organische Formgebung des 959 darf als gelungen gelten. Wer will, kann im Heckbereich gewisse stilistische Vorausweisungen auf den brandneuen 911 des Modelljahrgangs 1994 erkennen.

motor- als aus einem Frontmotorkonzept zu entwickeln." Dafür drängte sich der inzwischen 20jährige 911 geradezu auf, auch im Hinblick auf das breite Anforderungsprofil. Der Elfer hatte sich im Alltag, auf der Rallye- und der Rennpiste verdient gemacht, war also die ideale Basis für Botts ehrgeizige Pläne. Denn die Weissacher Entwickler wollten mehr, von allem mehr - kein stures Renngerät, sondern einen Technologieträger, einen Vorgriff auf die Jahrtausendwende, einen Impulsgeber für die Zukunft des eigenen Hauses. „Der 959 muß mehr bieten als das bisher Bekannte", schrieben sich die Bott-Mannen ins Lastenheft. Und sie setzten sich einen Termin: Zum Herbst 1983 sollte auf der IAA in Frankfurt ein Vorgeschmack auf das Über-Auto als Stil-Studie parken, sollten die Eckdaten feststehen und der Öffentlichkeit preisgegeben werden. „Was von Millionen Zuschauern akzeptiert wird, kann später kein Mißerfolg sein", meinte dazu Manfred Jantke, der oberste Zuffenhausener Öffentlichkeitsarbeiter.

Es geht die Legende, daß der Prototyp erst in der Nacht vor seiner Frankfurter Premiere fertig wurde. Am 9. Oktober 1983 stand die Studie „Porsche 911 Gruppe B" auf dem Porsche-Areal. Die Koordinaten des neuen Autos lieferten die Porsche-Leute der Fachpresse gleich mit - es gab also keinen Zweifel daran, daß der IAA-Wagen nur eine Zwischenetappe auf dem Weg zum Über-Mobil war.

Im Herbst 1983 erfuhr die Öffentlichkeit, daß der Gruppe-B-Porsche folgende Struktur erhalten werde: Variabler, elektronisch gesteuerter Allradantrieb; Sechszylinder-Boxer-Motor mit luftgekühlten Zylindern, wassergekühlten Zylinderköpfen mit Vierventil-Technik und Aufladung durch zwei Turbolader in Registerschaltung; Sechsgang-Getriebe; Doppelquerlenker-Aufhängung vorn und hinten mit variabler Höheneinstellung (!); zwei Stoßdämpfer pro Rad; Dunlop-Denloc-Sicherheitsreifen auf 17-Zoll-Felgen;

An den Grenzen der Fahrphysik. Im Aquaplaning-Verhalten ist der Elfer wegen seiner Gewichtsverteilung und der breiten Reifen als heikel einzustufen. ➤

Kunststoff-Karosserie mit einem c_W-Wert von 0,32.

Noch aussagekräftiger als die technischen Daten war die philosophische Auslegung des neuen Autos; mit der Sinnfrage hielten sich die Entwickler keineswegs zurück. „Hohe Fahrleistungen standen im Lastenheft nur an zweiter Stelle", informierte Helmuth Bott in einem eigenhändig verfaßten Traktat: „Sorgfältig wurde auf gute Formgestaltung geachtet (...) Und damit der Fahrer eine Fahrleistung, die bisher nur in Rennfahrzeugen verfügbar war, sicher, einfach und angenehm nutzen kann, wurden viele interessante Zusatzsysteme entwickelt." Bott sparte im übrigen auch „neue Lösungen bei der Abgastechnik" nicht aus - seine Aufzeichnungen aus dem Jahr 1983 sind im Rückblick die Dokumente einer Ära, die sensibel wurde im Umgang mit dem Automobil. Technik als Selbstzweck war nicht mehr diskutabel.

Zunächst gab es nur eine Studie, dazu einige Eckdaten und jede Menge Ideen. Zu Ende gedacht war keine davon, als der 959-Vorläufer 1983 in Frankfurt stand. Die Weissacher Techniker hatten sich diszipliniert an ihr Ziel zu tasten, das sie selbstbewußt der Öffentlichkeit verkündet hatten. Es gab kein Zurück.

An der Grundform des 911 war nicht zu rütteln, wohl aber an einigen Anachronismen des Jahrhundert-Designs. Die Elferlinie hatte sich in den Windkanal zu begeben und wurde intensiv geglättet; der Ur-911 hatte einen c_W-Wert von 0,40. Das galt längst nicht mehr als Optimum, und außerdem waren die Porsche-Techniker bemüht, den Auftrieb der Karosse zu eliminieren - angesichts der angepeilten Spitzengeschwindigkeit eine notwendige Entscheidung.

Projektleiter Helmuth Bott warf ein Auge auf qualitätvolle Formgestaltung, was die Aufgabe der Aerodynamiker noch ausgewogen, im Interesse des Kraftstoffverbrauchs und der Leistung zudem konsequent gewichtssparend. Die tragende Struktur des 959 bestand aus Stahl, die Türen und die Kofferraumhaube aus Alu, die Fahrzeugfront aus Polyurethanschaum, der Rest des Karosseriekörpers aus glasfaserverstärktem Epoxydharz. Der Windkanal glättete - im Vergleich zum Serien-Elfer - eine ganze Reihe von Baugruppen. So wurde die Frontscheibe des 959 flächig eingeklebt, und der bündige Sitz der Scheinwerfer in den vorderen Kotflügeln resultierte ebenfalls aus Erkenntnissen der Strömungstechniker.

Das Triebwerk des 959 knüpfte an eine Porsche-Tradition an: Turbo-Rennmotoren hatte man - nach eigener Einschätzung - zu so hoher Laufkultur entwickelt, daß ein Transfer für die Alltäglichkeiten der Straße in Frage kam. Der 450 PS starke 2,85-Liter-Sechszylinder laufe mechanisch so leise wie ein Tourenwagenmotor,

Das Röntgenbild des 959 deckt seine Geheimnisse auf: sophistische Technik bis ins Detail.

Die technischen Daten lasen sich dürr und ehrfurchtgebietend zugleich: 400 PS, 300 km/h. Und der Preis sprengte alle damals denkbaren Dimensionen: 400.000 Mark - immerhin, es war die Zeit, als Mercedes seine teuerste S-Klasse, den 500er, für knapp ein Viertel dieses Preises verkaufte. Doch auch der unfaßbar hohe Preis konnte den Geldadel der fetten 80er nicht schrecken: Innerhalb weniger Wochen hatte der 200ste Kunde seine Anzahlung von 50.000 Mark geleistet und damit seine Bestellung bestätigt.

anspruchsvoller machte - der 959 hatte ohne angeklebt wirkende Spoilergeschwüre auszukommen; seine Form sollte homogen und nicht halbstark wirken. Die Gestaltung von Bug, Heck und Wagen-Unterseite - jener für die Auftriebs-Optimierung besonders wichtigen Partien - entstand im Dialog zwischen Windkanal und Werkstoff-Erprobung. Eine Mischbauweise aus Stahlblech, Leichtmetall und Kunststoff war das Resultat, und es gelang nach den Wünschen des Lastenhefts: aerodynamisch optimal, ästhetisch

betonte Porsche zur 959-Premiere gegenüber der Presse, und sein breites Drehzahlband garantiere auch beim untertourigen Fahren eine ordentliche Leistungsabgabe. Das wiederum war als Verdienst der Register-Turboaufladung zu werten. In den niedrigen Drehzahlbereichen wurde nämlich nur einer der beiden Lader mobilisiert, bei kräftigerem Tritt aufs Pedal hielt der volle Abgasstrom aller sechs Zylinder die beiden Turbolader bei Laune. Wurde bei niedrigen Drehzahlen nur ein Turbolader aktiviert, baute sich der Ladedruck schneller auf, also stieg auch das Drehmoment rascher an.

Aus dem Rennsport stammte die Turbo-Technologie des 959: Die Aufladung durch zwei Turbolader mit elektronischer Ladedruckregelung und Ladeluftkühlern war eine Porsche-Eigenentwicklung, die bereits bei den Gruppe-C-Rennwagen 956 und 962 C erprobt worden war. Deren Motor trug das Kürzel 935/76, sein Kurbelgehäuse entstammte dem Serien-911, allerdings hatte man den Treibsatz mit den wassergekühlten Zylinderköpfen, vier Ventilen pro Zylinder und (unter anderem) Titan-Pleuelstangen gesupert. Ein wesentlicher Unterschied des 959-Triebwerks im Vergleich zum Rennmotor war allerdings der hydraulische Ventilspiel-Ausgleich, ein Zugeständnis an die angepeilte Alltagstauglichkeit.

Die aufwendige Mischung aus wassergekühlten Zylinderköpfen und der bewährten Axialgebläse-Luftkühlung war aus einem ähnlichen Grund favorisiert worden: Sie hatte in erster Linie den Nebeneffekt, für eine wirksame Heizung im Innenraum zu sorgen.

Der Doppelturbo roch nach High-Tech, nach Technik-Träumen aus dem Elfenbeinturm. Dafür gebärdete er sich im Alltag erstaunlich zahm, das von Porsche vorgeschriebene Service-intervall betrug 20.000 Kilometer. Und beim Tanken gurgelte neuzeitlicher Bleifrei-Kraftstoff in den Tank - was 1984/85 keineswegs Standard war.

Der Mega-Porsche war angefüllt mit technischen Gimmicks, von Schrittmachern wie etwa dem geschwindigkeitsabhängigen Niveauregelungs-System. Grundüberlegung: Die ausgefeilte Aerodynamik des 959 könne nur zur Geltung kommen, wenn die Bodenfreiheit auf die Strömungsverhältnisse abgestimmt ist und konsequent eingehalten wird. Nun fordert das Blasen auf der Schnellstraße eine möglichst geringe Bodenfreiheit - was wird aber aus der Idee des domestizierten Super-Sportwagens, wenn er sich beim Einparken die Spoiler am Bordstein zerreißt? Was ist mit den Boden-Beulen in den verkehrsberuhigten Innenstädten? Und dem gefürchteten Aufsetzen im Parkhaus? Ein elektronisch geregeltes Hydrauliksystem nahm dem Fahrer diese Sorgen ab: Es senkte den 959 bei Hochgeschwindigkeiten selbsttätig ab, und es ließ sich bei niedrigeren Geschwindigkeiten vom Fahrer wieder nach oben pumpen. Eine Spezial-Stellung gab es zum Freikommen in schlechtem Gelände.

Zudem hatte Porsche zusammen mit Bilstein eine variable Stoßdämpfereinstellung entwickelt, die nur bei Bedarf knallhart war - dann aber vollautomatisch, bei höchster Geschwindigkeit. Bei langsamer Fahrt konnte der Fahrer selbst wählen. Kritische Gemüter sprachen vom bevormundeten Piloten, damals, im Orwellschen 1984. Andere Porsche-Cracks hielten ihnen den komfortgewohnten Amerika-Markt entgegen und die traditionelle Sorglosigkeit, die überm Teich das Verhältnis zwischen Mensch und Auto prägt. Oder, etwas grober ausgedrückt: „Der Mensch entscheidet leider zuweilen falsch, und deshalb muß man ihm die Entscheidung abnehmen." So jedenfalls argumentierte Helmuth Bott im Verlauf der 959-Entstehung, wenn auch in einem anderen, freilich ähnlich gelagerten Zusammenhang. Einen manuell zu- (und ab-!)schaltbaren Allradantrieb sollte es nämlich nicht geben.

Im 959 war es eine verfeinerte Technologie, die das Team um Helmuth Bott ersonnen hatte: Im High-Tech-Porsche sollte die Antriebskraft nicht halbe-halbe auf Vorder- und Hinterachse verteilt sein, sondern nach Fahrbedingungen individuell dosiert werden. Diese variable Momentenverteilung sollte die Manövrierbarkeit unter schwierigen Fahrbedingungen und vor allem im Winter verbessern. Der Pilot konnte zwar nicht zwischen Zwei- und Vierradantrieb wählen, dafür aber die Einstellung für Verhältnisse wie trockene oder nasse Fahrbahn, Eis und Schnee oder schweres Gelände variieren. Die Funktion der Lastverteilung zwischen den beiden Achsen übernahm eine Lamellenkupplung im Gehäuse des Vorderachsgetriebes am vorderen Ende des Transaxle-Rohres, in dem die Antriebswelle läuft. Sie wurde elektronisch gesteuert, übertrug das korrigierte Drehmoment an die Vorderräder und wirkte als Längssperre. Der Hinterachsantrieb enthielt eine weitere Lamellenkupplung als Quersperre. In der Einstellung für schweres Gelände waren beide Sperren geschlossen, so daß zwischen den beiden Achsen und an der Hinterachse ein starrer Durchtrieb herrschte.

Eine Spezialität des 959 waren die Magnesiumräder mit Zentralverschluß, eine Entwicklung aus dem Rennsport-Bereich. Die Innenräume der Hohlspeichenfelgen standen direkt mit dem Luftraum der Dunlop-Denloc-Reifen in Verbindung. Vier Warnleuchten der Reifendruckanzeige signalisierten dem Fahrer unverzüglich, wenn der Druck der Gummis abfiel, zum Beispiel durch defekte Reifen oder einen Knacks an der Felge. Sollte der Druckverlust schlagartig erfolgen, war das Fahrzeug trotzdem weiterhin richtungsstabil und manövrierfähig.

200 Exemplare des 959 waren geplant, und Porsche war überzeugt, daß die meisten davon nicht auf die Piste gingen, sondern auf der Kö gesichtet werden würden oder aber, im 55-Miles-Tempo vor sich hinbrummelnd, auf den Highways rund um Los Angeles. Die Straßen-Sportversion des teuren Schwaben war denn auch kein karges Gefährt wie einst zum Beispiel der Carrera RS oder auch der Abarth-Carrera in den frühen Sechzigern. Serienmäßig war der 959 mit allen Spielereien ausgestattet, die in der Königsklasse als erstrebenswert galten: Klimaanlage, elektrisch verstellbare Sitze, elektrische Fensterheber, Zentralverriegelung, Stereo, überall Echtleder... - Für langjährige Porsche-Freunde, für solche, die Sportlichkeit mit spartanischer Aura verbanden, mag das eher schwer verständlich gewesen sein.

Sicher, der 959 war für den Techniker ein Traum. In der Praxis aber konnte er kein Alltags-Sportwagen sein, denn die Seriösen unter den 959-Fahrern hatten prompt das Schicki-Micki-Image am Hals, das dem Über-Porsche bald anhaftete. Der 959 wurde häufig als Protz-Symbol mißverstanden; von der Idee des sanften Technologie-Trägers, vom Sportwagen abseits der traditionellen Brüllkisten kam fast nichts beim Publikum an. Andererseits - der Traum war in aller Munde, gerade wegen seiner Verbreitung beim Geldadel. Deshalb hat sich der 959 gelohnt, obwohl er keine schwarzen Zahlen schrieb, denn die Entwicklungskosten hat der Verkaufserlös nie eingespielt.

Was bleibt vom 959, der 283mal entstand, sind die Anekdoten. Die Story des jungen Schweden zum Beispiel, der ernsthaft seine Freundin gegen den 959-Prototypen tauschen wollte, der zur Wintererprobung in Skandinavien unterwegs war. Oder die Geschichte des Druckerei-Besitzers aus Amerika (wo der 959 gar keine Straßenzulassung hatte), der Porsche-Chef Peter W. Schutz „per Brief mitteilte, es sei sehr schön, daß er mit seiner 959-Bestellung in der 200er Serie die Nummer 13 belege - allein, er brauche vier Stück davon", wie Klaus Westrup 1987 in der *Motor Revue* berichtete: „Schließlich wollen die anderen family members - den Porsche-Leuten ersichtlich auf einem Vierfarb-Leporello - nicht zurückstehen. Es fehlt an nichts - der Lageplan mit der 25 mal 12 Meter großen Garage liegt bei..."

Die Stuttgarter blieben hart. Der Drucker bekam einen einzigen 959 - wie alle anderen Besteller, eingeschlossen Wölfi Porsche, der als einziges Mitglied der Porsche-Dynastie einen eigenen 959 hatte.

Oben: Ein Carrera-2-Cabriolet mit Tiptronic. Fahrspaß mit intelligenter Getriebeautomatik. Unten: Kein Zweifel, der Elfer bringt Farbe ins Leben!

Gefangen in der alten Form

1988: das Jahr des Carrera 4

Die Ziffer „4“ am Heck des Carrera signalisiert ein völlig neues 911er-Gefühl.

„La 911 est morte, vive la 911!“, titelte eine französische Tageszeitung, und das *Flensburger Tageblatt* sah den 911 soeben „dem Jungbrunnen entstiegen“. Traditionsgemäß kühl vermeldete der *Christophorus*: „Dem Verdacht, fabrikneue Oldtimer zu verkaufen, hat sich Porsche durch eine Radikalkur enthoben.“ Das war nicht übertrieben - der neue 911 präsentierte sich Ende 1988 mit Vierradantrieb und noch mehr Schub, zu einem Basispreis von rund 115.000 Mark. Bei Produktionsbeginn im Januar 1989 war das erste Jahr bereits ausverkauft!

„Was heute vor ihnen steht“, sprach Prof. Helmuth Bott vor Presseleuten zur Premiere des neuen Porsche, „ist ein Sportwagen mit der vertrauten Optik und mit neuen Tugenden.“ Gemeint war der Carrera 4, den Porsche im November 1988 in Nizza und St. Paul de Vence präsentierte, auf kurvigen südfranzösischen Landsträßchen, die wie geschaffen waren für ihn.

Er sah aus wie der gewohnte Elfer, war aber de facto ein neues Auto; Porsche war stolz, daß 85 Prozent aller Bauteile ganz frisch von den Weissacher Reißbrettern kamen. Die vom Vorgänger übernommenen 15 Prozent fanden sich in der Außenhaut und einigen Komponenten der Innenausstattung wieder. Ein Elfer hatte auszusehen wie ein Elfer, die Form war an Traditionen gebunden... Daran hat sich nichts geändert.

Porsche sah den Carrera 4 als legitimen Nachfolger des exklusiven Ideenträgers 959, als „den kleinen Bruder (...) mit dem intelligenten Allrad- und Steuerungssystem“, wie Dr. Ulrich Bez, der soeben Nachfolger von Chefentwickler Bott geworden war, die Stellung des Evolutions-Autos im Porsche-Programm umriß. Vom 959 flossen der elektronisch geregelte Allradantrieb und die ABS-Konzeption ins Lastenbuch des Carrera 4 ein, hinzu kamen die Transaxle-Allrad-Bauweise, die Abstimmung der (serienmäßigen) Servolenkung und die Spielarten zur Verfeinerung der Aerodynamik.

Der 959 hatte auf Porsches traditionelle Verbindungen zum Allradkonzept aufmerksam gemacht. Seit 1984 war der Carrera 4 bereits im Planungsstadium gewesen, zeitweise also parallel zu dem unerreichbaren Superauto. Intern lief der neue Elfer unter der Codenummer 964, und bereits Ende 1985 rollte der erste Prototyp. Im Januar '86 kam Wagen Nummer 2, den Porsche nach Kanada, Nordamerika und Nordschweden expedierte - am Polarkreis unterhält Weissach eine komplette Test-Werkstatt. 33 Prototypen entstanden in der Entwicklungsabteilung, danach lief die Vorserie an.

Der Carrera 4 ließ all die tückischen Lastwechselreaktionen vergessen, welche die Karriere des Elfers vom ersten Tag an begleiteten. Die zickigen Manieren, die den Testern seit 1964 immer neues Futter gaben, gehörten der Vergangenheit an. Erstmals! Das lag an der überarbeiteten Hinterachse, aber auch an der ausgewogenen Gewichtsverteilung. So war der Öltank wieder nach vorne gerutscht - als Vorbilder hierzu dienten der 959 und nicht zuletzt die '72er Modelle, den Einfüllstutzen jedoch beließ man diesmal im Motorraum, so daß Verwechslungen ausgeschlossen sind.

Den eigentlichen Fortschritt allerdings brachte der Allradantrieb. Der 959 hatte dokumentiert, wie vorteilhaft sich ein elektronisch gesteuerter Allradantrieb auf die Stabilität und Sicherheit auswirken konnte, auch im Straßenverkehr. Porsche entwickelte hieraus die PDAS (das stand für *Porsche Dynamische Allradsteuerung)* für den Carrera 4. Die Elektronik des Systems reagiert schneller auf sich verändernde Parameter, als das bis heute jede Mechanik kann: Zwei hydraulisch gesteuerte Sperren sorgten für optimale Verteilung der Antriebskraft auf alle vier Räder; nicht nur bei verschiedenen Straßenbelägen, sondern auch bei unterschiedlicher Zuladung, wechselndem Reifendruck et cetera. All das können konventionelle Allradsysteme nicht!

Vor großbürgerlichem Hintergrund kommt der klassische Elfer immer gut – egal, ob mit Heck- oder Allradantrieb.

Die Quersperre an der Hinterachse half mit, das Eindrehen des Hecks zu verhindern. Sie diente zur Stabilisierung in Kurven, ein Querbeschleunigungssensor gab der Elektronik über den jeweiligen Stand der Dinge Bescheid. Über die Kraftverteilung zwischen den beiden Achsen wachte die Längssperre.

Der Vierradantrieb funktionierte schematisch folgendermaßen: Ein Mittendifferential verteilte, aufbauend auf die Transaxle-Erfahrungen, die Kraft auf Differentiale an Vorder- und Hinterachse, und zwar konstant im Verhältnis 31/69 Prozent. Die heckdominante Verteilung war dabei volle Absicht, nicht nur, um die Charakteristik alter Elfer-Herrlichkeit wenigstens im Ansatz zu wahren, sondern weil Fahrerprobungen, speziell auch im Winter, genau diesen Wert vorgaben. Die beiden hydraulisch gesteuerten Sperren konnten je nach Bedarf aktiviert werden, wenn die einzelnen ABS-Radsensoren Schlupf meldeten - Porsche nannte das System deswegen „differentialschlupfgesteuert". Optimale Traktion aller vier Räder wurde so gewährleistet. Zudem war die Elektronik, die im ABS-Steuergerät integriert werden konnte, lernfähig, sie erkannte zum Beispiel unterschiedlichen Reifenverschleiß als solchen und nicht als unzulässige Drehzahlabweichung.

Ein schönes Stück aufwendiger Technik: der Antriebsstrang des Carrera 4.

Bei den Sperren fiel die Entscheidung zugunsten von Lamellenkupplungen, weil diese per Hydraulik elektronisch steuerbar sind - im Gegensatz zu einer Viskokupplung. Das erforderte einen geänderten Mitteltunnel, der einen neuen Schalt- und Handbremshebel samt Konsole nötig machte. Die Porsche-Techniker versuchten ansonsten, das Transaxle-Rohr so weit wie möglich ins Souterrain zu pflanzen, um einen zerklüfteten, geteilten Innenraum zu verhindern.

Ein „Traktionsschalter" vor dem Schalthebel diente zur manuellen Aktivierung beider Sperren; der Einsatz war jedoch nur unterhalb von 40 km/h möglich. Mehr Einfluß konnte der Fahrer nicht nehmen, die narrensichere Bedienbarkeit war somit sichergestellt - ein wesentlicher Unterschied zum 959. Das ABS gab's zum Carrera 4 serienmäßig - darauf hatten Elfer-Fahrer bislang ganz verzichten müssen. Eine elektrische Pumpe im Bug baut den nötigen Druck für die Bremsunterstützung und die Sperren auf.

Naturgemäß hatte es Probleme während der Entwicklung mit der Kraftübertragung vom Getriebe zur Vorderachse gegeben: Die beim 911 bisher leicht nach vorn geneigt eingebauten Motoren hätten nach einem Gelenk zwischen Getriebe und Transaxle-Welle verlangt. Beim 959 wurde das Triebwerk dann waagerecht montiert, somit war eine starre Transaxle-Anbindung kein Problem mehr. Das war auch die Lösung für den 964/Carrera 4, was gleichzeitig aber auch eine neu geformte Bodengruppe erforderte.

Zum x-ten Mal war während der Entstehung des Carrera 4 die Frage diskutiert worden, wann die traditionelle Form des 911 zu sterben habe. Gern, so ist überliefert, hätten einige Entwickler auf ein neues oder zumindest runderneuertes Design-Konzept gesetzt, zeitgemäß und auf das Technologie-Paket der neuen High-Tech-Ära zugeschnitten, doch Volkes Stimme war dagegen. Zaghaftes Anfragen förderte Panikstimmung bei Kunden und Händlern zutage, so daß den Technikern und Designern nur der Drahtseilakt blieb, den Jüngling ins Gewand des Auto-Opas zu schnüren. Die Forderungen nach geringerem Gewicht, mehr Steifigkeit und optimiertem Crashverhalten mußten deshalb unter der Oberfläche verwirklicht werden.

Optisch war der Elfer also ein Elfer geblieben, obwohl die Zwickmühle der Marketingleute offensichtlich war: Ein besseres und teureres Auto? Aber der sieht ja aus wie der Alte!

Die Fans haben es so gewollt, glücklicherweise. Die Formgestalter waren nicht froh darüber. Ein Beispiel aus dem Interieur mag die Zweifel der modernen Zeiten illustrieren: So durften die Weissacher Ingenieure zwar neue Instrumente in Durchlichttechnik (also von hinten beleuchtet) entwickeln, doch Bedingung war, daß es weiterhin fünf einzeln verglaste Uhren zu geben hatte, wie weiland 1963. Gute 20 Kontrollämpchen haben sie in ihnen versteckt, im Normalfall unbeleuchtet und somit nicht sichtbar.

Innovationen in Hülle und Fülle, sogar die vorderen Feder-Drehstäbe mußten dran glauben, wie man auf diesem Phantombild sieht.

Ganz vorsichtig traten Porsches Hausstylisten auch ans Outfit des Elfers heran: Zunächst wurden nur die Partien unterhalb der Stoßstangen und im Schwellerbereich optimiert - doch diese zarte Lösung erinnerte mehr an Tuner-Werk denn an einen neuen Porsche der 90er. Die Designer bezogen nun auch die vorderen und hinteren Stoßfänger mit ein, gestalteten sie neu, weniger zerklüftet und massiger. Zudem sollten sie nur noch aus Kunststoff bestehen und entsprechend einparkfreundlich sein. Die Stoßstangen-Entwicklung profitierte aus Erfahrungen mit dem 928; Porsche wählte ein Thermoplast-Material namens *Bexloy*, das auch recycclingfähig ist. Hinten mußte umfangreiche Wärmedämmung vor der zerstörerischen Auspuffhitze schützen.

Besonders heikel war das Heck. Als dringend verbesserungswürdig war im Lastenheft das Fahrverhalten aufgeführt worden; besserer Geradeauslauf und geringere Windempfindlichkeit wurden angestrebt. Ein probates Mittel war seit Carreras Zeiten bekannt: der Flügel. Den montierten sich zwar rund ein Viertel aller 911-Käufer auf den hinteren Deckel, aber das geschah meistens (so vermuteten die Weissacher ganz richtig) nicht aus optischen, sondern aus rein funktionalen Gründen. Ein serienmäßiger hinterer Spoiler stand aber konträr zu allen Bemühungen, die Elfer-Form so klassisch wie möglich zu belassen. Was tun? Die Idee des beweglichen Spoilers hatten die Stilisten schon einmal für den 928 angedacht. Beim 964 sah man in dieser Lösung das Ei des Kolumbus, zumal sich damit weitere Forderungen nahezu ideal erfüllen ließen: verbesserte Aerodynamik, eine bessere Motorkühlung durch größeren Lufteinlaß und geänderte Druckverhältnisse. Im Laufe der Planungen enstand die später verwendete Spoiler-Form mit dem kleinen Wulst an der Unterkante, der zum einen strömungstechnisch einen kleinen Vorteil bringen soll und zum anderen ein dezenter optischer Hinweis auf den (eingefahrenen) Spoiler ist. Schummeln wollten sie dann doch nicht...

Ab 80 km/h fuhr die Andruckhilfe aus, und erst unter 10 km/h ging's wieder zurück ins Tiefparterre. Unentschlossenes Ein- und Ausfahren bei Geschwindigkeiten um 80 wurde dadurch vermieden. Damit sich Porsche-Tatscher die Finger nicht klemmen konnten, durfte die Rückstellung nicht erst im Stillstand erfolgen. Spielsüchtige können das Ganze natürlich von Hand ausfahren lassen, auch unter 80 km/h. Zunächst war nur ein sogenannter Serviceschalter im Mo-torraum geplant gewesen, der sicherlich auch ausgereicht hätte.

Die neue Bodengruppe hatte eine unter der Außenhaut komplett umkonstruierte Karosserie erfordert. Und weil man in Weissach gerade im Zuge war, wollten die Techniker auch die Möglichkeit schaffen, die neue, wieder verbesserte Heizung (geregelte Luftheizung mit Klimaanlage) zu integrieren. Der Kondensator lag bei den bisherigen Elfern unterhalb des Motorgitters, wanderte jetzt aber in den Bug, weil die mit Hilfe eines Ventilators angestrebte Leistungsverbesserung im Heck vom Platz her nicht mehr zu realisieren war. Gegenüber, auf der rechten Seite, sitzt der Motorölkühler, unterstützt von einem elektrischen Lüfter. Die Kühlluft gelangt durch die horizontalen Schlitze in der Front, durchströmt die Kühler und tritt nach unten wieder aus, wo sie sogar noch einen aerodynamischen Nutzen bringt: Wie ein Spoiler schottet sie die Vorderräder gegen den Fahrtwind ab.

Problematisch war es gewesen, den vorderen Kofferraum zu retten. Das bislang bekannte flache, aber großflächige Gepäckabteil mußte zugunsten des vorderen Antriebs, der Servolenkung und anderer Aggregate aufgegeben werden. Statt dessen geriet der Stauraum wesentlich tiefer. Der Tank mußte um acht auf 76 Liter schrumpfen, allerdings verhindert der niedrigere Verbrauch einen kleineren Aktionsradius. Drei Testobjekte sollten, so hatten sich die Planer vorgenommen, wahlweise genügend Platz finden: Neben dem obligatorischen Targadach eine Getränkekiste, ein „handelsüblicher Hartschalenkoffer in der Größe 75 x 55 x 22“ (so Porsche) oder ein platter Hinterreifen. Für einen Sportwagen ein noch angemessenes Format, solange sich der Fahrer nicht fragen muß, ob nun der volle Koffer mit der Urlaubskleidung oder die teure Leichtmetallfelge am Pannenort verbleiben soll. Der von Porsche seit dreißig Jahren als zusätzlicher Gepäckraum vermarktete Bereich im Fond kann als solcher ganz nützlich sein, ist aber eben alles andere als diebstahlsicher. Und bei aller großartiger Entwicklungsarbeit ein Schmankerl am Rande: Bei der Verlegung des Kofferabteils nach ganz vorne hatten die Techniker schlicht die Gepäckraum-Beleuchtung vergessen, die seit ihrer Einführung in der Nähe des Haubenscharniers sitzt und dort heute pflichtbewußt den Teppichboden anstrahlt, während der Besitzer vorn in dunklen Tiefe nach dem Leichtmetall-Falt-Ersatzrad wühlt.

„Was ist ein richtiger Elfer? Er hat einen Zwo, Zwozwo oder Zwovier-Liter-Motor im Heck, schön kreischend, ausbrechend, hart. Heute: tiefes Gebrummel. Sanft. Neutral. Evolution?“ Hören wir aus den Worten dieses Testers eine gewisse Abgeklärtheit? Oder sollen wir es lieber mit einer Erkenntnis des Fachjournalisten Hermann Ries halten? Der verglich in *Motor Klassik* 1/92 den Carrera 4 mit seinem Ahn, einem 911 S aus den späten Sechzigern, und resümierte, „daß ein jubelnder Motor, ein mit jaulenden Reifen ausbrechendes Heck und ein einsatzfreudiger Fahrer noch nicht mit effektiver Schnelligkeit gleichzusetzen sind.“

Der Carrera 4 war nicht mehr der wilde Hund aus den frühen Elfer-Tagen, natürlich nicht. Gemäß der Richtung, die der 959 eingeschlagen hatte, machte er den komfortableren 928 wieder ein Stückchen nutzloser; der Carrera 4 war ein Auto, das auch Langstreckenfahrer ins Kalkül ziehen konnten. Sie sind nicht mehr schweißgebadet am Ziel angekommen wie einst in Elfers Jugendtagen, als man nach einem Frankfurt-München-Trip das Gefühl hatte, richtige Arbeit geleistet zu haben.

Freilich war der Carrera 4 deswegen kein lahmes Automobil, sondern ein Potenz-Maniac, der in weniger als sechs Sekunden auf 100 km/h beschleunigte und satte 260 ging - Porsche hält sich als einziger deutscher Hersteller nicht an die freiwillige 250-km/h-Beschränkung der Autoindustrie. Doppelzündung, 3,6 Liter Hubraum, 250 PS bei 6100/min (mit oder ohne Kat gleich), 310 Nm maximales Drehmoment bei 4800 Touren - keiner hätte das 25 Jahre früher für möglich gehalten, auch Ferry Porsche nicht. Daß es letztlich funktionierte, spricht nicht allein für das vorsichtige Naturell des Seniors, sondern in erster Linie für das Bauprinzip des Motors: Kurbeltrieb, Motorsteuerung, Zylinder und Zylinderköpfe sind getrennt aufgebaut; eine derartige Evolution erleichterte das.

All das klingt hier so problemlos, doch auch die Motor-Kur mußte sich im Stillen vollziehen, um Traditionalisten nicht zu verprellen. Das Prinzip Sechszylinder-Boxer im Heck war nicht antastbar, am Motor mußte also, wie auch an der Karosserie, vieles anders werden, ohne daß es auffiel. Heckmotor und Allrad ergänzten sich gut, schwieriger und aufwendiger gerieten die Lösungen für Kühlung, Geräusch, Crash-Verhalten. Kurbelwelle, Kolben samt Zylinder sowie Ansaug- und Auspuffanlage hatten die Motorpäpste von Weissach deshalb komplett neu konstruiert.

Versetzte Stehbolzen erlaubten eine Bohrung von 100 mm, der Hub wuchs auf 76,4 mm. Die Kolben gerieten leichter, obwohl größer; die Pleuel schlanker, obwohl länger; den Kurbeltrieb hatten die Entwickler schwingungstechnisch optimiert. Langjährige 911-Fahrer beeindruckte speziell der Schub von untenheraus - Drehzahlen wie vor 20 Jahren waren längst nicht mehr nötig.

Porsche wies zur Carrera-4-Premiere auf ein Bündel von Motor-Neuerungen hin, denen das Stammhaus epochalen Charakter zusprach, als da wären:

- „Adaptive Motorsteuerung mit ständiger Motor-Selbstkontrolle, Einstellung und Diagnose“; die Motronic ist verantwortlich für die sequentielle (für jeden Zylinder einzeln geregelte) Einspritzung, Zündwinkel, Klopfregelung, Lambda- und Leerlaufregelung; zudem Steuerung der Tankentlüftung und der Resonanzklappe.

- Das Verdichtungsverhältnis lag mit 11,3:1 beachtlich hoch, ermöglicht durch die aus dem Flugmotorenbau abgeleitete Doppelzündung, die für eine sicherere und sauberere Verbrennung sorgte. Hinzu kamen der kompakte Brennraum, eine optimierte Kühlung und eine Klopfregelung, die Schäden durch niederoktanigen Sprit verhinderte und Normalbenzinbetrieb ermöglichte.

- Zweistufen-Resonanzansauganlage, deren Resonanzklappe von der Motronic gesteuert wurde: „Bei 5400 und 6100 U/min befindet sich die im Ansaugsystem schwingende Luftmasse in Resonanz zur Ansaugfrequenz, dadurch entsteht am Ende eines jedes Ansaugvorganges ein Nachschiebe-Effekt, der die Frischluftmasse im Zylinder erhöht.“ Die Motronic steuert das zu- und abschaltbare Schwingrohr, in dem die zwei Resonanzfrequenzen erzeugt werden. Das, so Porsche, ermögliche Leistung in allen Drehzahlbereichen, vom Charakter her unten bullig, oben kräftig.

- Metallträger-Katalysator mit Edelmetallbeschichtung, neu entwickelte Auspuffanlage inklusive Wärmetauscher. Das Trägermaterial des Entgifters bestand aus rostfreiem Edelstahl und nicht, wie allgemein üblich, aus Keramik. Mit 0,05 mm Stärke waren die gerippten und vorher mit Edelmetall beschichteten Metallfolien nur noch ein Drittel so dick wie die Keramik-Variante, sie wurden S-förmig aufgewickelt. Daraus ergaben sich gute Bauraum-Ausnutzung und hoher Strömungsquerschnitt, zusammen mit einem größeren Durchmesser sank der Abgasgegendruck erheblich: sechs Mehr-PS als bei herkömmlichen Keramik-Katalysatoren. Zudem waren die Kats langlebiger, besser in der Funktion, leistungsstärker und wirkten bei kaltem Motor schneller. Auch diese Technik hat Porsche zuvor im Rennsport erprobt, die 944 Turbo-Cup-Fahrzeuge hatten in der vorausgegangenen Saison einen solchen Abgasreiniger.

- Keramik-Portliner im Auslaßkanal, sie hatten im 944 Turbo seit 1986 ihre Bewährungsprobe bestanden.

Ein kompaktes Kraftpaket: der 3,6-Liter-Boxer in all seiner abgasgereinigten Herrlichkeit.

- Gewichtsreduzierung durch erleichterte Kurbelwelle und Verwendung von Magnesium-Bauteilen - die Magnesiumteile ermöglichten eine Erleichterung um 3,8 kg; die Kurbelwelle war jetzt 2,2 kg leichter (vorher 13,7 Kilogramm).

- Geräuschreduzierung durch weiterentwickeltes Kühlluftgebläse mit 25% höherem Wirkungsgrad, 50% größeres Volumen der Abgasanlage und Teilkapselung (Unterbodenverkleidung übernimmt auch Geräuschdämmungsaufgaben) nach außen und innen: Trotzdem nicht ganz den alten Elfer-Sound abzuwürgen, war keine leichte Aufgabe. Durch die Teilkapselung hat der Carrera 4 zudem „einen der verschmutzungssichersten Motorräume, die es bisher gegeben hat.“

Klassisches Layout, aber mittlerweile eine Unzahl von Kontrollämpchen im Carrera-4-Cockpit des Jahrgangs 1989.

Die Porsche-Techniker spendierten dem Carrera 4 eine neue McPherson-Vorderachse, ausgelegt für das High-Tech-Paket von serienmäßigem Allrad, ABS und neuer Servolenkung: Untere Querlenker aus gewichtssparendem Aluminiumguß, keine Drehstäbe mehr, sondern Schraubenfedern - Federbeine als Boten der neuen Ära. Eine neue Achsgeometrie verhinderte das früher chronische Schlagen in der Lenkung - auch das vermißten altgediente Elfer-Piloten.

Doch die Änderungen an der Vorderachse waren schon allein durch die Antriebswellen notwendig geworden, die genau dort verliefen, wo bisher das Dämpferbein gestanden hatte. Auch den Drehstäben war der neue Antrieb im Weg, deswegen kam Porsche um eine neue Radaufhängung nicht herum. Die im 959 erprobte Doppelquerlenkerachse hätten die Techniker zwar gerne eingebaut, dem aber stand die Forderung nach einem Kofferraum im Wagenbug entgegen.

Freilich, auch am Heck brauchten sich die Konstrukteure in Weissach nicht über mangelnde Herausforderung zu beklagen. Sie mußten das bisher durchgehende Hinterachs-Querrohr teilen, die Transaxle-Konstruktion benötigte Platz. Notwendige Folge war auch hier der Abschied von der Drehstabfederung. Neue Hinterachslenker entstanden auf den Zeichentischen, ihre vorspurkorrigierende Wirkung hatte prinzipielle Ähnlichkeit mit der aus dem 928 bekannten „Weissach-Achse“. Damit wurden dem einst so unartigen Bengel Manieren anerzogen, die ihn in den eintönigen Adelsstand der problemlos zu fahrenden Autos erhoben haben. Wer jetzt noch seinen Grenzbereich ohne Konsequenzen spüren konnte, der durfte sich einen guten Fahrer nennen. Im *Christophorus* vermerkte Reinhard Seiffert: „Man muß schon sehr gravierende Fahrfehler machen, um mit diesem Auto in Schwierigkeiten zu kommen.“

Die ganze High Tech erforderte natürlich jede Menge Schaltungen und *Black Boxes*, die Elektronik wog über zwei Zentner und machte ein Viertel des gesamten Materialwerts aus - was mögen da wohl später die Restaurierungen kosten? Immerhin: Autos wie der Porsche sind (und waren) Technologieträger. Dereinst realisierte man die Fortschritte zwar mehrheitlich im mechanischen Bereich, der uns schließlich auch Reparaturprobleme bereitet, während in der Gegenwart technischer Fortschritt fast nur noch mit Elektronik zu verwirklichen ist. Oder, knapp gesagt: „1150 m Kabelstrang, 1433 Steckverbindungen, 48 Elektromotoren (von 1 bis 2000 Watt), 41 Sicherungen und 27 Schaltgeräte sowie 18 Elektromagnetventile“ sind, so der Porsche-Pressetext, unter der klassischen Form versteckt.

Gleichzeitig verschwanden letzte Erinnerungen an die Urzeit, beispielsweise der althergebrachte Lichtschalter: Ihn ersetzte ein Drehschalter, der „im Zuge der Vereinheitlichung“ auch diese Käfer-Reminiszenz tilgte. Das Bedienfeld der Heizung (die Klimaanlage unterschied sich nur durch einen zusätzlichen Schalter von ihr) hatten die Designer bei dieser Gelegenheit ebenfalls neu gestaltet.

An moderne Zeiten gemahnten die vielen Versuche, die Aerodynamik des Auto-Klassikers zu drücken, von 0,39 beim Vorgänger auf einen neuen Wert von 0,32. Porsche feilte an den Details, begonnen bei der bündig eingesetzten Frontscheibe und den optimierten Regenrinnen, die zusammen bereits für ein Viertel der Verbesserung sorgten. Auch die „aerodynamisch glattflächigen Aluminium-Scheibenräder“ trugen ihren Teil dazu bei. Ihr Styling nannte Porsche „CS-Design“, sie trugen 205/55- bzw. 225/50 ZR 16-Reifen und waren sechs bzw. acht Zoll breit.

Man bemühte sich um einen möglichst glattflächigen Unterboden, der den Hinterachsauftrieb allein um die Hälfte reduzierte; eine sogenannte „Diffusor-Ausbildung“ am Heck tat das Ihre dazu. An Vorderachse und Getriebe fanden sich Kühlluftöffnungen; Leitbleche führten die Luft am Differential vorbei zur Kupplung und zu anderen Bauteilen. Die erwärmte Luft wurde über den Sog, der beim Fahren entstand, durch die Radhäuser abgezogen, die Motorwärme trat durch Öffnungen im Verkleidungsboden aus. Ein weiteres Produkt des Windkanals war die neue Ausbildung der Leuchteneinheit im Heck, die jetzt etwas schräggestellt war; Rückfahrscheinwerfer und Nebelschlußleuchten lagen jetzt hinter der Porsche-Blende; die Rücklichteinheit war durchgehend rot eingefärbt, inklusive Blinker.

Das Modelljahr 1990 begann mit dem Tod der alten Carrera-Karosserieform. Chefdesigner Harm Lagaay hatte eine Schocktherapie für konservative Porsche-Kunden parat: Zum neuen Carrera 2 gab es für die Porsche-Palette neue Farben. Bezeichnungen wie *Amazonasgrün Perlcolor* ließen Porsche-Fans ahnen, was da kam, und die bestdiskutierte Tönung war der Farbton *Sternrubin*. „Wirklich beurteilen kann den Effekt dieser Farbe sowieso nur einer, der ihn selbst erlitt. Selbst die Fotos geben nur grob die Richtung vor. So wie man die Menschen fragte, was sie getan hätten, als sie von der Ermordung Kennedys hörten, wird man spätere Generationen fragen, was sie machten, als sie den ersten Carrera in dieser schimmernden Zuckerlfarbe sahen“, schrieb spürbar getroffen Philipp Waldeck im Wiener Fachblatt *autorevue*. Nun ja: Porsche-Kunden konnten schließlich wählen, auch dezentere Töne, und Porsche gehört bis heute zu jenen Auto-Manufakturen, die auf Wunsch jede Farbe lackieren - aber der Schreck saß tief.

Porsche produzierte den 911 jetzt ausschließlich im neuen Karosseriewerk, er entstand dort im sogenannten „chaotischen Modellmix“ mit dem 928. Das alte 911-Fließband hatte nach Einstellung der alten Karosserie den letzten Weg ins *Landesmuseum für Technik und Arbeit* in Mannheim angetreten . Der Abschied von der alten Form fiel manchem schwer, noch dazu kostete der neue Carrera 2 mit 103.500 runde 15.000 Mark mehr als sein Vorgänger. Gegen satte 6000 Mark Mehrpreis gab es ihn auch mit der neu erdachten Tiptronic (siehe Kasten).

Der Carrera 2 war genau genommen ein Vierer ohne Allrad, aber mit dem monumentalen 3,6-Liter-Triebwerk im Nacken. Ihn gab es, wie den 4er, auch als Targa und als Cabriolet. Letzteres besaß jetzt serienmäßig ein elektrisches Verdeck, im Pannenfall war manuelles Schließen mit Radmutternschlüssel und Schraubenzieher möglich. Die Serienausstattung des Carrera 2 war mit der des Allradlers identisch. Auch die Alarmanlage war beiden Autos gleich: Sie war bei Abschließen des Autos scharf, zeigte Bereitschaft durch Blinken

Herzlichen Glückwunsch
Der Panamericana - die kurze Karriere der Kröte

Ferry Porsche war geschockt. Doch nur kurz, „je länger ich ihn betrachtete, desto besser gefällt er mir“. Das sagte der Senior zumindest über die Morgengabe zu seinem 80. Geburtstag am 19. September 1989. Diejenigen, die dabei waren, beharrten (hinter vorgehaltener Hand, versteht sich) noch lange darauf, daß der Panamericana dem Porsche-Senior überhaupt nicht gefallen habe.
Als IAA-Star hatte die Studie auf Carrera-4-Basis fungieren sollen; den Spitznamen „Kröte“ hatte das Auto allerdings ganz schnell weg. Der Spiegel stimmte ins Gemäkel der Kritiker ein und schrieb von einem „skalpierten Dünen-Buggy.“ Statt, wie vom Planungsteam erhofft, den Panamericana als spirit car zu sehen und somit die Entwicklungsfähigkeit des 911-Konzepts zu erkennen, stolperten viele Kritiker über formale Details.
Offenbar wollte sich nicht einmal Porsches oberster PR-Chef Manfred Jantke hinter die skurril anmutende Kreation stellen. Sicher, der Panamericana solle neue Perspektiven zur 911-Linie zeigen, hieß es im Pressetext. Nebenan war aber auch von „teilweise starker Überzeichnung“ und von „realisierten Freiheiten“ die Rede - zwischen den Zeilen also auch Argwohn in der Zuffenhausener Zentrale.

Die Studie sollte an die legendäre Carrera Panamericana erinnern, das berühmte südamerikanische Straßenrennen, und an den Porsche 550 Spyder, der sich dort in den Fünfzigern siegreich geschlagen hatte. Der Panamericana war also eine Art Retro-Porsche, ähnlich wie heute der Boxster. Urheber der umstrittenen Form war Porsches Chefdesigner Harm Lagaay, der Anfang 1989 zu Porsche gekommen war. Er zeichnete verantwortlich für die freistehenden Räder „unter wahrhaft fliegenden Kotflügeln“ als „Zitate aus den fünfziger Jahren“, wie der Pressetext zur 1989er IAA blumig dichtete. „Und die luftig geschwungene Karosserie schwebt wie ein Petticoat über den Goodyear-Reifen mit dem handgeschnittenen Porsche-Wappen im Profil.“ Das war kein Witz...
Die Begeisterung der Porsche-Gemeinde hielt sich jedenfalls in Grenzen. Eingefleischten Fans war das neue Auto zu überzeichnet: Es durfte nicht in die Galerie legendärer Porsche-Typen einziehen.

von LEDs in den Verriegelungsknöpfen. Gesichert waren neben den beiden zentralverriegelten Türen der Front- und Heckdeckel, der Handschuhkasten (beim Cabrio auch der Ablagekasten im Fond), das Radio, die Benzinpumpe und das Steuergerät.

Eine Enttäuschung für Carrera-2-Käufer war der Kofferraum: Er war im selben Winz-Format gehalten, obwohl der Heckgetriebene ja kein vorderes Ausgleichsgetriebe besaß. Neu war ein 600 Mark teurer Bordcomputer, der Durchschnitts-, Momentanverbrauch, Durchschnitts- und aktuelle Geschwindigkeit, Restkilometer und Außentemperatur zum Besten gab. In Zusammenhang mit der Tiptronic gab es ihn serienmäßig. Bei gleicher Reifenbreite änderten sich die Felgen wieder, ihr Styling nannte Porsche *Design 90*.

Die Carrera 2 und 4 - das waren die besten Elfer, die es bis dahin gegeben hatte, sehen wir von dem Verlust an Faszination ab. Sie hätten es nicht verdient, in Krisenzeiten geboren zu werden - und trotzdem: Sie werden als die Porsche-Modelle der kargen Jahre in die Annalen eingehen. Denn es blieb nicht bei knallvollen Auftragsbüchern, wie wir heute wissen...

Ganz automatisch

1989: Die Tiptronic - Porsches zweite Automatik-Ära

Lange hatte es keinen automatischen Elfer mehr gegeben. Die Sportomatic lief aus, als 924 und 928 mit neuzeitlichem Schaltautomaten gekommen waren. Sie war auch keine richtige Automatik im herkömmlichen Sinn gewesen, sondern nur eine automatische Kupplung. Speziell die schaltfaulen Amerikaner hatten die Porsche-Konstrukteure im Visier, als sie sich an eine Neukonstruktion machten - aber auch der europäische Kunde sollte daran Gefallen finden können.

Das Lastenheft verlangte deshalb die Quadratur des Kreises, nämlich „daß der Fahrer auch in der vollautomatischen Betriebsart aktiv auf die Fahrweise Einfluß“ nehmen kann, oder anders ausgedrückt: eine „Automatik mit manueller Wähloption“ war das Ziel. Was so einfach klingt, bereitete den Weissacher Porsche-Entwicklern einiges an Kopfzerbrechen. Die neue Automatik sollte schließlich zum sportlichen Image des 911 passen und ihn keinesfalls in den Ruf eines in Ehren ergrauten, etwas bequemlich gewordenen Rentners bringen.

Aus gründlichen Überlegungen und ausgiebigen Tests entstand ein „lastschaltbares Vierganggetriebe für automatisches Schalten und individuelle manuelle Beeinflussung“, von Porsche schlicht und einprägsam *Tiptronic* genannt. Das erinnert an Automatik, an Elektronik und an Tippen - und genau um diese drei Komponenten handelt es sich. Die Porsche-Erfinder haben sich diesen Namen als Warenzeichen schützen lassen, genau wie lange zuvor *Carrera* und *Targa*.

Die Schaltkulisse ist zweigeteilt, die linke Gasse könnten wir bei oberflächlicher Betrachtung übersehen. Hier findet automatische Kraftübertragung in klassischer Form statt, die Positionen P-R-N-D-3-2-1 entsprechen dem Standard. Die Entwicklungsarbeit der Techniker bleibt im Verborgenen. Beispielsweise wird eine sogenannte „Aktivrückschaltung“ durch schnelles Treten des Gaspedals eingeleitet und hat zur Folge, daß das sportlichste Schaltlinienkennfeld maßgebend ist. Das bedeutet, daß die höchstmögliche Drehzahl in den einzelnen Gängen genutzt wird. Deaktiviert wird diese Funktion durch Zurücknehmen des Gaspedals.

Mit ihrer enormen Vielseitigkeit distanziert sich die Tiptronic von herkömmlichen Getriebeautomatiken – ganz nach Porsche-Art.

Schiebt man den Automatik-Wählhebel nach rechts, mutiert dieser zum Schalthebel. Es beginnt der Spaß des manuellen Schaltens. Wird nach vorne getippt, veranlaßt die Elektronik ein blitzschnelles Hochschalten ohne Zugkraftunterbrechung. Herunterschalten geht genauso - ein Tipp nach hinten genügt. Nur 0,1 bis 0,2 Sekunden benötigt dafür die Tiptronic, ein Zehntel der Zeit, die ein manuelles Getriebe braucht. Über die jeweilige Stellung des Hebels gibt eine Anzeige in den mittlerweile recht gefüllten Rundinstrumenten Auskunft, im Tacho fand man noch etwas Platz dafür.

Basis für die Tiptronic war ein ZF-Viergang-Planetengetriebe, das die Grundanforderungen erfüllte und nach einigen Modifikationen für den Heckantrieb verwendbar war. Die einzelnen Übersetzungsstufen wurden im Hinblick auf gute Fahrleistungen und günstigen Verbrauch optimiert. Herz des neuen Porsche-Wunderkindes ist eine Elektronik, die mit Getriebe, Bedieneinheit, Anzeigeeinheit, ABS, Motronic und anderen wichtigen Aggregaten kommuniziert.

Für den Fahrer gibt es grundsätzlich drei Möglichkeiten, um mit der Automatik ins Gespräch zu kommen. Zunächst wäre da die klassische Variante: Der Wählhebel steht auf D, 3 oder 2. Das Besondere an der Tiptronic ist ihre Fähigkeit, aufgrund von Meßwerten wie Geschwindigkeit, Drosselklappenwinkel, Drehzahl und Längs- wie Querbeschleunigung, die sie im Abstand von 30 bis 100 Millisekunden abfragt, dem Fahrstil des Piloten eine von fünf Schaltkennlinien zuzuordnen. Verschiedene Fahrstile führen zu verschiedenen Automatik-Charakteristika und so zu einer schnellen Anpassung des Getriebes an den Fahrer und seiner Wünsche, wobei die Elektronik lernfähig ist. „Die Auswahl der günstigsten Schaltlinien und Schaltpunkte, und damit des optimalen Betriebszustandes für Motor und Fahrzeug, geschieht im Einklang mit dem Fahrerwillen, ohne Störeinflüsse. Der Fahrer stellt lediglich fest, daß das Drehzahlniveau und die zur

Verfügung stehende Zugkraft in jeder Situation passen." So hörten es die Journalisten anläßlich der Pressevorstellung im Oktober 1989. Mit der Tiptronic wird der optimale Motorbetriebsbereich wesentlich besser genutzt als bei Automatik-Getrieben mit manueller Programmwahl.

Eine zweite Möglichkeit zur Automatik-Steuerung hat der Fahrer mittels verschiedener Kurzzeitbeeinflussungen, die er aber wohl selten bewußt anwendet. Er kann, so Porsche, „nach kurzer Eingewöhnung die Schaltvorgänge gefühlsmäßig über das Gaspedal nach seinen Wünschen" kontrollieren. Die Weissacher Ingenieure haben die Elektronik so programmiert, daß sie bei schneller Gaswegnahme, wie sie typisch vor Kurven ist, den Gang festhält. Dadurch wirkt die Motorbremse mit, und das Getriebe schaltet nicht unnötig kurzfristig hoch, um beim Beschleunigen aus der Kurve wieder herunterzuschalten. Ebenso wird der Gang in Kurven nicht gewechselt, wenn der Querbeschleunigungssensor weniger als 50 Prozent Seitenführungsreserve meldet. Ab dem zweiten Gang und mit einer bestimmten Geschwindigkeit wird der Drehmomentwandler überbrückt, so daß Leistung nicht durch Schlupf verlorengeht. Der Motor hängt sauber am Gas, eine Drehzahlerhöhung wird vermieden.

Bei schnellem Gasgeben wird sofort in das sportlichste Kennfeld gewechselt - ohne daß ein Kick-Down nötig wäre! Weitere Vorgänge geschehen vollautomatisch, weil die Elektronik entsprechend programmiert ist. So wird zum Beispiel beim Bremsen auf glatter Straße solange hochgeschaltet, bis der Schlupf der Hinterräder nicht mehr größer ist als der der Vorderräder. Oder: Bei kaltem Motor hebt die Elektronik automatisch das Drehzahlniveau an, damit der Katalysator schneller auf Betriebstemperatur kommt.

Die dritte Lösung ist die Spezialität der Tiptronic. Dazu wird der Hebel nach rechts in die manuelle Gasse geschoben, die Automatik hält den aktuellen Gang fest. Ganz Herr der Dinge ist der Pilot jedoch auch hier nicht: Zwar schaltet er durch Tippen hoch und runter (ähnlich wie bei einem Motorrad), doch bei Erreichen der Drehzahlgrenzen eines Ganges ist es mit der Selbstbestimmung zu Ende. Die Elektronik läßt hochschalten. Auch abgewürgt kann der Motor nicht werden. Vergißt der Fahrer beim Bremsen den Wählhebel im vierten Gang, so schaltet die Elektronik ohne weiteres Zutun in den Zweiten, in dem normalerweise angefahren wird. Nur zur optimalen Beschleunigung und bei steilen Passagen empfiehlt sich der erste Gang, auch einlegbar mit einem entsprechend festeren Druck auf das Gaspedal. In der manuellen Gasse wird ebenfalls der Wandler überbrückt, allerdings grundsätzlich in den beiden oberen Gängen ohne Mindestgeschwindigkeit, im zweiten ab 60 km/h. Mit dem Schalthebel läßt's sich schön spielen und ohne Zugkraftunterbrechung schnell schalten - „das positive, handfeste Schalterlebnis mittels Schalthebel bleibt erhalten", so Porsche auf der Pressevorstellung.

Das Tiptronic-Steuergerät besitzt 42 Ein- und Ausgänge zur Erkennung von Daten oder zur Steuerung. Sicherheit wird großgeschrieben: Verpolung oder Kurzschluß können nicht zu einer Zerstörung führen. Bei Totalausfall steht ein Notprogramm zur Verfügung, der dritte und der Rückwärtsgang funktionieren weiterhin. Etwa 50% der Software dienten allein der Fehlerdiagnose! Das Steuergerät bietet bei Ausfall einzelner Funktionen Ersatzfunktionen an, informiert den Fahrer und legt den Fehler in einem steuergeräteinternen Speicher ab. Zusätzlich merkt sich das Gerät die Bedingungen, bei denen der Fehler aufgetreten ist, sowie die Häufigkeit des Fehlers. Die Porsche-Werkstätten können dann die Informationen abfragen, auch über zurückliegende, nur zeitweise aufgetretene Störungen.

Die ersten Tiptronic-Elfer entstanden im November 1989. Entwickelt worden war die High-Tech-Automatik ausschließlich für den heckgetriebenen Carrera 2, der damit etwas langsamer wurde: Höchstgeschwindigkeit 256 statt 260 km/h, für den Spurt von null auf 100 brauchte das handgeschaltete Exemplar rund eine Sekunde weniger. Allerdings schalteten von zehn Durchschnittsfahrern, so hatte Porsche untersucht, nur drei rasch genug, um wirklich schneller zu sein als die problemlose Automatik.

Porsches Tiptronic leitete sich übrigens aus Erfahrungen ab, die die Entwicklungstechniker mit dem sogenannten *PDK*, dem *Porsche Doppelkupplungsgetriebe*, gewonnen hatten. Das funktionierte so: Geschaltet wurde mit voller Last. Es mußte weder Gas weggenommen noch ein Kupplungspedal getreten werden, das Hoch- und Zurückschalten wurde mittels elektrischem Impuls ausgelöst. Der konnte per Geber am Schalthebel ebenso gegeben werden wie mit zwei Tasten - so hatte es Porsche im Rennsport erprobt. Das PDK überzeugte durch seine extrem kurzen Schaltvorgänge, die ohne Pausen und Zugkraftunterbrechung abliefen. Besonders günstig war das bei Turbo-Motoren, denn der Ladedruck blieb erhalten, weil die Drehzahl nicht absank. Der Fahrer blieb aktiv, er hatte die Freiheit, sich seine Fahrstufe auszusuchen - nur kuppeln muß er nicht.

Vom Aufbau her ähnelte auch das PDK einem regulären Schaltgetriebe. Ungewöhnlich waren die zwei Eingangswellen mit jeweils einer Kupplung, wobei eine die Verbindung für die Gänge 1,3,5 schloß, die andere für die Stufen 2 und 4 zuständig war. Das Schalten von einem zum anderen Gang erfolgte durch simultanes Schließen der einen und Öffnen der anderen Kupplung; der Kraftschluß wurde von der einen Kupplung auf die andere übertragen. Im Prinzip waren zwei Gänge gleichzeitig eingelegt, und der Gangwechsel erfolgte durch den Wechsel der Kupplungen. Diese Idee hatte Porsche seit den frühen siebziger Jahren verfolgt, jedoch scheiterte die Durchsetzung am Fehlen der geeigneten Elektronik zur Kupplungssteuerung.

Ab 1984 testete Porsche die PDK dann in den Gruppe-C-Rennwagen, die nach anfänglichen Problemen durchaus erfolgreich waren. Für den Serieneinsatz allerdings kam sie nicht in Frage. Der hohe Bauaufwand sprach gegen sie, und zudem wurde neben der manuellen Beeinflussung auch eine Vollautomatik gefordert.

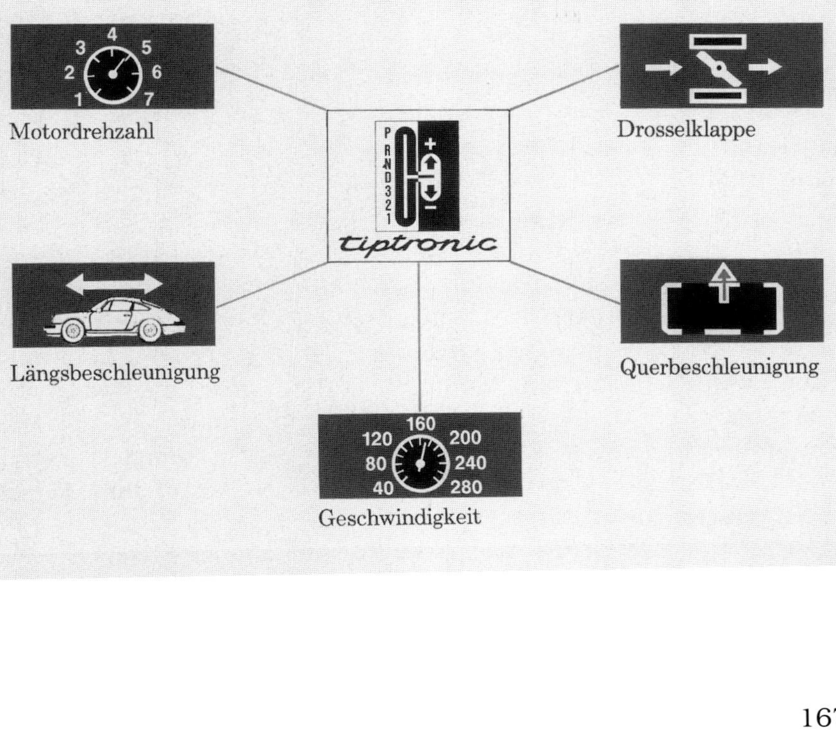

Gute Zeiten, schlechte Zeiten

1991 bis 1993: die zähen Jahre

Es gab eine Zeit, da sorgten nur Porsches Rennerfolge für fette Schlagzeilen, und ein neues Modell reichte für aufgeregtes Rauschen im Blätterwald. Manch einer mochte sich Anfang der neunziger Jahre fast wehmütig daran erinnern: Damals lasen Auto-Menschen fast nur noch Neues aus Zuffenhausen, wenn es wieder mal rappelte hinter den Kulissen, wenn es Zoff gab, wenn sich die Eigner-Familien untereinander oder mit ihren Managern stritten.

Vater, Sohn und ihr liebstes Kind: Ferry und Butzi Porsche vor der Legende, die sie schufen..

Es waren Dinge, die eigentlich nicht in eine Typologie gehören, doch sie entschieden in ihrer Komplexität auch über die Zukunft Porsches - und damit über die Zukunft des 911. Deshalb seien sie hier zumindest angerissen.

Im Geschäftsjahr 1990/91 war Porsche zum ersten Mal kräftig gestolpert: Der Ertrag halbierte sich im Vergleich zum Vorjahr. Das folgende Geschäftsjahr absolvierte die Zuffenhausener Zentrale zum ersten Mal in der Firmengeschichte mit einem sattem Verlust von 65,8 Millionen Mark. Im Vorjahr noch hatte die Zentrale einen 60-Millionen-Gewinn verbucht.

Porsche verdiente nur noch am 911, an seinem Ersatzteilgeschäft und den Weissacher Entwicklungsdiensten. Eine Viertelmilliarde Mark versickerte in der Entwicklung eines Viersitzers mit Achtzylindermotor. Dessen Macher, Entwicklungschef Ulrich Bez, der von BMW gekommen war, stolperte über dieses Projekt und über Animositäten mit Weissacher Ingenieuren. Währenddessen fiel die Öffentlichkeit über den damaligen Vorstandsvorsitzenden Arno Bohn her, dem mangelnde Branchenkenntnis vorgeworfen wurde, weil er von Nixdorf zu Porsche gekommen war. Speziell mit Ferdinand Piëch rieb sich der Mann an der Spitze. Das ging so weit, daß Bohn den Rücktritt Piëchs aus dem Aufsichtsrat forderte. Dort ist Piëch alles andere als beliebt; sein komplexes Naturell hat ihm Feinde geschaffen.

Er konterte auf seine Art, wollte Bohns Vertrag nicht verlängern und statt dessen BMW-Entwicklungschef Wolfgang Reitzle holen. Der durfte nicht: Die Münchner hatten den Spitzenmann mit sicheren Verträgen an seinen Schreibtisch gefesselt. Da half es Piëch nicht einmal, dem Porsche-Aufsichtsrat mit dem Stoppen von Geldern zu drohen, die aus Österreich nach Stuttgart flossen - Reitzles Verzicht beruhte auf höherer Gewalt.

Lassen wir's hier gut sein. Das jedenfalls war das Klima, in dem Porsche in die Krise fuhr. Zurück zur Modellgeschichte: Ab 1. Februar 1991 hatten alle Linkslenker einen serienmäßigen Airbag für Fahrer und Beifahrer verpaßt bekommen, der bisher beim 911 über 5000 Mark Aufpreis gekostet hatte. Auf Wunsch waren die Carreras auch mit strafferem Sportfahrwerk zu bekommen - geändert worden waren Stoßdämpfer, Stabis und die Federn vorn.

Starke Nachfrage hatte nach einem neuen Turbo geherrscht. Porsche zögerte zunächst, nicht zuletzt, weil die gesetzlichen Auflagen immer schwieriger zu erfüllen waren. Doch die Fans forderten ihn zurück - und er kam. Verpackt in der neuen Karosserie und mit zahlreichen Änderungen unter der Haut stand er auf dem Genfer Salon 1990. Seine Karosserie war wieder turbobreit, sein Riesen-Spoiler am Heck weiterhin Erkennungszeichen. Er war der erste, der mit der neuen, aerodynamischeren Spiegelgeneration ausgerüstet wur-

Ganz 'was Feines: der sportiv-spartanische Carrera RS.

de. Neu war auch das Felgenstyling im Cup-Design. Mit 17 Zoll Durchmesser schufen die Räder genügend Platz für eine abermals erstarkte Bremsanlage, die mit ihren Vierkolben-Festsätteln reinrassige Renntechnik verkörperte. Die Bereifung im Format 205/50 und 255/40 sorgte für den entsprechenden Grip.
Der Motor war der alte geblieben, allerdings auf 320 PS erstarkt und gründlich überarbeitet. Er war mit einem Metallkat ausgerüstet, selbst der Bypaß-Ausgang hatte seinen eigenen (wenn auch ungeregelten) Abgasreiniger. Die US-Kat-Version des Vorgängers brachte nur 282 PS auf den Prüfstand, viel zu nahe an den 250 PS des neuen Carrera-Motors. Und den wollten die Porsche-Konstrukteure nicht aufladen, ohne die Standfestigkeit ausgiebig getestet zu haben. So entstand aus dem

Imposant wie eh und je waren die üppigen Rundungen des Turbo, hier ein 3,3-Liter-Modell des Jahrgangs 1991.

bisherigen Lader-Motor in Verbindung mit dem dazu angebotenen Leistungskit und der Carrera-2-Technik der neue Turbo II. Ansaugsystem und Abgasanlage wurden überarbeitet, der KKK-Turbolader ist eine Neuentwicklung und der Ladeluftkühler hatte an Größe zugenommen. Die vollelektronische Kennfeldzündanlage mit angepaßtem Einspritzsystem sorgte für niedrigere Verbräuche: 15 bis 17 Liter waren realistisch, und der Drittelmix-Wert von 13,3 Litern lag deutlich unter dem der Konkurrenten. Das Fahrwerk profitierte auch von der Modernisierung, ein Sperrdifferential trug zur Stabilisierung des Fahrverhaltens bei. Bei Beschleunigung sperrte es zu 20%, im Schubbereich zu 100%.
Die Turbo-Fraktion war begeistert. Harald Demuth schrieb in *rallye racing*, es sei „immer wieder ein überwältigendes Erlebnis, wenn bei 3000 Umdrehungen der Nachbrenner einsetzt." Keine Frage, der Turbo hatte einen Rest seiner alten Bissigkeit bewahrt. Auch der hohe Einstandspreis von 178.500 Mark für dieses Technik-Feinwerk hielt die Käufer nicht ab, die erste Jahresproduktion war bereits im

Leistungsfetischisten lieben's leicht – ein Turbo S mit 3,3-Liter-Triebwerk in Leichtbauversion.

voraus verkauft gewesen. Auch bei Gaunern war er beliebt: sie stahlen sechs der 20 Turbos, die Porsche zur Pressevorstellung nach Südfrankreich gebracht hatte und kamen so vor allen ehrlichen Kunden in den Genuß dieses Wagens.
Ein Jahr später stand in Genf ein Fahrzeug, daß der Turbo-Gemeinde endgültig den Kopf verdrehen sollte: der Turbo S. Er war gedacht für den Clubsport-Einsatz oder für Sammler, die mal eben 295.000

Carrera-Cup-Feeling für die Straße bot der RS. Zahlungskräftige Enthusiasten rissen Porsche den Wagen aus den Händen.

Mark übrighatten. 180 Kilogramm sparte er gegenüber dem Serien-Turbo durch Verzicht auf Klimaanlage, elektrische Fensterheber, Zentralverriegelung, Rücksitze und Dämmung. Zwei Sitzschalen ersetzten die komfortablen Elektro-Sessel des Basis-Modells.
Leichte, aber hochfeste Kunststoffmaterialien und Dünnglas taten ein Übriges. Gerade 1290 Kilogramm fühlten sich mit 381 PS konfrontiert; null auf hundert in 4,7 Sekunden. Der Motor hatte einen zweiten Ölkühler verpaßt bekommen, außerdem zusätzliche Kühler- und Bremsbelüftungen im Bugteil. Die vorderen Bremszangen wuchsen ein weiteres Mal.
Wer keinen Turbo S mehr bekam, mußte sich mit dem Werks-Leistungskit begnügen. Die Leistungssteigerung auf 355 PS realisierten die Porsche-Techniker mit anderen Steuerzeiten, vergrößerten und bereinigten Ansaugkanälen sowie etwas höherem Ladedruck. 471 Nm bei 5000 U/min und 286 km/h waren als Eckdaten beeindruckend. Werner Schruf urteilte über den Turbo S in *auto motor und sport*, er sei zwar schneller, aber nicht besser: Trotzdem übe er „durch seine Unvollkommenheit einen hohen Reiz" aus.
Noch mehr Anziehungskraft besaß der neue Carrera RS. Die Traditionalisten jubelten auf, weil sie in ihm einen legitimen Nachfolger des Ur-RS sahen. Er orientierte sich eng am Carrera 2 in Cup-Version und wog nur 1220 Kilogramm. Auch hier wartete bloßer Verzicht auf den enthusiastischen Kunden: Elektrische Fensterheber und Sitze, Zentralverriegelung, viel Dämmung, Servolenkung, Rücksitze; alles war rausgeflogen, sogar der Kabelbaum war reduziert worden. Eine Nachrüstung mit all den luxuriösen Beigaben war nicht möglich. Die Fronthaube bestand aus Leichtmetall, ein Radio war nur möglich, wenn zwei Lautsprecher genügten, und an den Türtafeln erinnerten Öffnerschlaufe und Zuziehgriff an den seligen Carrera RS der frühen Jahre. Tür- und Heckscheibe waren aus Dünnglas, die hinteren Federbeindome um 20 Millimeter abgesenkt (was eine Rohbauänderung erforderlich machte), Federn und Stoßdämpfer waren straffer ausgelegt. Das ganze Auto lag um 40 Millimeter tiefer als das Serienpendant. Die Bremsen stammten vorn aus dem Turbo, hinten aus dem Cup-Carrera, mit neu abgestimmtem ABS. Das Getriebe wies kürzere Schaltwege auf, die Lenkung war direkter übersetzt. Das Gerät rollte auf 7,5 bzw. 9Jx17-Felgen und Bereifung in der Dimension 205/50 bzw. 255/40 ZR 17.

Das Cabrio im pausbäckigen Turbo-Look war ästhetisch nicht jedermanns Sache. Hier ein Carrera 2 von 1993.

Der Carrera RS war für die Gruppe N-GT homologiert, also für die Nationale Grand-Tourisme-Klasse, wo auf Serienfelgen gefahren werden muß.
Der Carrera RS war bis Ende 1992 im Angebot, aber schnell ausverkauft. Die

1000 für eine Homologation benötigten Exemplare reichten nicht, Porsche legte das Doppelte auf. Die Basisversion ließ sich Porsche mit 145.000 Mark honorieren, 150 Exemplare lieferten die Zuffenhausener im Rennpaket der N/GT-Gruppe, für 160.000 Mark. Natürlich gab es hier dann weder Teppich noch Himmel, keine Dämmung, keine Sonnenblende für den Beifahrer, keine Innenbeleuchtung; nichts. Statt dessen thronte im Beifahrerfußraum der obligate Feuerlöscher, gab es einen Not-Aus-Schalter für die Elektrik, den üblichen Käfig und die Sechspunktgurte. „Ein herrliches Inferno für Fahrpuristen", seufzte Wilfried Müller nach einer Testfahrt für die Kölner *Auto Zeitung*.

Zurück zum Alltag! Für die Brot-und-Butter-Elfer gab es zum Modelljahr 1992 nur sanfte Änderungen: neue Räder im Cup-Design, die aerodynamischeren Turbo-Spiegel (die ohne Lochänderungen an der Karosserie verwirklicht wurden, so daß nachgerüstet werden kann) und, als Zubehör, einen steuerbaren CD-Player. In begrenzter Stückzahl lieferte Porsche das Carrera 2 Cabrio mit Bremsen, Aufhängung und Kotflügeln des Turbos - das hieß dann 911 Limited Edition und in Deutschland Turbo Look.

An positiven Schlagzeilen aus Zuffenhausen mangelte es nach wie vor. Die Zeichen standen auf Sturm. Katastrophenmeldungen begleiteten das Geschäftsjahr 1992/93. Ende September 1992 stolperte Arno Bohn aus der Chefetage, „in gegenseitigem Einvernehmen" natürlich. Keine zwei Jahre hat sich Bohn gehalten; Vorstandssprecher wurde Wendelin Wiedeking. Hinter

Schenket ein:
Der neueste Über-Hammer leistete kerngesunde 360 PS aus 3,6 Litern Hubraum und heißt Turbo 3,6.

den Kulissen hatte es wieder kräftig gerappelt. Deshalb auch der ungewöhnliche Posten des Vorstandssprechers: Damit nicht wieder ein aufmüpfiger Chef versucht, eigene Brötchen zu backen. Der *Spiegel* höhnte: „Die Inhaber reagieren derart stark in das Management der Firma hinein, daß sie die Millionengehälter für ihre Vorstandsmannschaft sparen könnten..." Bohns Weggang nannten die Hamburger ein „mieses Spiel" - das ist selbst für den *Spiegel* eine kraftvolle Formulierung.

Im ersten Halbjahr 1993 fuhr Porsche rund 120 Millionen Mark Verlust ein. „Porsche zieht die Notbremse", titelten die Tageszeitungen - das Unternehmen plante, fast 2000 von 8062 Arbeitsplätzen abzubauen. Laut Porsche sei das die einzige Möglichkeit, selbständig zu bleiben. Der Betriebsrat sah das ganz anders.

Nach dem Zusammenbruch auf dem US-Markt, der durch den Golfkrieg noch beschleunigt wurde, sank die Nachfrage in

Leicht unübersichtlich, aber bärenstark präsentiert sich das aktuelle Turbo-Triebwerk.

Deutschland und weiteren Exportländern, etwa England, Italien, Japan. Der Umsatz drohte unter zwei Milliarden Mark zu sacken. Im Geschäftsjahr 1992/93 gab es 86 Tage Kurzarbeit.

Übernahmegerüchte wurden laut. VW, BMW oder doch Mercedes? Porsche brauchte Geld, doch ein Zusammenschluß galt als kartellrechtlich problematisch. Noch dazu war Ferry Porsche, der letzte Grandseigneur der weltweiten Automobilszene, keinesfalls zu einem Verkauf bereit. Und auch sein Neffe Ferdinand Piëch garantierte (und garantiert) für Porsches Unabhängigkeit: „Solange ich lebe, wird Porsche selbständig sein."

Die Verluste waren nicht aufzuhalten, und eine Viertelmilliarde Minus jährlich drohte auch Porsches Liquiditätspolster schnell aufzuzehren. Die Aktien sackten in den Keller: 1990 noch mit 1310 Mark notiert, verkauften Anleger sie drei Jahre später für weit weniger als die Hälfte...

Auch den 911 hatte die Krise natürlich gepackt. Von Januar bis April 1993 fand der Klassiker gerade noch 902 deutsche Käufer - in den vier ersten Vorjahresmonaten waren es noch 2257 gewesen...

Unbeachtet von der breiten Masse lief im Januar 1993 der 3,6-Liter-Turbo an: Selbst der 360-PS-Ballermann konnte den Zoff in Zuffenhausen nicht übertönen.

Der Turbo mit Carrera-Motorblock: Das war zu erwarten gewesen. Aber die Porsche-Techniker hatten erst abwarten wollen, wie sich der große Motor im Carrera-Cup schlägt, bevor sie ihn aufluden. Kurbeltrieb und Zylinderblöcke waren identisch, geändert wurden Kolben, Nockenwellen und die optimierte K-Jetronic. Lader, Katalysatoren und Ladeluftsystem kamen vom 3,3-Liter-Turbo. Die Verdichtung hatten die Techniker um 0,5 erhöht, auf 7,5:1. Porsche versprach einen höheren Wirkungsgrad und damit fünf Prozent weniger Verbrauch. „Die Welt serienmäßiger Straßensportwagen kennt subjektiv kein vergleichbar beeindruckendes Beschleunigungserlebnis", staunte der *sport-auto*-Tester: Null auf Hundert in 4,6 Sekunden; wohl dem, der so schnell schalten kann. „Wer ihn nicht als Kulturgut sammelt, sondern als Verkehrsmittel nutzt, erfährt Sportwagen-Faszination in hoher Vollendung", schrieb Malte Jürgens in *auto motor und sport*. Für ein Drehmoment von 520 Nm bei 4200/min installierten die Porsche-Ingenieure verstärkte Antriebswellen. Die Fuhre ging 280 und trank immer noch gewaltig, 20 Liter waren keine Seltenheit. Hauptcharakteristikum des neuen Turbos war der im Vergleich zum Vorgänger weichere Druckaufbau, der jetzt früher einsetzte, bei rund 3000 Touren. Mindestens 450 Nm standen zwischen 2000 und 5500 U/min zur Verfügung.

Das abermals überarbeitete Fahrwerk geriet härter. Es ließ kaum noch Seitenneigung zu, die Karosseriebewegung beim Bremsen war minimal. Darunter litt natürlich auch der Fahrkomfort. Deswegen mußte der Turbo-Pilot nicht asketisch veranlagt zu sein, denn zur Serienausstattung gehörten beheizbare Sitze, CD-Player, Klima, Ganzleder und ein Bordcomputer. Die dreiteiligen Felgen stammten vom limitierten Turbo S, kombiniert mit Yokohama-008-Pneus der Formate 225/40 bzw. 265/35 ZR 18. Sie sind, trotz der gleichen Karosserie, nicht für den Vorgänger-Turbo nachrüstbar! Mit 204.000 Mark war der 3,6er zehn Scheine teurer als sein Vorgänger, kaum geeignet, um Porsches Absatzprobleme zu lösen.

Und noch eine Rakete: In Weissach wurde der Carrera RS 3.8 in limitierter Auflage montiert. Mit größerer Bohrung (von 100 auf 102 mm), größeren und trotzdem leichteren Kolben, leichteren Kipphebeln und überarbeiteten Ventilen kam er auf 300 PS bei 6500/min. Gedacht war der RS 3.8 als Basisauto für den ADAC-GT-Cup, mit völlig überarbeiteter Fahrwerksabstimmung, mit großem Heckspoiler (sechsfach verstellbare Leitfläche), Frontspoiler, doppeltem Ölkühler, neuer Motronic, optimiertem Luftfilter, erweiterten Kanälen, zwei Katalysatoren, mit vorderen Bremsen aus dem Turbo und hinteren Verzögerern aus dem Carrera RS sollte er gegen die Konkurrenz antreten. Das Auto wog noch 1210 Kilogramm, ging fast so schnell auf 100 wie der Turbo (in 4,9 Sekunden), lief 270 Spitze und kostete 225.000 Mark.

Mitten in die Probleme fiel der 30jährige Geburtstag des Leistungsträgers. Das war dem Stammhaus ein Sondermodell wert, eines, das sich mit Pracht gegen die schmutzigen Schlagzeilen stemmte. In dezentem - und vieldiskutiertem - *Viola-metallic* kommt das Jubiläumsmodell „30 Jahre 911" daher. Das erste Exemplar von genau 911 Stück stand im Frühjahr 1993 auf dem Genfer Salon. Der Jubiläums-911 war eine bisher ungekannte Mixtur aus Allradantrieb des Carrera 4 und Turbo-Fahrwerk sowie -Karosserie, ohne den ausladenden Heckspoiler allerdings. Fünf Stundenkilometer kostete ihn die Breite in der Spitze. Am Heck trug er wieder einen schwungvollen Schriftzug im Stil der ersten Elfer, darunter stand ganz klein als Unterzeile: „30 Jahre". Sitze, Lenkrad, Schaltknauf, auch die Armaturen waren in rubicongrauem Leder gehalten, das Schaltschema war in eine silbern glänzende Metallplakette auf dem Schaltknauf eingelassen. Auf der „Hutablage" (so die Porsche-Bezeichnung!!) erzeugte eine 30-Jahre-911-Plakette gebührende Achtung. Die Rückenlehnen trugen einen eingestickten 911-Schriftzug. Stolz wirkte das Auto, feierlich, aber auch etwas melancholisch. Das machte wohl die Zeit.

„James Dean wäre auch schon 62", höhnte ein Tester im Sommer 1993, mit Seitenblick auf die Tiptronic vielleicht. Er meinte den Speedster, der im Sommer 1993 in limitierter Auflage wiedererstand. Geplant waren 1500 Stück: 500 für Amerika, 500 für Deutschland, 500 für RdW, was Rest der Welt bei Porsche heißt. Der Speedster sollte, wie sein Vorläufer, an den gleichnamigen 356-Ahn erinnern. Er feierte parallel auf dem Pariser Salon und der AAA in Berlin Premiere, im April 1993 stellte Porsche das Open-Air-Modell in Venetien der Presse vor. Für 131.500 Mark, also rund 8000 Mark weniger als für das Cabrio, war in erster Linie Verzicht zu üben - auf Airbag, elektrisches Verdeck und Spiegel, Zentralverriegelung. Dafür gabs mit den RS-Sitzschalen und -Türtafeln sowie mit der flachen Windschutzscheibe sportliches Ambiente, unterstrichen von der siebzehnzölligen Bereifung. Der Airbag-Verzicht bescherte dem Fahrer ein knackiges Lenkrad, das weiterentwickelte Verdeck fand wieder unter zwei Plastikhöckern Platz. Ohne Mehrpreis konnten auch die bequemen Standard-Sitze geliefert werden, als Extra war die Tiptronic möglich.

Die Speedster-Idee wurde auch mit den 3,6-Liter-Motoren verwirklicht.

Die Betriebsanleitung warnte im historischen Sinn: Der Speedster sei „als ausgesprochenes Schönwetterauto konzipiert", und „Beeinträchtigungen durch Zugluft, Windgeräusche oder Wassereintritt (können) nicht ausgeschlossen (werden)." Außerdem sei der Speedster nicht waschstraßentauglich und deshalb von Hand zu waschen. In Wirklichkeit waren die Unterschiede zum Cabrio nicht allzu groß; verbesserte Dichtgummis machten es möglich, und das Verdeck wirkte keineswegs als dünne Notlösung, sondern überzeugte im Alltag durchaus.

Verdeck und Innenausstattung gab es nur in Schwarz, wobei bestimmte Teile farbig gehalten waren, je nach Außenfarbe. Schwarze Speedster kamen zum Beispiel mit speedgelben Sitzrückseiten, Instrumententrägern, Schalthebeln, Handbremsgriffen, Sicherheitsgurten. Das sah sehr zeitgeistig aus. Mehr Boulevard statt Sport? Nichts für Traditionalisten? Hübsch oder nicht? Die gußeisernen Fans diskutierten noch lange nach dem Debüt.

Die Kraft und die Herrlichkeit: der Turbo 3,6 überzeugt durch schiere Kraft in allen Lebenslagen.

Zwei Elfer-Generationen im direkten Vergleich: links ein früher Zweiliter – leicht, laut und aggressiv –, rechts ein später Carrera 2 – schwerer, leiser und „politisch korrekt“.

Im Staatsdienst

Porsche und die Polizei: gute Kontakte

Zu den guten Kunden des Hauses Porsche gehörten traditionell die Ordnungshüter der halben Welt: Die Polizeibehörden orderten den Elfer von Beginn an, um im Kampf gegen das Verbrechen ganz vorne mitzufahren - und zumindest schnell genug zu sein, flüchtende Missetäter in dicken Schlitten zuverlässig abzufangen.

Schon 1963 übernahm etwa die Stuttgarter Autobahnpolizei ihren ersten Porsche, einen 356, der damals konkurrenzlos schnell war - als die Staatsdiener später mit taufrischen 911ern nachrüsteten, hatte kaum ein flüchtender Verkehrsteilnehmer eine reelle Chance. 1988 wurden zahlreiche Polizei-911er allerdings durch neue 944-Exemplare ersetzt.

Die niederländische Reichspolizei fährt seit 1961 Porsche; schon im Oktober 1973 übernahmen die Holländer ihren 200. 911 Targa. 1985 bestellten die Niederländer gleich 60 Elfer auf einen Schlag; sie taten es den Belgiern gleich, die 1979 immerhin 40 Targas mit breitem rotem Signalstreifen für ihr recht kurzes Autobahnnetz geordert hatten. Auch die schwedische Polizei stellte seit den 60er Jahren immer wieder neue 911er in Dienst.

Einzelstücke gab es auch: So entstand in den 60er Jahren ein Spezial-912 mit zweifarbiger Lackierung für Japan. Auch die Russen staunten, als 1976 ein Porsche Streife fuhr. Der Targa mit dem kyrillischen Schriftzug *GAI* diente allerdings nur zu Versuchszwecken.

Wieviele 911er in Staatsdiensten standen, wo genau und wann, ist nicht überliefert. Offenbar hatte die britische Polizei aber keinen im Einsatz: 1976 bekamen zwei englische Streifenpolizisten ernsthafte Schwierigkeiten, weil sie nachts den 911 zweier ausländischer Studenten angehalten und für eine ausgedehnte Probefahrt „entführt" hatten...

Nicht nur im Staatsdienst waren und sind Elfer zu entdecken: Mitunter setzten ihn Rettungsorganisationen als Notarzt-Einsatz-Fahrzeug ein, das den Mediziner in Windeseile an Unfallorte bringen konnte.

Schlechte Karten für Autobahn-Rowdys, wenn im Rückspiegel ein 911 in verräterischer grün-weißer Lackierung auftaucht.

1966 fuhr man „oben mit". Ein früher Zweiliter-Targa – zufällig der 100.000ste Porsche – tritt seinen Behördendienst an.

Anschluß unter dieser Nummer

1994: alter Name, neue Formen - mit Vollgas aus der Krise

„Es gibt mehr Dinge im Himmel und auf Erden, als eure Schulweisheit sich träumen läßt.“ Ferry Porsche pflegte gern Shakespeare zu zitieren, wenn es um die Unwägbarkeiten des Sportwagengeschäfts ging. Um jene Dinge, die einfach nicht zu erklären, sondern nur zu beschreiben sind. Um das lange Leben des 911 zum Beispiel, jenes Klassikers, den Porsche auf der Flucht aus der Krise bemühte. Mit Erfolg: Nach drei kargen Jahren meldete Porsche-Chef Wendelin Wiedeking Anfang 1996 wieder bescheidenen Gewinn. Und im Geschäftsjahr 1995/96 brach Porsche mit 20.132 gebauten Fahrzeugen den hauseigenen Produktionsrekord.

Tatsache ist: Der 911 war nie ein Randmodell. Im Krisenjahr 1993 war er zur Hälfte am Porsche-Absatz beteiligt und lastete die Produktion zu 60 Prozent aus. Und wenn es in Zuffenhausen auch noch vereinzelte Manager gab, die schwören, der 928 S4 sei „das beste Auto der Welt“ - kaufen wollte den Über-Porsche im Design der siebziger Jahre fast niemand. Auch vom 968 war die Fan-Gemeinde enttäuscht: Ihm gingen die Innovationen ebenso ab wie die Emotionen.

Der 30. Geburtstag der Auto-Legende 911 markierte eine weitere Evolutions-Stufe: Unter seinem Entwicklungcode 993 geisterte die jüngste Auflage lange durch die Gazetten, aber erst im Juli 1993 erklärten die Stuttgarter, daß der Elfer ein Elfer bleiben werde.

Nach vier Jahren Arbeit und rund 400 Millionen Mark Entwicklungskosten stand das Ergebnis auf dem Porsche-Stand der Frankfurter IAA. Die Grundform des Elfers blieb erhalten; auffälligste Änderungen waren die breiteren Hinterbacken und die geglättete Front mit neuen, bündiger und schräger angeordneten Hauptscheinwerfern. Zum ersten Mal seit fast zwanzig Jahren hatten die vorderen Kotflügel ein neues Profil erhalten.

Nach einiger Gewöhnung betrachteten die Elfer-Fans auch die neue, flache Frontgestaltung des 993 wohlwollend.

Überarbeitet hatten die Porsche-Techniker auch das Heck samt dem Leuchtenband; von hinten wirkte der 911 breiter und flacher, das ganze Auto runder. „Der Eindruck von Kraft und Dynamik verstärkt sich“, schrieb Porsche in der IAA-Pressemappe. Einige Fans der Marke hatten hingegen wieder Schwierigkeiten, sich an den neuen Stil zu gewöhnen, den sie argwöhnisch als Zugeständnis an den Zeitgeschmack beäugten. En vogue war 1993 jene Stil-Strömung, die „Bio-Design“ hieß und selbst der bürgerlichen Mercedes E-Klasse runde Doppellampen à la Jaguar bescherte.

So oder so: Der Elfer war weiterhin als solcher erkennbar. Im offiziösen Porsche-Ton las sich das etwas verquaster: „Das Wechselspiel von konkaven und konvexen Formen und einer dennoch spannungsvollen Linienführung bildet als gelungene Synthese die gestalterische Struktur des 911 Carrera. Frei von visueller Aggressivität ermöglicht dieses Design-Konzept den Eindruck von großer Dynamik...“ Verstanden?

Auf den zweiten Blick erst fielen die neuen 16- und 17-Zoll-Leichtmetallräder auf, formale Weiterentwicklungen der bisherigen Fünf-Speichen-Felgen. Ihre Wärmeabgabe wurde verbessert: Bei hohen Geschwindigkeiten wird die heiße Luft abgesaugt, bei langsamerer Bergabfahrt über die Speichen abgestrahlt. Das Design wurde leicht geändert, die Felgen wirkten weicher, rundlicher, und waren - so Porsche - leichter sauberzuhalten. In der Breite wuchsen sie jeweils um ein Zoll im Vergleich zum Vorgänger und trugen Reifen der Dimension 205/55 bzw. 245/45 ZR 16; 17-Zoll-Räder sind auf Wunsch erhältlich. Die Türgriffe des 993 sind in Wagenfarbe lackiert, und sämtliche Scheibendichtungen haben die Weissacher Techniker überarbeitet, auch „im Sinne eines feineren Erscheinungsbildes“, wie die Pressestelle ergänzt.

Den neuen Elfer gab es seit Oktober 1993 als Coupé, das Cabrio kam ein halbes Jahr später. Bereits zu den 93er Werksferien hatte Porsche die bisherige Carrera-Baureihe eingestellt - bis auf Speedster, Turbo 3.6, Carrera 2 Cabrio und Carrera 4 im Turbolook, die bis Ende 1993 weitergebaut wurden. Der Targa entschlief derweil fast unbemerkt, um zwei Jahre später wiedererweckt zu werden - aber schön der Reihenfolge nach...

Porsche hatte sich mit dem 911 einmal mehr dem Zeitenwandel angepaßt. An oberster Stelle im Lastenbuch war eine Leistungssteigerung von rund zehn Prozent vermerkt, zusammen mit einer weiteren Verbrauchsminimierung. Die neueste Auflage des Klassikers sollte wartungsfreundlicher sein und billiger in der Produktion. Und: Der Porsche-Sound hatte - natürlich - trotz einer weiteren Geräuschabsenkung am Leben zu bleiben.

Unter der Motorhaube sitzt im wesentlichen der 3,6-Liter-Boxer aus dem Carrera 2/4, der in Mechanik und Elektronik eine umfassende Überarbeitung erfuhr - und

In der Phantomzeichnung des Carrera 3,6 Coupés von 1994 ist der Technik-Sprung zur Vorgängerbaureihe deutlich sichtbar.

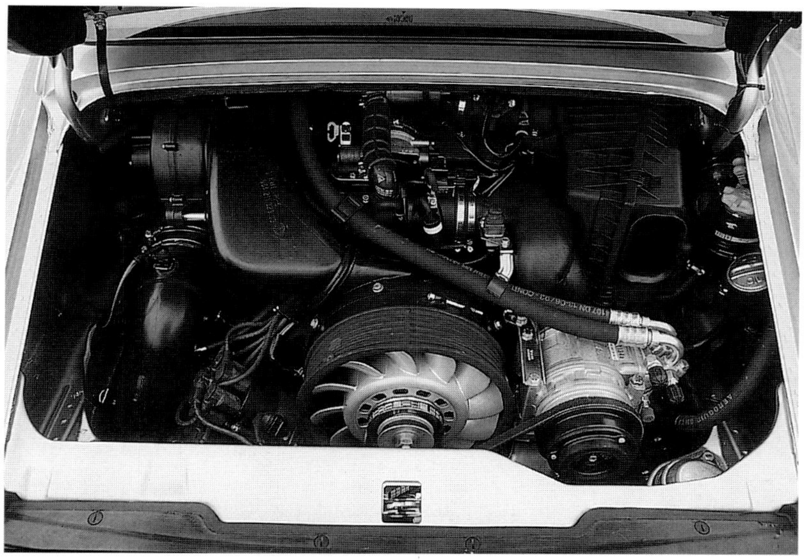

Im Laufe der Jahrzehnte blieb von der optisch attraktiven Boxer-Maschine beim Blick unter die Motorhaube kaum etwas übrig.

natürlich auch kräftiger wurde: Die Leistung stieg von 250 auf 272 PS. 330 Nm fielen jetzt bei 5000 Touren an. Verantwortlich für die Kraftkur zeichneten Änderungen an Mechanik und Elektronik und die neue Doppelrohr-Auspuffanlage: Sie war eine Konzession an strenger werdende Lärm-Limits, die für jede Zylinderreihe eine eigene, getrennte Auspuffanlage mit zwei unabhängigen Kat-Elementen notwendig machten.

Der Boxer erhielt einen erleichterten Kurbeltrieb, hydraulischen Ventilspielausgleich, ein optimiertes Motormanagement von Bosch namens M 2.10 mit Luftmassenmessung per Heißfilmsensor. Erleichtert wurden Pleuel, Kolben und Ventile. Die USA-Motoren kamen mit anderen Kats und Sekundärlufteinblasung. Darunter ist folgendes zu verstehen: Nach dem Kaltstart des Motors wird 60 Sekunden lang Luft in die Auslaßkanäle geblasen, um die Emissionen von Kohlenmonoxid und unverbrannten Kohlenwasserstoffen zu vermindern, solange der Kat seine Betriebstemperatur noch nicht erreicht hat. Die Luft strömt über Bohrungen in den Portlinern in die Auslaßkanäle.

Ebenfalls neu im 911-Ensemble war das serienmäßige, sich wesentlich leichter schaltende Sechsganggetriebe: Porsche begründete den Schritt zur sechsten Fahrstufe mit dem Ziel, „das große Geschwindigkeitsspektrum bis zu 270 abdecken zu können." Die Tiptronic blieb, nur mild überarbeitet, im Programm. Das Sechsgang-Schaltgetriebe wies in den Fahrstufen zwei bis sechs kürzere Übersetzungen auf, die den Eindruck eines „spritzigeren" Fahrerlebens hinterließen: Tatsächlich hatten sich die Fahrwerte im Vergleich zum Vorgänger nur leicht verbessert; die Höchstgeschwindigkeit von 270 km/h stach als einzige Ziffer heraus. Das Sechsganggetriebe war für Amerika, die Schweiz und Österreich ab dem Zweiten länger übersetzt: Verbrauchs- und Geräuschgesetzen trug Porsche somit Rechnung. Der Vierte und Fünfte waren kürzer ausgelegt als beim früheren Fünfganggetriebe.

Eine komplette Neukonstruktion war auch die Mehrlenker-Hinterachse mit doppelten Querlenkern. Sie besaß ein „LSA-System": Wieder eines der unnachahmlichen Porsche-Kürzel, denn „LSA" steht für Leichtbau - Stabilität - Agilität. Die vier Lenker an jeder Seite stützten sich auf einen eigenen Fahrschemel ab. Dazu waren wesentliche Konstruktionsänderungen an der Hinterachse notwendig, man dachte dabei gleichzeitig an eine vereinfachte Produktion und erhöhte Steifigkeit. Die Fahreigenschaften hatten sich durch die neue Achse (und neue Gesamtabstimmung) deutlich verbessert, die Reaktionen gerieten im Grenzbereich gutmütiger, das Handling agiler. Das betonte Porsche gerne - nicht so offen sprach man darüber, daß dieses Bauteil ursprünglich aus der gestoppten Viersitzer-Entwicklung mit dem Code 989 stammt.

Im weiteren unterschied sich der Carrera des 94er Jahrgangs in folgenden Punkten von seinen Vorgängern:

- Mit der überarbeiteten Karosserie verbesserte sich die Aerodynamik geringfügig. Die Bodenverkleidung wurde verbessert, die Seitenscheiben sind bündig eingepaßt, was auch die Windgeräusche weiter minimierte. Ein kleiner Spoiler saß am Dachende über der Heckscheibe.
- Verbesserte Lichtausbeute war der modernen Technik der Scheinwerfer zu verdanken, Polyellipsoid-Abblendlicht und Fernlicht mit variablem Reflektor, der (statt der Streuscheibe) für die richtige Lichtverteilung sorgte. Dadurch änderte sich auch das Design der Lichtgläser. Der Elfer schaut jetzt ganz anders, und er läßt sich besser in die Familie einordnen. Die zur Haube hochgezogene Stoßstange unterstrich die Ähnlichkeit zu 968 und Co. Neu war die Servicefreundlichkeit: Die ganze Einheit ließ sich nach Lösen eines Hebels im Kofferraum zum Lampenwechsel einfach nach vorne herausziehen.
- Die Vorderachse wurde geringfügig überarbeitet: Porsche betonte abermals den „verbesserten Geradeauslauf".
- Die Federung war nun, ohne Komforteinbußen, straffer abgestimmt. Ein spezielles Sportfahr-

Ein ganz heißes Eisen: der 911 GT 2 von 1995 in Straßenversion.

Die Cabriolet-Version des 3,6-Liter-993 ließ nicht lange auf sich warten.

werk mit härteren und kürzeren Federn sowie sträkeren Querstabilisatoren war auf Wunsch erhältlich.

- Die Bremsanlage wurde von Porsche erneut größer dimensioniert, unter anderem die Belüftung verbessert und das ABS optimiert. Die Konstruktion nannte sich ABS 5; die Regelungsprogrammierung sorgte für bessere Bremsleistungen.
- Auf Wunsch lieferte Porsche das Automatische Brems-Differential (ABD). Es erhöhte durch geregeltes Abbremsen des durchdrehenden Antriebsrades die Traktion wesentlich. Beim Schaltgetriebe wurde es in Verbindung mit einem mechanischen Sperrdifferential geliefert. Die Tiptronic-Fahrer konnten ebenfalls das ABD bestellen, mußten aber auf die Sperre verzichten.
- Die Airbag-Anlage wurde komplett überarbeitet; die Luftsäcke gab es jetzt auch bei den Rechtslenker-Modellen serienmäßig für Fahrer und Beifahrer. Weiteren Schutz gewährten hochfeste Stähle in den gefährdeten Karosseriebereichen, zudem war die Karosserie bei gleichem Gewicht um 20 Prozent verwindungssteifer.
- Die Scheibenwischerarme waren nun mittig mit eng zusammenstehenden Achsen angeordnet. Durch den doppelten Wischeffekt ergibt sich eine effektivere Säuberung der Scheibe - ganz im Gegensatz zu der immer noch umstrittenen Ein-Wischer-Technik. 80 Prozent Scheibenfläche überstrichen die beiden Arme.
- Vom bisherigen Elfer geplagte Vielfahrer umschmeichelte Porsche mit einem 20 Prozent vergrößerten Kofferraum, der ganze 123 Liter nach DIN faßte. Porsche erreichte das Volumen-Plus unter anderem mit einem neuen Tank, der allerdings 2,5 Liter kleiner geriet. Auf Wunsch gab es weiterhin einen größeren Tank mit 92 Litern.
- Ein Pollenfilter zählte nun zum Serienstandard.
- Das Interieur gestalteten die Porsche-Designer um. Das Airbag-Lenkrad wirkte weniger klotzig als beim Vorgängermodell. Die im Laufe der dreißig Jahre nach und nach überall verteilten Schalter wurden in einer Leiste vor dem Schalthebel zusammengefaßt. Endlich, mochte man sagen - und doch: Wieder ging ein Stück Elfer-Querdenkerei dahin. Immerhin blieb das Schloß links des Lenkrads. Neu waren auch die Lenkstockhebel und die Leuchtdioden, die die Stifte der Türverriegelung ersetzen.
- Porsche führte mit dem 993 Wasserbasislacke ein - sie sind umweltfreundlicher.
- Die Konsistenz der Kunststoffteile war mit Serienstart des 993 auch bei Porsche auf den Rückseiten eingeprägt, was das spätere Recyceln erleichtern soll.

Das klassische Innenraum-Layout veränderte sich auch nicht mit dem Modellwechsel von 1994.

Die positiven Schlagzeilen nach der Premiere auf der IAA 1993 lenkten etwas ab von der Katastrophenstimmung in der Zentrale, doch der neue Elfer alias 993 war ein Kind der Krise, ganz ohne Zweifel. Er stand unter gehörigem Erfolgsdruck, und manche Umstände seines Debüts wirkten kurios: Porsche hielt sich mit den Listenpreisen des neuen Autos dezent zurück und sprach wochenlang vornehm „von geringen Aufschlägen im Vergleich zum Vorgänger-Carrera". Mit 125.760 Mark Startangebot wurde er dann auch nicht viel teurer - im Zeitalter der Rezession aber schwerer bezahlbar denn je.

Die unfreundlichen Schlagzeilen rissen anfangs kaum ab, auch wenn die *Bild-Zeitung* den neuen Elfer euphorisch zweimal zeigte, „weil er so schön ist." Wie ein Kainsmal hafteten Porsche die zweistelligen Verkaufsrückgänge an. Hinzu kamen die ewigen, quälenden Gerüchte, die durch die Szene schwirrten - Gerüchte, die selbst Utopisches prophezeiten, etwa ein Kaufinteresse von Toyota, die angeblich zehn Milliarden Mark für Porsche lockermachen wollten. Die Stuttgarter Unternehmensspitze ließ beständig dementieren.

Statt dessen wurde unter Wiedekings Führung gespart, gestrafft und rationalisiert. Der inzwischen zum Vorstands-Chef ernannte Manager sprach von „schwerwiegenden Entscheidungen und zum Teil schmerzhaften persönlichen Erfahrungen". Kostensenkung um 30 bis 40 Prozent wurde angestrebt und erreicht, das bedeutete Druck für alle: von der Führungsetage bis zum Arbeiter, vom Zulieferer bis zum Verkäufer. Immerhin zeigen die Bemühungen schon 1993 erste Ergebnisse: Statt 125 Stunden steckten im 993 nur noch 95 Stunden Arbeit.

„Unser Unternehmen muß zurück zu dem, was wir einmal waren", sagte Ferry Porsche im Frühjahr 1993 fast beschwörend zu Journalisten. Der Hoffnungsträger hieß 911, er hatte vom Start weg den ersehnten Erfolg und katapultierte Porsche zurück in die schwarzen Zahlen. Für die Fachwelt schien das kein Wunder zu sein: „Wir wollen gar nicht lange drumherum schreiben: Der neue Neunelfer ist noch aufregender geworden", kommentierte etwa Eckhard Eybl in *auto motor und sport*. Und er fügte hinzu, daß das „längst nicht mehr selbstverständlich" sei in einer Zeit, in der „technische Verbesserungen fast automatisch eine Kante Sinnlichkeit wegfeilen und Beinahe-Perfektion die Lust am Fahren ausradiert."

Vielleicht gab es sie ja wirklich, die durchgefärbten Porsche-Fans, denen selbst der neue Elfer nicht genug Adrenalin-Ausschüttung bot - oder einfach zu viel verbindliche Neuzeitlichkeit. Aber lange mußten sie ja nicht warten, bis der Basis-993 eine neue, fein gestufte Modellfamilie gebar. So schob Porsche schon 1994 wieder einen Carrera 4 auf den Markt, gefolgt von der neuen Cabriolet-Version des 911. Sie orientierte sich, wie auch der optimierte Allrad-Elfer, brav am Preis des Vorgänger-Modells und überzeugte mit zahlreichen Detail-Verfeinerungen. Porsche überarbeitete das Verdeck, das sich in nur 13 Sekunden öffnen ließ, und umschmeichelte die komfortgewohnten Cabrio-Fans der Mittneunziger mit einem Windschott, das sich beim Öffnen des Dachs automatisch in die Strömung hob. Die verkaufspolitisch wichtigste Verfeinerung bemerkten allerdings nur US-Kunden: Porsche hatte ein neues Dreipunkt-Gurtsystem für die

Rücksitze entwickelt, mit dessen Unterstützung das Carrera Cabriolet in Amerika wieder als Zweisitzer angeboten werden konnte. Die rigiden US-Zulassungsgesetze hatten die Open-Air-Elfer bisher strikt als Zweisitzer behandelt.
Noch bis zum April 1995 marterten die Stuttgarter Entwickler ihre gierigen Fans mit dem Update des Turbo. Gerüchte schwirrten schon über die 1993er IAA: Die Rede war von magischen 400 PS, von serienmäßigem Allradantrieb und zwei Turboladern, einer Technologie, die Marken wie Ferrari, Maserati und Bugatti bereits in die Sportwagen-Königsklasse eingeführt hatten.
Die gut unterrichteten Kreise behielten recht: In der Serie wurden es sogar noch acht PS mehr, gekrönt von 540 Nm maximalem Drehmoment und einem Schub, der zwischen 4000 und 5000 Umdrehungen in den unteren Gängen geradezu raketenartige Formen annahm. Auf 100 km/h beschleunigte der 911 Turbo in 4,3 Sekunden, bis 200 km/h ließ er sich gerade 15,1 Sekunden Zeit. Solche Leistungswerte - und eine Höchstgeschwindigkeit von 292 km/h - ließen Auto-Gourmets wohlig erschauern, forderten aber gleichzeitig ein Fanal der politischen Korrektheit. Ein Auto wie der 911 Turbo war und ist heute zum ganz großen Spagat verpflichtet: Nicht nur mit seinen atemberaubenden Fahrleistungen ging er deshalb in die Geschichte ein, sondern auch als weltweit erster Biturbo mit seiner Luftmassenregelung. „Er erfüllt weltweit alle Abgas- und Geräuschvorschriften", vermerkte Porsche ganz weit vorne in den Pressemappen - und verwies auf die „On-Board-Diagnose II", das permanente Abgasüberwachungssystem des Über-Elfers.
Die neuen, milderen Zeiten manifestierten sich nicht nur auf dem Papier: Wer das Tier im Turbo suchte, wurde womöglich enttäuscht. Trotz des üppigen Schubs gab es Tester, die der 911 Turbo an einen sympathischen Softie erinnerte, an einen muskelbepackten, aber allzeit freundlichen Schwiegersohn, dessen Temperament stets kalkulierbar und gutmütig blieb. Die Ära der schweißnassen Hände am Steuer war ebenso Vergangenheit wie das berüchtigte Turboloch aller Ur-Lader-Modelle: Die Leistungsentfaltung verblüffte bei aller Kraft mit ihrer gepflegten Gleichmäßigkeit.
Zwischen Turbo und Carrera 2 plazierte Porsche 1995 die traditionelle Leichtbau-Version Carrera RS - mit ledernen Schlaufen statt Türgriffen und herrlichen Maso-Sitzschalen -, den Carrera 4S und die Rennsport-Basis GT2.
Der Carrera 4S war ein Zwitter-Modell mit dem 3,6-Liter-Saugmotor des Carrera 2, mit Allradantrieb und der Optik des Turbo-Modells. Auf den begehrenswert sperrigen Turbo-Bürzel mußte er aber ebenso verzichten wie auf die hohlgegossenen Leichtmetall-Felgen des Topmodells. Vor allem aber fehlte es dem Zwitter-Coupé an der richtigen Akzeptanz unter Kennern: *auto motor und sport*-Tester und Porsche-Guru Gert Hack monierte zurecht, daß es „hier mehr um Optik als um sinnvoll eingesetzte Technik geht."
Offenbar gab es aber nicht allzu wenige Porsche-Kunden, denen der Sinn nach mehr Schein als Sein stand. Denn im September 1996 schob Porsche einen zweiten Elfer mit Breitenwirkung nach: Der 911 Carrera S beschwor das Kürzel einer legendären Zeit, war in Wirklichkeit aber nur ein extrabreiter Carrera 2 mit Turbo-Optik. Von seinem zivilen Pendant distanzierte er sich auch durch Goodies wie einem speziellen Schriftzug auf dem Zifferblatt des Drehzahlmessers und einer Blende am Handbremshebel. Porsche-Puristen konnten über solche Ordenszeichen nur lächeln und griffen weiter zum klassischen Carrera 2, der zudem noch rund einen Liter weniger auf 100 Kilometer verbrauchte.

Ein voluminöses Glasschiebedach ersetzte 1996 das herausnehmbare Dachteil des klassischen Targa.

Mehr als 400 PS entwickelte der Turbo 3,6 des Modelljahres 1995.

Hart, laut, schnell und teuer: Carrera RS 3,8.

Ganz anders als die beiden Pseudo-Modelle war der GT2 gepolt, das kompromißlose Schwestermodell des Turbo: Wer bereit war, jeden Anflug von Alltagstauglichkeit zu opfern und dafür 200 Kilogramm Gewichtsersparnis einzukaufen, konnte die 100 km/h-Marke in weniger als vier Sekunden erreichen. Im Gegensatz zum Basis-Turbo fühlte sich die nackte Kanone im Alltag aber eher befremdlich an: War die Straße nicht ganz trocken, drehte der GT2 gern auch im dritten Gang durch. Und sein Grundpreis von 276.000 Mark machte ihn ebenfalls mehr zum Sammler-Objekt als zum ernst gemeinten Beförderungsmittel.
Eine sanftere Saite des Kult-Sportlers brachte zur IAA 1995 dagegen der wachgeküßte Name Targa zum Klingen: Porsche belebte ihn exakt 30 Jahre nach der ersten 911-Teileröffnung. Den klassischen Bügel gab es freilich nicht mehr, ebensowenig wie das herausnehmbare Dachteil: Das Lastenheft der zweiten Generation forderte dem Betätigungs-Mechanismus die konsequente Sorglosigkeit ab.
Der Targa, ein narrensicherer 911 mit XXL-Sonnendach: Zwei bewegliche Glaselemente sind das Kernstück seiner Dach-Konstruktion. Mit Drücken des Schalters auf der Mittelkonsole rollt sich zunächst das textile Sonnenrollo nach vorne unter das schwarze Formteil des Dachhimmels. Mit einem weiteren Tastendruck erhebt sich der Windabweiser, und das Targadach zieht sich leise summend unter die Heckscheibe zurück. „Der Targa ist sicher und stabil wie ein Coupé", behauptete Porsche

im Hausblatt „Christophorus", warf damit aber die Kernfrage „Was bin ich?" auf: Denn zur Gattung der Cabriolets darf sich der Freiluft-Elfer ja auch nicht zählen. Immerhin aber heizt sich der 911 Targa bei intensiver Sonneneinstrahlung nicht stärker auf als die Version mit festem Dach. Und auch Windgeräusche verkneift er sich - anders als das gleichnamige Auto aus einer fernen, wilden Zeit.

Weniges blieb unverändert in all den Jahren, und der trockene Stil der Pressetexte gehört dazu. „Stark vereinfachte Bedienung: Fahrzeugschlüssel und Fernbedienung kombiniert", referierte etwa die Pressemappe zum Modelljahr 1996, „Mehr Drehmoment, Telefon serienmäßig", und: „Steigerung des Kundennutzens: fünf Prozent mehr Leistung." Es waren nur Detail-Verfeinerungen, die der Elfer mit der Zusatz-Zahl 993 in seinem fünfjährigen Leben erfuhr, und dazu gehörte Anfang August 1995 auch die umgestylte Dachblende und neue Auspuffrohre, die „den 911-Charakter unterstreichen". Zudem bot Porsche neue Außen- und Interieur-Farben an und baut seitdem ein serienmäßiges D-Netz-Autotelefon in alle Elfer ein.

Die Leistungs-Steigerung auf 285 PS realisierten die Weissacher Ingenieure mit Hilfe eines neuen variablen Ansaugsystems namens „Varioram". Bei gleichem Hubraum stieg das Drehmoment des gereiften Elfers vor allem im mittleren Drehzahlbereich um durchschnittlich 40 Newtonmeter. Als Resultat verbreiterter

Da bleibt Dir die Luft weg

1997: Ein wassergekühlter Elfer für das neue Jahrtausend

Nein, er durfte nicht 996 heißen. Natürlich nicht. Unter diesem internen Code wurde er zwar entwickelt - daß aber auch der wassergekühlte Radikalreformer wieder als 911 auf der IAA stehen würde, das wußten die Kunden schon Monate zuvor. Sie mußten im Sommer 1997 nur in Zuffenhausen anrufen, um die Gewißheit zu bekommen: Denn seit Anfang Juni war Porsche unter der neuen Telefon-Sammelnummer 911-0 zu erreichen.

Es war nur diese dreistellige Nummer, die am Leben blieb. Von Anfang an stand für die Porsche-Entwickler aber fest, daß „der Nachfolger des 911 Carrera als komplett neues Automobil zu entwickeln sei", wie Porsche-Cheftechniker Horst Marchart zur Premiere des Neuen unterstrich. Das Lastenheft wurde den Weissacher Ingenieuren 1992 diktiert, zur Zeit der größten Krise in der Porsche-Geschichte. Zu den Forderungen zählten die strikte Straffung der Modellpalette und eine wirtschaftlich zu fertigende Zwei-Baureihen-Strategie.

Es gab keine Diskussionen über die Modelle, die Porsche ins Museum rollen mußte: Die glücklosen Baureihen 928 und 968 wurden ersatzlos eingestellt, ohne daß die Porsche-Gemeinde Trauer trug. Dafür hatte sich der modernisierte Elfer möglichst viele Komponenten mit dem neuen Boxster zu teilen: Porsche-Vorstandsvorsitzender Wendelin Wiedeking forderte ein „nur einmal zu entwickelndes und zu erprobendes Konstruktions-Konzept". Damit war klar, daß auch der luftgekühlte Boxermotor sein Leben auf dem Altar des Shareholder Value verröcheln mußte.

Das Kubelgehäuse aus Aluminium, die Lokasil-Beschichtung der Zylinder-Laufflächen und das Montagekonzept sind für den 2,5-Liter-Motor des Boxster und das 3,4-Liter-Triebwerk des Carrera identisch - und damit auch die Gieß- und Bearbeitungsmaschinen, für die ein wesentlich höherer Auslastungsgrad erreicht wurde.

Das neue Sechszylinder-Aggregat ist ein Premium-Motor auf der Höhe seiner Zeit: Er verfügt über verstellbare Einlaßnockenwellen und ein Schaltsaugrohr mit Resonanzklappe, leistet exakt 300 PS und stemmt ein Drehmoment von 350 Nm bei 4600/min. Verbunden ist er mit einem neu entwickelten, enger gestuften Getrag-Sechsganggetriebe - oder aber der bekannten Fünfgang-Tiptronic des Zulieferers ZF.

Das Prinzip der Zellteilung sorgt für einen 38prozentigen Anteil gleicher Baugruppen. Sie prägen das technische Layout und auch das Design des 911: Seine Nähe zum Boxster reicht von den Scheibeneinfassungssystemen bis zu den Türen und dem kompletten Vorderbau mit den Scheinwerfern, deren Gestaltung viele Porsche-Fans an ausgelaufene Spiegeleier erinnert. „Wer zwingt Porsche, für die Blinker eine so ordinäre Dotterfarbe zu wählen?", zürnte selbst *auto motor und sport*-Tester Gert Hack im ersten Fahrbericht des Stuttgarter Fachblatts.

Was viele Porsche-Enthusiasten weit tiefer berührte, war die befremdliche Glattflächigkeit einer Karosserie, die nur noch von weitem die alten Silhouetten wahrt. „Ein Bastard zwischen Boxster und 928" sei er, schrieb ein entzürnter *auto motor und sport*-Leser in einem Brief an sein Fachblatt. Und ein anderer fand ihn „genau richtig für Barbies Boutiquenbummel."

Die neue Zeit hatte die typische Taille des Elfers getilgt, jenen Coke-Bottle-Schwung, den er dem unermüdlichen Wachsen seiner Spurbreiten zu verdanken hatte. Der Fahrgastraum aber war stets unberührt geblieben. Im neuen Elfer profitieren auch die Insassen von der gewachsenen Außenbreite und einem Längen-Zuwachs von 18,5 Zentimetern. „Eine nie bekannte Raumfülle" attestierten Tester dem Neo-Elfer, und ein Porsche-Manager warb vor Begeisterung sogar mit einem völlig weltfernen Argument: „Man paßt jetzt wieder mit Hut rein".

Das tröstet viele Fans nicht über den Anblick eines Armaturenbretts im Boxster-Stil hinweg. Dessen zeitgeistiger Schwung mit fünf ineinander verschachtelten Rundinstrumenten löste das wunderbar schlichte Cockpit-Layout ab, dessen Linie sich bis zum Ur-911 von 1963 verfolgen ließ. Die neuen Armaturen gerieten modischer, aber weniger übersichtlich - und sie mißfielen selbst dem Firmen-Senior: „Gehn S´, tun S´ mir das doch a bissel versachlichen", soll der 87jährige Ferry Porsche im Prototypen-Stadium noch gebeten haben.

Gut, praktischer geworden ist der Elfer schon. Sogar einen ausgewachsenen Kofferraum gibt es jetzt: Das Stauraum-Plus beträgt gut 100 Liter, weitere 200 Liter Gepäck lassen sich auf den hinteren Notsitzen deponieren. Und die Aerodynamiker freuen sich über den besseren cW-Wert von 0,30 statt 0,34.

Etwas schwerer tun sich Vielfahrer, das um zehn Liter niedrigere Tankvolumen des neuen 911 zu verzeihen: Nur 64 Liter faßt der Sprit-Behälter, und eine größere Ausführung gibt es nicht für Geld und gute Worte. In Anbetracht von Verbräuchen bis zu 17 Litern auf 100 Kilometer bleibt diese Modifikation ein krasser Rückschritt. Der Logik vieler Kunden entziehen sich auch andere Details des 135 000-Mark-Sportwagens: Dazu gehört ein Blick auf seine Ausstattungs-Liste, die zwar noch immer ein serienmäßiges D-Netz-Telefon aufführt, aber auch einen Mehrpreis von 600 Mark für den Heckscheiben-Wischer und 3520 Mark für die Klimaanlage.

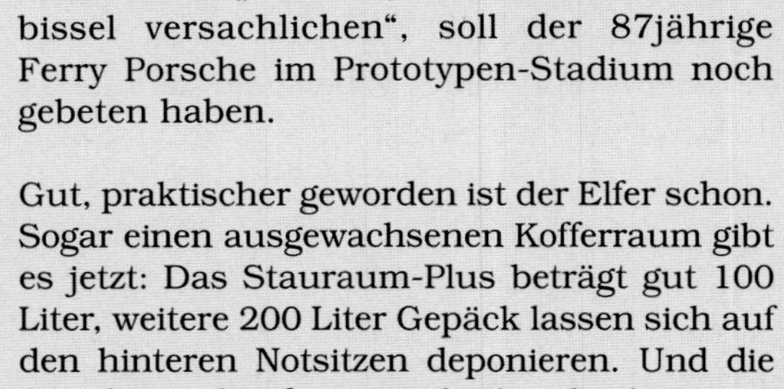

Kantenloser Softie oder zeitgemäßer Reise-GT? Der neue Typ 996 polarisiert das Publikum.

Auslaßnocken und einer Optimierung der Zündanlage versprach Porsche deutlich günstigere Verbrauchswerte im Teillastbereich. Und zur Verbesserung des Ladungswechsels (Übergang Ansaug- und Abgastrakt) gab es um einen Millimeter vergrößerte Ein- und Auslaßventile.
Doch - echte Porsche-Fans interessierten sich für solche Nachrichten aus Zuffenhausen. Es waren die letzten Nachrichten der luftgekühlten Porsche-Ära; der letzte Schliff, bevor sich das Fauchen des 911 in den Ruhmeshallen der Vergangenheit brach. Denn im Herbst 1997 präsentierte Porsche jenen neuen Elfer, der die Kritiker der Vergangenheit verstummen ließ. Was war ihre ätzende Kritik an Design-Lappalien gegen - einen Porsche 911 mit Wasserkühlung?
Sieben Monate lang liefen die zweieiigen Zwillinge vom gleichen Fließband. Erst am 31. März 1998 ging eine Ära zu Ende, die fast 50 Jahre zuvor in einem österreichischen Sägewerk begonnen hatte: Porsche montierte den letzten luftgekühlten Elfer.
Es war ein mexicoblauer Carrera 4S, der im April 1998 den Seeweg nach Amerika antrat. Bestimmt war er für den amerikanischen TV-Star Jerry Seinfeld, der mit dem Porsche-Vorstandsvorsitzenden Wendelin Wiedeking ein Handschlagabkommen getroffen hatte. Wiedeking versprach ihm, den letzten luftgekühlten Elfer nicht im eigenen Museum zu deponieren. Und Seinfeld schwor, was wohl keinem Hardcore-Porschisten schwer fiele: „Ich werde ihn nie verkaufen."

Geburtsort Zuffenhausen

Porsches Stammwerk - Geschichte zum Anfassen

Unter Porsche-Kennern hießen die Zuffenhausener Fertigungsstätten noch in den 70er Jahren liebevoll „Vereinigte Hüttenwerke" - weil alles aus den Nähten platzte, vieles improvisiert war, weil manchmal wirre Wege dokumentierten, daß hier ein Industriebetrieb sehr organisch aus kleinen Anfängen gewachsen war.
Die Keimzelle aller Porsche war das „Werk I". Es entstand 1938, gebaut als Versuchs- und Entwicklungswerk zu KdF-Käfer-Zeiten. Im Juni 1938 arbeiteten dort 176 frühe Porschianer. Nach dem Krieg war es von den amerikanischen Besatzungsmächten beschlagnahmt. Heute residieren im Werk 1 hauptsächlich Unternehmensleitung, Verwaltung und Reparatur-Abteilungen.
Auch der 911 startete hier seine Karriere. Gebaut wurde er bis 1989 in den ehemaligen Reutter-Hallen, wie schon der 356. Die Firma Reutter lag nur eine Straßenbreite entfernt, direkt gegenüber. Seit 1957 lieferte Reutter exklusiv an den Nachbarn, 1963 ging das Unternehmen in Porsches Hände über.
Die Menschen, die in Zuffenhausen ihre Stellung haben, verstanden Porsche nicht als austauschbaren Arbeitgeber; es gab und gibt eine besondere Art der Zusammengehörigkeit - der Mythos verschweißt mit Arbeitsplatz und der Marke. Karl-Ernst Kalkbrenner, Personalvorstand und Arbeitsdirektor, sagte 1979 zutreffend: „Wir haben ein besonderes Image. ‚Ich bin bei Porsche' ist eine Art Identifikation. Andererseits erfordert die Arbeit bei Porsche mehr Flexibilität als anderswo. Als kleinste Firma der Branche müssen wir anpassungsfähig sein, darin liegt unsere Chance." Porsche verlangt von seinen Mitarbeitern traditionell mehr Know-how, mehr Engagement.
Ein wichtiger Einschnitt in die Werksgeschichte erfolgte 1979: Der Rohbau des neuen, 106 Meter langen Produktionsgebäudes im Werk II wurde fertiggestellt. Für Zuffenhausen-Neulinge: Das Gebäude liegt links, wenn man von der Autobahn kommend nach Zuffenhausen fährt.
Automatisierung ist das Schlüsselwort - inzwischen auch bei Porsche. Der Handarbeitsanteil blieb trotzdem lange Zeit sehr hoch - daran änderte auch das Mehrschicht-System nichts, das die Tagesproduktion von 80 auf 100 Fahrzeuge steigerte.
1986 nahm man die neue Lackiererei in Betrieb, damals hochmodern und rund 100 Millionen Mark teuer. Im gleichen Jahr begannen neben dem Werk I auf einem ehemaligen Mitarbeiter-Parkplatz die Bauarbeiten zum neuen Karosseriewerk. Die Zeiten der Karosserieproduktion in Reutters ehrwürdigen Hallen neigten sich ihrem Ende zu. 1989 wurde „beim Reutter" die letzte Karosse, ein Speedster-Kleid, fertig. Ursprünglich sollten die bedeutungsschweren Mauern fallen, so hatte es Porsche zumindest um 1986 geplant. Doch sie blieben stehen, dienen heute anderen Fertigungsbereichen. Es ist zu hoffen, daß Porsche dieses Stück Unternehmens- (und auch Industrie-) Geschichte auch weiterhin erhält. Die Endmontage-Station jedenfalls wurde gerettet: Sie läßt sich im Mannheimer Landesmuseum für Technik und Arbeit besichtigen, ein Videofilm zeigt sie in Aktion. Jeder Elfer vor der Carrera-4-Generation bekam hier seine Kotflügel!
Bereits 1988 wurden im benachbarten neuen Werk die ersten Carrera 4 fertig. 125 Millionen Mark hatte Porsche in die Hallen investiert. Mit dem neuen Werk taten sich für Porsche neue Perspektiven auf: schnelleres Reagieren auf die Erfordernisse des Marktes, einfacheres und billigeres Umsteigen auf neue Modelle. Besonderes Kennzeichen der neuen Produktionstechnik: Die Karosserien von Boxster und 911 können in völlig beliebiger Reihenfolge auf den gleichen Anlagen und Maschinen gebaut werden, je nach Markt- und Auftragslage.
Für Porsche lohnt sich kein eigenes Preßwerk, weshalb die Karosserieteile bereits fertig geformt von den traditionellen Porsche-Hauslieferanten Allgaier, Karmann und Läpple angeliefert werden. Die beim 911 benötigten 5000 Schweißpunkte setzen heute Roboter. Nur das Finish wird noch mit Augenmaß geprüft - hier versagen die Maschinen. Via Brücke wandern die Karossen quer über die vielbefahrene Schwieberdinger Straße ins Lackierwerk, gut zu sehen auch von außen.
Wer sich die 911-Genese in natura begutachten möchte, hat dazu die Möglichkeit - bei der Werksführung, die allerdings zu Zeiten der Produktionsumstellung oder während größerer Bauarbeiten nicht möglich ist. Voranmeldung ist allerdings erforderlich, Wartezeiten sind einzukalkulieren. Einfacher ist der Zugang zum Werksmuseum, das einen Teil der mehr als 300 rollenden Objekte zeigt, die Porsche gesammelt hat. Eine große Tafel mit Modellen verdeutlicht die Geschichte des Elfers. Der Eintritt ist frei; Zugang über Werk 2. Erkundigen Sie sich vorher aber telefonisch nach den aktuellen Öffnungszeiten.

Es lebe der Sport!

Der 911 und seine Renn- und Rallyeerfolge

„Wir haben einfach das Auto gebaut, das wir für richtig hielten. Daß man es mit geringen Veränderungen für Rennen brauchen konnte, ergab sich von selbst.“

(Ferry Porsche, 1979)

„Die erste Stelle wird für mich der Motorsport einnehmen. Porsche ist überhaupt nicht Porsche ohne den Motorsport.“

(Peter W. Schutz, 1981)

Der Elfer und seine Sporterfolge: Hier zerfasern große Worte zu Phrasen - es ist und bleibt eine einmalige Karriere, so reich an Superlativen, daß es keinen Chronisten braucht, um weitere hinzuzufügen. Die sportliche Chronik des 911 kann Bücher füllen; sie tat das auch schon, und es würde den Rahmen dieses Werks zweifellos sprengen, die ganze Geschichte mit allen Details zu erzählen. Dieses Buch wird sich auf die wichtigsten Erfolge und Rennsporttypen beschränken, chronologisch dargestellt und im Telegrammstil kommentiert.

Die Aufstellung der Siege kann natürlich keinen Anspruch auf Vollständigkeit erheben. Sie bezieht sich außerdem in allererster Linie auf den 911 und seine Turbo-Derivate bzw. den 959, also den Elfer in seiner optisch seriennahen Grundform.

Die Vielschichtigkeit der 911-Rennerfolge ergibt sich natürlich auch aus dem sogenannten Kundensport. Privatiers und Teams konnten und können speziell für Rennen optimierte Ausführungen von Serienwagen kaufen - und auch reine Rennversionen. Das ist eine grundsätzliche Porsche-Politik und sorgte seit jeher für konkurrenzlos starke Präsenz auf zahllosen Veranstaltungen. Diese Idee gebar auch den Porsche-Clubsport. Er hat sich in den vergangenen Jahren noch stärker zur professionell strukturierten Aktion entwickelt - auch, wenn das nicht unbedingt im Sinne der Erfinder sein dürfte. Der Clubsport ist eine Welt für sich, weitab von finanzieller Effizienz; ein Fall für echte Idealisten.

25 Jahre Motorsport mit dem 911 (v.r.n.l.): Zweiliter-"Monte" von 1965, 935 "Moby Dick" von 1978 und 961 Coupé von 1987.

Die Rennsport-Ergebnisse aus drei Jahrzehnten gewinnen ihre Kontur aus einer Menge Background-Wissen, das unter anderem die Typologie umfaßt. Die wichtigsten Rennsport-Ableger des 911 sind (in chronologischer Abfolge):

– die Typen 904 und 906. Er war einer der schönsten und sicherlich erfolgreichsten Rennsporttypen der 60er Jahre. Im Mai 1964 erhielt der 904 GTS zum ersten Mal ein Sechszylinder-Triebwerk eingebaut. Ein Jahr später hieß das Ganze dann, bei gleicher Optik, 906 bzw. Carrera 6. Das Fahrzeug war in einer 50-Stück-Serie geplant und erhielt im Mai 1966 seine Rennsport-Homologation.

– das sogenannte „Monte“-Coupé, ein optisch sehr seriennaher Zweiliter-911 vom ersten Baujahr 1964. Mit ihm nahm das Porsche-Werksteam Linge/Falk 1965 an der Rallye Monte Carlo teil. Der leicht getunte Motor leistete 160 PS und gilt als Vorläufer des späteren 911-S-Aggregats. Nicht serienmäßig waren unter anderem die verstärkten Bremsen, der 100-Liter-Tank und das Sperrdifferential.

– der Typ 910 von 1966, dessen Zwei-Liter-Sechszylinder-Motor 220 PS mobilisierte. 1967 gewann Porsche mit diesem Rennsport-Typ unter anderem die berühmte Targa Florio.

– das sogenannte 911-S-Rallye-Coupé. Es entstand 1967, wieder mit 100-Liter-Tank und verschiedenen rallyespezifischen Änderungen. Es gilt als frühe wilde Rallye-Version des 911.

– der 911 R, der 1967 in einer Auflage von 20 Exemplaren entstand, und zwar ausschließlich für den Rennsport-Einsatz. Er trug den Carrera-6-Motor und war auf ganze 830 Kilogramm abgespeckt.

Der 911 R von 1967 war mit seinem dohc-Motor aus dem Carrera 6 ein ganz heißes Renngerät.

– das 911-S-2,2-Rallye-Coupé von 1970 (180 PS).

– das 911 S 2,3 Coupé, das 1970 debütierte. Mit 2,3 Litern Hubraum und 240 PS war es die Rundstrecken-Rennversion des 911 S 2,2 mit um 52 Kubik vergrößertem Hubraum, u.a. mit zwei elektrischen Kraftstoffpumpen, 6-Stempel-Doppelreihen-Benzineinspritzung, geschmiedeten 7- bzw. 9-Zoll-Felgen. Der 2,3er avancierte zum populärsten Rund- und Langstrecken-Sportgerät damaliger Privatfahrer.

– das 911-S-2,4- „Proto"-Coupé, das nur bei der Tour de France 1970 an den

Sah schnell aus, war schnell: 911 S 2,4 für die Tour des France 1970.

Start ging. Leergewicht 790 Kilo, zwei Weber-Dreifach-Vergaser, Transistor-Zündung, 2395 Kubik, 260 PS.

– das 911-S-2,2-„Safari"-Coupé von 1971, das ausschließlich für die East African Safari Rallye im gleichen Jahr gefertigt wurde.

– das 911 S 2,5 Coupé. Es war, seit 1972, nur ein Jahr für den Kundensport im Einsatz: 2492 Kubik, 270 PS, Kleinserie, 49.000 Mark. Der Nachfolger hieß Carrera RS.

– das 911 Carrera RSR Coupé 2,8, die Rennsport-Gruppe-4-Version des RS 2,7. 2806 Kubik, 300 PS - die Gruppe-4-Carreras wurden meist von Privatfahrern eingesetzt und pflegten die Rennen der GT-Europameisterschaften unter sich auszumachen.

– das RSR 3,0 Coupé, das nach wiederum einem Jahr 1973/74 den 2,8er ablöste. 50 serienmäßige Carrera RS baute Porsche für den Renn- und Rallyeeinsatz zu Dreiliter-RSR-Exemplaren um. 2994 Kubik, 315/330 PS.

– das 911 Carrera RSR Turbo Coupé. Reglementbedingte 2142 ccm Hubraum, 450/500 PS. Im Vorfeld der künftigen Gruppe 5 entsteht 1974 der Vorläufer des später unschlagbaren 935 Turbo. Höchstgeschwindigkeit 300 km/h.

– das 934 Turbo Coupé, das 1976 den Carrera RSR 3,0 ablöste. Wiederum in Kleinserie für den Kundensport gebaut, Preis: 108.000 Mark. 2994 ccm, 485 PS, 1977 für Amerika auch 540 PS.

– das 935 Turbo Coupé, Debüt: 1976. Über Jahre hinweg siegreicher Produktions-Rennsportwagen der neuen Gruppe 5. 2857 Kubik, 590 PS, ab 1977 mit 630 PS. Höchstgeschwindigkleit 340 km/h.

– das 935 Turbo „Baby", das Porsche 1977 speziell für den Einsatz in der Division II der Deutschen Rennsport-Meisterschaft (Limit: zwei Liter Hubraum) gebar. Das Baby wog nur 750 Kilo, entwickelte aus 1425 Kubik Hubraum aber 320 PS. Zwei Renneinsätze, dann Ruhezeit im Museum.

– das 935/78 Turbo-Coupé „Moby Dick". Bislang stärkster und schnellster 911-Abkömmling: 3,2 Liter Hubraum, 750 PS. Erstmals wassergekühlte Zylinderköpfe; luftgekühlte Zylinder, Vierventil-Technik, vier obenliegende Nockenwellen.

– das 911 SC „Safari" Coupé. Es entstand 1978 für den Werkseinsatz der 26. East African Safari Rallye. 2994 ccm, 250 PS, mechanische Kraftstoff-Einspritzung, Differentialsperre, 28 cm Bodenfreiheit, verstärktes Fahrwerk. Erreichte Platz 2 im Gesamtklassement.

– das 956 C Coupé. Nach der Einführung des Reglements der Gruppe C begann die große Karriere des neukonstruierten 956 C; im Jahre 1982. Sechszylinder-Boxer, 2649 Kubik, 620 PS, zwei Abgas-Turbolader.

Mit dem 959 konnte Zuffenhausen im Jahr 1986 die Rallye Paris-Dakar gewinnen.

– das 911 Carrera 4x4 „Paris-Dakar" Coupé. 1984 für den Einsatz bei der gleichnamigen Rallye entstanden. Permanenter Allradantrieb, 3,2 Liter Hubraum, 225 PS, Türen, Kotflügel, Hauben aus Kunststoff, Tankinhalt 260 Liter.

– das 911 SC RS Coupé, Debüt: 1984. 2994 Kubik, 225 PS. Kleinserie von 20 Exemplaren, aufgelegt auf Kundenwunsch. Anforderungsprofil: straßenzugelassener Sportwagen für den Motorsport-Einsatz, speziell Rallyesport. Änderungen gegenüber der Serie waren mechanische Einspritzung, 40prozentige Sperre, vordere Kotflügel, Türen, Kofferraumdeckel in Alu, Stoßstangen und Frontspoiler aus GFK.

– das 959 „Paris-Dakar"-Coupé, 1985/1986. Der erste Anlauf, die hammerharte Rallye zu bestehen, scheiterte 1985. Kompletter Ausfall des Werksteams! Porsche wagte im Jahr darauf den zweiten Versuch - mit Erfolg. Die beiden Rallyeeinsätze zählte Porsche zur dreijährigen Erprobungsphase des 959.

– das 961 Coupé, die Rundstrecken-Version des Porsche 959 (von 1986/87). 2847 Kubik, 640/650 PS, 342 km/h.

– das 962 C Coupé, das als Sechszylinder-Gruppe-C-Rennsportwagen bis zu Porsches Rückzug 1991 im Einsatz war. Wassergekühlter Sechszylinder-Turbomotor, 2994 Kubik, 640 PS.

– das 911 Carrera 2 Cup Coupé (3,6 Liter Hubraum, 275 PS). Porsches seriennahe und katbestückte Breitensportversion kam 1990 zum Porsche Carrera 2 Cup.

– das 911 Carrera RSR 3.8 Coupé (3,8 Liter Hubraum, 300-PS-Saugmotor mit Dreiwege-Kat). Der imposante Kleinstseriensportler für Straße und Piste dient u. a. als voll konkurrenzfähiges Basisfahrzeug für den 1993 erstmals ausgetragenen ADAC GT-Cup, einer leistungsgewichts- und verbrauchsreglementierten Rennserie für GT-Fahrzeuge.

Wie erwähnt: Porsches Siegeschronik mit Fahrzeugen auf 911-/Sechszylinderbasis läßt sich aus Platzgründen natürlich nicht lückenlos wiedergeben. Hier seien nur die wichtigsten Erfolge und Geschehnisse genannt und gegebenenfalls kurz kommentiert.

1965
Herbert Linge und Peter Falk mit dem gleichnamigen Tuning-Coupé auf der Rallye Monte Carlo: Klassensieg, fünfter Rang im Gesamtklassement. Ein zaghafter Anfang, der dennoch als „Sensation" gehandelt wird. Der 911 ist noch keine vier Wochen als Grand Tourisme homologiert - seit dem 1. Januar 1965.

Außer mit dem 911 startete das Werk 1965 auch mit dem 904 GTS zur Rallye Monte Carlo.

Durchschnittstempo von 209 km/h halten und damit fünf Welt- und 14 Klassenrekorde brechen.

1966
Günther Klass wird Rallye-Europameister. Gesamtsiege bei der Österreichischen Alpenfahrt (Wallrabenstein/Müller), der Deutschland-Rallye (Klass/Wütherich), der Alpenfahrt (Klass/Wütherich), der Tulpen-Rallye (Gass/Bretthauer).

Mit dem Carrera 6 gewinnt Porsche die Targa Florio. Bereits im Mai 1965, ein Jahr zuvor, war ein 904 Carrera GTS mit dem Rennmotor auf 901/911-Basis zum ersten Mal bei der Targa Florio gestartet. 1965 folgten weitere Einsätze, 1966 dann der neue Typ 906, offiziell Carrera 6 genannt. Der 906 erhält im Mai 1966, dem Monat des Targa-Florio-Siegs, seine Homologation als Seriensportwagen. Die 66er Targa Florio ist der erste Gesamtsieg des Sechszylinders bei einem Weltmeisterschaftslauf.

1967
Vic Elford wird Rallye-Europameister. Rallyesiege im Abo: Erste im Gesamtklassement werden Zasada/Dobrzansky bei der Österreichischen Alpenfahrt, Elford/Stone bei der Rallye Lyon-Charbonnière, der Tulpen-Rallye und der Genfer Rallye sowie Elford/Neerpasch/Herrmann beim Marathon de la Route (auf einem Sportomatic-911 R). 1967 ist das Entstehungsjahr des 911 R (Kleinserie, 20 Exemplare); auf seinem Doppelnockenwellenmotor basieren die späteren Dreiliter-Achtzylinder und die 917-Motoren. Der Elfer drängelte sich 1967 mit Nachdruck ins Renngeschehen - erste Plätze bei den 12 Stunden von Sebring (Kirby/Johnson), den 1000 km von Spa (Gaban/Pedro), der Targa Florio (Cahier/Killy), den 24 Std. von Daytona (Ryan/Becker), den 1000 km auf dem Nürburgring (Kelleners/Neuhaus), den 24 Std. von Spa (Gaban/Pedro).

1967 ist auch das Jahr, in dem Rico Steinemann, Dieter Spoerry, Charles Vögele und Jo Siffert mit dem 911 R in Monza antreten, über 96 Stunden ein

1968
Die Rallye-Weltmeisterschaft geht nach Zuffenhausen. Die Elfer scheinen unschlagbar: Erster und zweiter Platz bei der Monte (Elford/Stone und Toivonen/Tiuhkanen, jeweils 911 T), erste Plätze bei der Genfer Rallye (Toivonen/ Viherrava), DDR-Rallye (dito), Donau-Rallye (Toivonen/ Tiuhkanen), Spanien-Rallye (dito), Schweden-Rallye (Waldegaard/Helmer), Deutschland-Rallye (Toivonen/Kolari), San-Remo-Rallye (Toivonen/Tiuhkanen), Marathon de la Route (Linge/Glemser/Kauhsen). Rennerfolge: Erste Plätze bei den 1000 km am Nürburgring (Greger/Huth), 24 Std. von Le Mans (Gaban/Schütz), 1000 km von Monza (Glemser/Kelleners), 12 Std. von Sebring (Johnson/Kirby), Targa Florio (Haldi/Greub); jeweils in der GT-Gruppe. Erster im Gesamtklassement der 24 Std. von Spa (Tourenwagen; Kremer/Kelleners/Kauhsen). Aufgrund der hervorragenden Plazierungen des 911 bei Langstreckenrennen verlieh die FIA Porsche die „Internationale Konstrukteurs Trophäe" für Grand-Tourisme-Wagen.

1969
Erste Rallye-Plätze: Monte Carlo (Waldegaard/Helmer, 911 S), Donau-Rallye (Pöltinger/Hartinger), Schweden-Rallye (Waldegaard/Helmer), Rallye Akropolis (Toivonen/Kolari), Polen-Rallye (Zasada/Zasada), Tour de France (Larrousse/Gelin), Tour de Corse (dito). Neue Siegesserie im GT-Klassement: Erste Plätze in Le Mans (Gaban/Deprez), Daytona (Jennings/Watson), Monza (Fröhlich/Neuhaus), Spa (Larrousse/Lins), bei der Targa Florio (Bonomelli/Guzzi), bei den 1000 km auf dem Nürburgring (Neuhaus/Fröhlich). Erster Platz im Gesamtklassement von Spa (Chasseuli/Ballot-Léna).

1970
Porsche wird erneut Rallye-Weltmeister. Erste Rallye-Plätze: Doppelsieg in Monte Carlo (Waldegaard/Helmer und Larrousse/Gelin), Österreichische Alpenfahrt (Waldegaard/Nyström), Schweden-Rallye (Waldegaard/Helmer), Donau-Rallye (Janger/Wessiak). Rennerfolge in der GT-Gruppe: 1000 km auf dem Nürburgring (Fröhlich/Toivonen), 1000 km von Spa (Haldi/Chenevière), 1000 km von Monza (Schenetty/Zerbini).

1971
Stagnation: In diesem Jahr verzeichnet die Porsche-Chronik keinen bedeutenden Rallyesieg. Im GT-Segment sind erste Plätze in Le Mans (Touroul/Anselme), bei den 1000 km am Nürburgring (Kremer/Neuhaus), den 1000 km von Spa (Kremer/Huber), Monza (dito) und Zeltweg (Schickentanz/Kersten).

1972
911er-Flaute im Rallyesegment; beste Plazierung ist ein zweiter Platz bei der Monte (Larrousse/Perramond). In der GT-Klasse: erste Plätze bei den 24 Std. Stunden von Daytona (Gregg/Haywood), der Targa Florio (Pica/Gottfridi), den 1000 km auf dem Nürburgring (Kremer/Fitzpatrick).

1973
Mit dem neuen Carrera RS startet Porsche erstmals bei der Markenweltmeisterschaft der Prototypen - und landet einen Hit: Der RSR von Peter Gregg und Hurley Haywood siegt beim 24-Stunden-Rennen von Daytona gegen die versammelten Sportprototypen von Matra und Mirage. Punktgleiche GT-Europameister auf Carrera RSR werden Clemens Schickentanz und Claude Ballot-Léna. Die 73er GT-Erfolge im einzelnen: Erste Plätze in Daytona und im Gesamtklassement der letzten (!) Targa Florio (Müller/van Lennep), außerdem in der GT-Wertung der Targa Florio (Borri/Barone), bei den 1000 km auf dem Nürburgring (Keller/Neuhaus/Schickentanz), den 1000 km von Monza (Schickentanz/Kremer), den 1000 km von Spa (Joest/Follmer), von Dijon (van Lennep/Müller) und den 6 Stunden von Vallelunga (Follmer/Kauhsen).

1974
Die Turbo-Ära bricht an. Bereits Ende 1973 lief in Weissach ein Turbo-Prototyp, konzipiert von Renningenieur Norbert Singer. Das Reglement belegte Turbomotoren mit dem Handicap-Faktor 1,4. Deshalb mußte der Boxer mit einem Hubraum von nur 2,1 Litern leben - bei 7600 /min entwickelte er 500 PS. Porsches Turbo-Philosophie wanderte vom Rennsport direkt in die Serienproduktion. Der 911 Carrera RSR Turbo wurde zum Vorläufer des zwei Jahre später so erfolgreichen Typs 935. Seine beste und wichtigste Plazierung des Jahres 1974 war der zweite Platz im Gesamtklassement von Le Mans (mit Müller/van Lennep). 1974 kassierte Porsche die IMSA-Meisterschaft in Amerika (wie auch 1975, 1978, 1979, 1980, 1982), und John Fitzpatrick wurde GT-Europamei-

ster auf Carrera RSR 3.0. Erste Plätze im GT-Segment: 1000 km von Spa (Fitzpatrick/Loos), Imola (Keller/Heyer) und am Nürburgring (Barth/Pesch/Fitzpatrick/Loos), 6 Stunden von Watkins Glen (Gregg/Haywood), 1000 km auf dem Circuit Paul Ricard (Schenken/Stommelen), 6 Stunden von Kyalami (Schenken/Fitzpatrick/Stommelen).

1975
Es ist ein ruhiges Jahr, das als „Übergangsjahr" in die Porsche-Sportchronik einzieht - „die Ruhe vor dem Sturm der Marken-WM 1976" *(Christophorus)*. Das Werk selbst legt eine motorsportlose Phase ein und bereitet sich auf die kommenden Reglementsänderungen vor. Der Kundensport läuft weiter wie bisher.

H. Bertrams holt auf dem RSR die Europa-GT-Meisterschaft; die RSR haben praktisch keine ernstzunehmenden Gegner. Erste Plätze, praktisch im Abonnement: Gesamtklassement der 24 Stunden von Daytona (Gregg/Haywood), in der GT-Gruppe bei den 1000 km von Mugello (Schurti/Fitzpatrick/Hezemans),den 1000 km von Dijon (Hezemans/Fitzpatrick), Monza (Hezemans/Schurti/Fitzpatrick), Spa (Haldi/Béguin) und Pergusa (Bertrams/Wisell), außerdem der 1000 km auf dem Nürburgring (Kelleners/ Heyer/ Wollek), bei den 6 Stunden von Watkins Glen (Haywood/Hagestad) und den 24 Stunden von Le Mans (Fitzpatrick/van Lennep).

1976
Nach fünfjähriger Pause erringt Porsche wieder eine Marken-Weltmeisterschaft, erstmals mit dem 935, dem seriennahen Turbo-Rennsportwagen der Gruppe 5, der bis 1981 bei den Langstreckenrennen um die Marken-Weltmeisterschaft dominieren soll. Der 935 ist angeblich so leicht gewesen, daß Bleigewichte ins Auto gepackt werden mußten, um das reglementsverordnete Mindestgewicht von 970 kg zu erreichen.

Ballermann: Der RSR Turbo von 1974 verfügte über ausuferndes Flügelwerk.

Eine Reglementsänderung war vorausgegangen. Die internationale Sportkommission CSI hatte beschlossen, 1976 zwei Weltmeisterschaften auszutragen, nämlich einmal die Marken-Weltmeisterschaft (mit sogenannten Silhouettenwagen, optisch wie Tourenwagen oder GT, technisch weitgehend frei; dafür hat Porsche den RSR Turbo entwickelt), und zum anderen die Sportwagen-Weltmeisterschaft (bisher: Rennsportwagen). Porsche gewinnt die Markenweltmeisterschaft mit dem 935, die Sportwagen-Weltmeisterschaft mit dem 936. Außerdem wird Toine Hezemans Europameister im GT-Segment. Zu den Highlights des Jahres 1976 gehören erste Plätze bei den 6-Stunden-Rennen von Mugello und Vallelunga (je Ickx/Mass im 935), von Watkins Glen (Stommelen/ Schurti, 935) und Dijon (Ickx/Mass, 935).

Im Jahre 1976 gelang Porsche die Doppel-Weltmeisterschaft bei den Produktions-Sportwagen (935) und bei den Rennsportwagen (936).

1977
Die Erfolgsserie reißt nicht ab; auch die 1977er Marken-WM gehört dem Porsche 935. Die ersten Plätze des Jahres: Daytona (Graves/ Haywood/Helmick), 6 Stunden von Mugello (Stommelen/ Schurti), 6 Stunden von Silverstone (Mass/Ickx), 6 Stunden von Mosport (Heimrath/Miller), 6 Stunden von Brands Hatch (Ickx/Mass), 6 Std. von Vallelunga (Dino/Moreschi), 24 Stunden von Le Mans (Ickx/ Barth/Haywood).

1978
Seit einem halben Jahrzehnt wieder eine nennenswerte Porsche-Plazierung bei der legendären Monte: Jean-Pierre Nicolas und Vincent Laverne siegen auf einem nahezu serienmäßigen Carrera RS vor zwei Renault 5 Alpine. Sie setzten sich als Privatteam ohne jegliche Unterstützung gegen renommierte Werksteams durch! Röhrl/ Geistdörfer werden auf ihrem Fiat 131 Abarth nur vierte; die Rallye Monte Carlo bleibt unberechenbar.

Bei der East African Safari Rallye rast Vic Prestons 911 SC als zweiter durchs Ziel; Porsche ist trotzdem happy - „eine brutale Materialschlacht", wie *Christophorus* aufatmend verkündet. Der zweite Werks-Porsche kommt als Vierter ins Ziel.

Porsche beschließt „weniger Quantität, dafür mehr Qualität" der Werkseinsätze. Man zieht sich zunehmend aus dem Rennen um die Markenweltmeisterschaft zurück. Der Grund: „Das völlige Fehlen konkurrenzfähiger Fremdfabrikate" *(Christophorus)*. Porsche will abwarten und das Feld erst einmal für Privatteams räumen, die mit dem technischen Potential des 935 noch jahrelang siegreich fahren. Die Entwicklungsarbeit am 935 wird 1978 eingestellt.

Natürlich räumt der 935 auch in diesem Jahr ab; er erringt u.a. die Marken-Weltmeisterschaft und die Europäische Bergmeisterschaft. Die wichtigsten ersten Plätze, jeweils auf dem 935: 24 Stunden von Daytona (Stommelen/Hezemans/ Gregg), 6 Stunden von Mugello (Hezemans/Heyer/Fitzpatrick), 6 Stunden von Silverstone (Ickx/ Mass), 1000-km-Rennen auf dem Nürburgring (Ludwig/Heyer/ Hezemans), 6-Stunden-Rennen von Misano (Wollek/Pescarolo), 6-Stunden-Rennen von Watkins Glen (Gregg/Hezemans/Fitzpatrick), 6-Stunden-Rennen von Vallelunga (Wollek/Pescarolo).

1979
Werksaktivität mit gebremstem Schaum, dafür wachsende Erfolge der Privatteams: u.a. Marken-Weltmeisterschaft, Deutsche Rennsport-Meisterschaft, Europa-Bergmeisterschaft, IMSA-Meisterschaft in Amerika. Die Deutsche Rennsport-Meisterschaft erringt Klaus Ludwig auf 935. Erste Plätze unter anderem beim 24-Stunden-

Rennen von Le Mans (Ludwig/Whittington), beim 24-Stunden-Rennen von Daytona (Ongais/ Haywood/Field), beim 6-Stunden-Rennen vom Mugello (Fitzpatrick/Schurti/ Wollek) und beim 1000-km-Rennen auf dem Nürburgring (Schurti/ Fitzpatrick/Wollek). Jean Pierre Nicolas ist bei der Rallye Monte Carlo wieder als Einzelkämpfer auf 911 dabei, wird aber nur Sechster.

1980
In der Deutschen Rennsport-Meisterschaft freut sich Porsche zu früh über einen 935-Konkurrenten und damit auf eine Belebung der Szene, die absolute Porsche-Dominanz gewöhnt ist: Der Ford Capri geht ins Rennen. Nur währt die Zeit des Rivalen nicht lange, ein zu großer Heckspoiler sorgt für einen gerichtlich verordneten Stop des Kölner Konkurrenten. Die Marken-Weltmeisterschaft geht an Porsches 935, punktgleich mit Lancia. Traditionell fährt der 935 auch die amerikanische IMSA-Meisterschaft ein. Weitere Erfolge: Langstrecken-Weltmeisterschaft (935), TransAm-Meisterschaft (USA, 911 SC). Erste Plätze: u.a. 24-Stunden-Rennen von Daytona (Stommelen/Joest/Merl), 6-Stunden-Rennen von Mosport (Fitzpatrick/Redman), 1000-km-Rennen von Dijon (Pescarolo/Barth).

1981
Bob Garretson gewinnt auf dem 935 die Langstrecken-Weltmeisterschaft. Die Siegeschronik des 935 dünnt sich allmählich aus, drei Jahre, nachdem die Evolution gestoppt worden ist. Erste Plätze bei den 24 Stunden von Daytona (Garretson/Rahal/Redman), bei den 1000 km von Monza (Dören/Lässig) und beim 6-Stunden-Rennen von Silverstone (Schornstein/Groß/Röhrl).

1982
Der 935 gewinnt noch einmal die IMSA-Meisterschaft. Paul/Paul/Stommelen siegen beim 24-Stunden-Rennen von Daytona auf einem 935.

1983
Während sich der 935 vom Rennparkett zurückzieht, erlebt der 911 ein Rallye-Revival: Schweizer und Belgische Rallyemeisterschaft gehen an Elfer-Piloten. Beim 24-Stunden-Rennen von Daytona gehen Wollek/Ballot-Léna/Foyt auf 935 als Erste durchs Ziel. Auf dem 935 Turbo belegen Cooper/Smith/Ovey/Memminger/Kuhn/ Weiss/Müller die ersten beiden Gruppe-B-Plätze in Le Mans. Der 935 als Rallyegerät: Hajri/Spiller gewinnen die Qatar-Rallye.

1984
Die Rallye-Renaissance setzt sich fort - mit einem gloriosen Höhepunkt: Ein Allrad-911 mit Saugmotor gewinnt unter den entsetzten Blicken der Geländewagenfraktion die Rallye Paris-Dakar (am Steuer: René Metge/Dominique Lemoyne). Ein zweiter 911 belegt den sechsten Platz. Die Rallye Paris-Dakar gilt als härteste Tour der Welt - und bringt die Allradphilosophie des Hauses entscheidend weiter. Das Resultat heißt später 959. Der 911 SC erobert unter anderem die Belgische Rallye-Meisterschaft.

1985
Rallye-Titel im Abo, wie einst: unter anderem FISA Middle East Rallyemeisterschaft für den 911 SC/RS, Deutsche Rallye Trophäe (911), Belgische Rallyemeisterschaft (911 SC/RS), erster Rang bei der ägyptischen Pharaonen-Rallye (auf dem neuen 959). Im Schlepptau des Siegerteams Hajri/Spiller übrigens ein exotisches Begleitfahrzeug: ein Mercedes 280 G, dem Porsche zwecks Leistungsanpassung den 928-Motor eingepflanzt hatte. Bei der Rallye Paris-Dakar tritt Porsche auch 1985 an - allerdings erfolglos. Keiner der gestarteten 959 erreicht das Ziel.

1986
Zwei Jahre zuvor hatte ein ideeller 959-Vorläufer bei der Paris-Dakar den Sieg eingefahren, jetzt war der Über-Porsche selbst am Zug: Platz 1, 2 und 6. Die Gruppe-B-959 legten die fast 14.000 gnadenlosen Kilometer als eine Art Triumphzug zurück; am Steuer des Siegerfahrzeugs erneut René Metge/ Dominique Lemoyne vor Jacky Ickx/ Claude Brasseur. Der dritte 959 folgt nach zwei Mitsubishis und einem Lada. Die Rennsportversion des 959, der allradgetriebene 961, wird in Le Mans Sieger der IMSA-Wertung. Bei den 6 Stunden von Daytona ist der 961 nicht siegreich - Porsche: „wertvolle Allraderfahrung im Renneinsatz."

Heute heißt die Losung wieder GT-Sport, ob beim Porsche Supercup (im Bild) oder beim ADAC GT-Cup.

1987
Porsche siegt mit dem 962 C Coupé in Le Mans - es ist der zwölfte Porsche-Triumph seit 1951. Der Sechszylinder-Turbomotor ist mittlerweile wassergekühlt und leistet 640 PS. Porsches Werksteam verabschiedet sich aus der Sportwagen-Weltmeisterschaft.

1988
Sportliche Schlappe in Le Mans: Porsche unterliegt mit dem 962 - der Sieger heißt Jaguar, erstmals seit 1957.

Seit 1990
Porsche Motorsport bricht zu neuen Ufern auf. Das neue Aufgabengebiet heißt GT-Sport, also Motorsport mit seriennahen Fahrzeugen. Back to the roots! 1990, zur Markteinführung des Carrera 2, bereichert Porsche die internationale Motorsportszene mit einem neuen Markenpokal, dem Carrera 2 Cup. Dieser Wettbewerb mit serienmäßigen Fahrzeugen löst nach vierjähriger Dauer den internationalen 944 Turbo-Cup ab. Porsche verweist auf die Tradition der Sportveranstaltungen mit Serienfahrzeugen.

Porsche zieht sich 1991 aus der Gruppe C zurück (Haus-Begründung: „faszinierend, aber überteuert"). Auch außerhalb der Carrera-Markencups sorgt das Heckmotor-Denkmal als GT-Fahrzeug neuerdings wieder für Furore, allerdings in verschiedenen Ausführungen. Hans-Joachim Stuck mischt regelmäßig in der amerikanischen IMSA-Invitation-Klasse mit seinem Biturbo-RSR die Konkurrenz auf. Auch in Le Mans gab es in diesem Jahr einen 911-Sieg in der GT-Wertung mit tatkräftiger Unterstützung von Jürgen Barth am Volant. Ein weiterer Langstrecken-Klassiker, die 24 Stunden von Spa-Francorchamps, wurden ebenso eine sichere Beute der Carreras. Im ADAC GT-Cup schließlich balgen sich diverse RSR 3,8 dank heftiger Unterstützung aus Weissach mit den schnellsten Werks-BMW-M3-GTR.

Tunen und lassen

Der 911 und die Tuner

Lila Leder im Dritthand-SC? Enthauptung Ihres zwölfjährigen 911? Einen Heckspoiler, groß wie Ihr Küchentisch? Das können die Besitzer gebrauchter 911er alles kriegen. Porsche selbst ist von diesen Aktivitäten wenig begeistert; die Umbauten seien teilweise „so abscheulich anzusehen, daß man nur noch die Augen schließen kann", sagte Heinz Branitzki dem *Spiegel* 1986.

Wir wollen jedoch nicht streiten. Sprechen wir also nicht über Geschmack, sondern über die Fakten. Der Ruf der Tuner ist verschieden – manche gelten als seriös, andere weniger. Es gab Metzgermeister, die im zweiten Beruf Porsche umbauten. Zu den seriösen gehört beispielsweise Alois Ruf in Pfaffenhausen im Allgäu, der sich schon seit den Sechzigern um den Service und Umbau von 911 kümmert. Nicht lange nach Erscheinen des Serien-Turbos entwickelte er einen Biturbo mit Sechsganggetriebe. Das Ding war 342 km/h schnell. Viele Eigenentwicklungen kennzeichnen Rufs Kompetenz, er nahm auch manche Werksentwicklung vorweg. So konnte bereits 1977 ein 3,3-Liter-Turbo geordert werden – aus Pfaffen-, nicht Zuffenhausen. Auch zu Zeiten der 180-PS-Maschine gab's aus dem Allgäu bereits 3,2 Liter mit 217 PS. Das erste Fünfgang-Getriebe für den Turbo stammt ebenfalls von Ruf, der seit 1981 als selbständiger Fahrzeughersteller anerkannt ist. In den 80ern ging es dann richtig los: der BTR setzte mit 374 Turbo-PS neue Maßstäbe, auch in der Optik, denn er konnte mit der schmalen Karosserie geliefert werden. Es folgte der CTR, mit 469 PS und gemessenen 342 km/h markierte er auch die Leistungfähigkeit des Elfer-Konzepts. Weitere Turbo-Varianten folgten, das Angebot ist größer denn je. Ein elektronisches Kupplungssystem, das weiterhin echtes Schalten gewährleistet, ist heute ebenso lieferbar wie der Allradantrieb in Verbindung

Schmale Karosserie – Riesenleistung: Ruf Turbo. Selbst Paul Frère (rechts) scheint begeistert.

mit dem Turbo. Billig ist das natürlich nicht, doch wer den Serien-Turbo bezahlen kann, den überraschen die Ruf-Preise nicht. Jede Menge Elfer-Technik ist erhältlich – ein Dorado für Leistungs-Freaks.

Auch Namen wie Lotec, SHK oder Wehmeier & Castrup sorgen ebenfalls für leuchtende Augen in der Porsche-Gemeinde. Uwe Gemballa gehört ebenfalls zu den Renommierten der Scene, auch wenn er umstritten ist. Seine Design-Kreationen fanden nicht nur Zustimmung, waren aber mutig und beeindruckend. Heute ist das Angebot etwas dezenter. Umfangreiche Karosseriemodifikationen werden durch Leistungssteigerungen und Fahrwerksoptimierungen ergänzt. Auf der Basis der Carrera RS entsteht der RSR Aero-Sportster – ein mit 330 Saug-PS ausgerüstetes Flachbau-Coupé mit dem ausladenden RSR-Heckflügel. Eigenes Design verwirklicht auch Strosek. Die umgebauten Elfer aus Utting am Ammersee sind natürlich nicht jedermanns Geschmack, aber auf jeden Fall eine interessante Interpretation des 911-Themas. Mehr Leistung und Teile erhält der Elfer-Pilot auch bei TechArt in Leonberg und FVD in Umkirch bei Freiburg, die auch Importeur für Performance-Produkte aus den USA sind, wo es bekanntlich nichts gibt, was es nicht gibt.

Den Vogel schießt aber weiterhin der Schweizer Franco Sbarro ab: seine Krationen haben mit dem Elfer nichts mehr zu tun. Er dient nur noch als Organspender für Fantasie-Karosserien à la Challenge – oder als Vortrieb für einen Golf, der effektheischend per Knopfdruck sein Hinterteil hob und so den Blick auf die hochkarätige Technik freimachte.

Zwar kein 911, aber vor Franco Sbarros Phantasie-Kreationen ist kein Topauto sicher.

Das Zentralorgan des Elfer-Kults

Der *Christophorus*, ein Blatt für die ganze Porsche-Familie

„Unser Blatt ist weder Werks- noch Kundenzeitschrift im üblichen Sinn. Aus einem Mitteilungsblatt für Freunde des Hauses Porsche wurde in mehr als zwei Jahrzehnten ein Ausdruck des Porsche-Stils“, schrieb Dr. Paul Simsa in der *Christophorus*-Ausgabe des Januar 1975.

Und er behielt recht, die Hofpostille der Zuffenhausener Zentrale ist kein grelles Zeitgeist-Produkt. Es liest sich, als wäre es für eine Familie geschrieben, gemacht und dezent dahingeplaudert für bessere Verhältnisse, intim und ohne Show.

Der *Christophorus* ist das Zentralorgan des Porsche-Kults. Das im Zwei-Monats-Turnus erscheinende Heft hat Auto-Geschichte geschrieben und erlebt. Es ist auch die Chronik des 911 und seiner Karriere. Anekdötchen und Facts, technische Hintergründe und Feuilleton rund um den Elfer und seine Stallgenossen unterhalten inzwischen über 100.000 Leser. Vier Ausgaben gibt es: die deutschsprachige Nummer, eine englische und französische, seit 1985 auch eine spezielle US-Edition.

Die Urzeiten des *Christophorus* führen in die Jugendjahre des 356 zurück. Schon die Porsche-Pioniere, die im 40-PS-Coupé dem Rausch der Geschwindigkeit entgegensausten, blätterten in den Heften aus Zuffenhausen. 1952 erschien die Erstausgabe, unter der Leitung Richard von Frankenbergs, der rührend-altväterlich noch jahrelang als „Redaktor“ zeichnete. Die gestalterische Regie lag bis 1977 allein bei Erich Strenger, einem Stuttgarter Grafiker, der mit avantgardistischen Entwürfen Geschichte schrieb. Strenger zeichnete auch die Sportplakate, die mit ihrer dynamischen, asketischen Typographie das Erscheinungsbild Porsches so nachhaltig prägen sollten. Strenger und von Frankenberg sind für Porsche-Fans heute lebende Legenden; kaum bekannt ist aber, daß der sagenumwobene Auto-Fotograf Julius Weitmann ebenfalls zu den Mitbegründern des Porsche-Blattes gehörte.

Christophorus 14/1955

Christophorus Mai 1968

Christophorus Mai 1979

Christophorus 3/1993

Strengers Linie prägt den *Christophorus* bis heute; er war ein Fanatiker der klaren, ungekünstelten Form. Bis 1987 war er an der grafischen Gestaltung des *Christophorus* beteiligt. Er starb im Februar 1993. Strenger wurde 71 Jahre alt; seine Werke werden nicht nur von Porsche-Fans gehütet.

Richard von Frankenberg, Spitzname „Schreckensteiner“, war sieben Jahre lang in der Porsche-Werksmannschaft gefahren. Er sammelte Rekorde in Monthléry und Monza, errang Klassensiege bei den 24 Stunden von Le Mans, bei der Mille Miglia und auf dem Nürburgring. Er wurde 1955 deutscher Sportwagenmeister - da teilte er seine Stunden schon zwischen Schreibmaschine und Sportlenkrad auf. 1960 beendete er seine Rennkarriere, arbeitete ausschließlich als Journalist. Von Frankenberg, ein hagerer Brillenträger mit lebhaftem Blick und hohen Wangenknochen, mit streng zurückgekämmtem Haar, war ein wagemutiger Autofahrer, einer, der die Zuwendung des heiligen Christophorus gut gebrauchen konnte. Auch im Stuttgarter Stoßverkehr fuhr er auf Sieg, benötigte öfter auch mehrere Fahrspuren, weil er Probleme hatte mit der Querbeschleunigung. Von ihm stammt der legendäre Ausspruch „Hoffentlich komme ich mir nie selbst entgegen.“

Richard von Frankenberg war kein geborener Journalist, kein Büro-Mensch. Er lebte seinen Lesern die Porsche-Philosophie vor, und zwischen seinen Zeilen war zu spüren, was so schwer in Worte zu fassen ist - die Faszination Porsche. Von Frankenberg wurde nur 51 Jahre alt. Er starb am 13. November 1973, als sein Porsche mit einem ausscherenden Kleintransporter kollidierte und Feuer fing.

Richard von Frankenberg

Von Frankenberg war ein ideenreicher Werbemann, doch der *Christophorus* wollte mehr sein als ein Public-Relations-Winkelzug. „Freiberufliche und freie Atmosphäre“ sollte verhindern, daß ein dröges Mitteilungsblatt entstehe - statt dessen sollte eine appetitanregende Lektüre für Porsche-Fans ins Haus flattern, gefüllt mit Themen „touristischer, sportlicher und technischer Art“, „Bindeglied und Kommunikationsmittel für Menschen mit dem Hobby Porsche.“ Die Ankündigung aus dem Herbst 1952 („An unsere werten Kunden!“) im Originalton: „Bei 40 Seiten Umfang auf bestem Kunstdruckpapier wird der Preis DM 1,50 betragen.“

Dr. Paul Simsa

Das Porsche-Hausblatt trotzte allen Modetrends und hielt an seiner konservativen, unangestrengten Linie fest. Journalistische Modellpflege fand nur maßvoll statt. 1962 etwa kam das charakteristische, quadratische Format mit vierzeiligem Titel-Schriftzug, das der *Christophorus* exakt 30 Jahre lang behielt. Seit Mai 1992 erscheint das Kult-Heft in DIN A 4, mit Rücksicht auf die Anzeigenkunden und deren Vorlagen-Formate.

Rico Steinemann

Der *Christophorus* war und ist kein reines Technik-Blatt, auch wenn Weissacher Ingenieure in zahlreichen Aufsätzen detailliert über ihre Entwicklungen berichten durften - ein Beispiel: 1978 berichteten sie zum Beispiel in großer Aufmachung über die serienmäßige Servobremse im 911, darüber, warum Porsche die Bremshilfe anbietet, obwohl sie von vielen Fahrern nicht vermißt worden ist, et cetera. Technische Hintergründe erhellten hier nur selten Berufs-Schreiber; das Dipl.-Ing. in der Autorenzeile zählt zu den Essentials.

Der *Christophorus* berichtete aber auch von Ferry Porsches Geburtstag, stellte die Vorstände im Bild vor und lud zu ungezählten Sicherheits-Trainings ein. Er dokumentierte Porsches Rennerfolge wie auch die Tennisturniere unter dem Wappen des Mutterhauses. Technik, Tourismus, Menschen, Geschichte und Sport spielen Hauptrollen. Und neben Anzeigen von Holzschnitzern, die rustikale Christophorus-Figuren anboten, behauptete sich ab und zu auch ein angestaubter Geist. Ein nicht unbescheidenes Selbstbewußtsein ob des teuren Hobbys durchwehte den Stil des Hauses, der Vergleich mit den noblen Dingen des Lebens erschien alltäglich: das Ferienhaus im Graubündener Land, das glamouröse Luxushotel, die erlesenen Antiquitäten...

Manchmal kann man mit der Hauspostille hadern, man kann lächeln oder streiten. Die Porsche-Sicht auf eine Porsche-Welt ist konservativ, manchmal selbstgefällig und ein bißchen betulich. Der Blick schweift dann über die Langweile des gepflegten Vorgartens zu den Krisengebieten der Welt. Probleme mit der Jugend zum Beispiel wollte der *Christophorus* in Ausgabe 135/75 mit „Motorbegeisterung“ lösen: „Eine solcherart geförderte Jugend wird das Fahren in seiner schönsten Form genauso goutieren wie wir. Sie wird weder Banken knacken, noch Polizisten erschießen, sie wird weder Drogen konsumieren noch die abgedroschenen Floskeln irgendwelcher Extremisten nachbeten.“ Der Elfer als soziologisches Instrument? Da wird noch Jahre später klar, wie es zu den 68er Aufständen kommen konnte...

Porsches Hausblatt schreckte nicht davor zurück, den Zeigefinger zu erheben - in Ausgabe 149/77 zum Beispiel: „Die korrekte Fahrweise - für Porsche-Lenker ohnehin oberstes Gebot...“ Zur Energie-Problematik hieß es wörtlich 1979: „Je mehr wir uns des Wertes der Energie bewußt werden, um so wichtiger ist für uns die Qualität ihrer Nutzung.“ Und Reinhard Seiffert in Heft 147/77: „Was mich an der Sicherheitsdiskussion immer wieder wundert, ist die Überbewertung der passiven Sicherheit - als ob Autos zu nichts anderem da wären als zum Erleiden von Unfällen.“ Solche Sätze zergehen auf der Zunge...

Jürgen Pippig

Nachfolger des *Christophorus*-Gründers Richard von Frankenberg wurde Dr.Paul Simsa, 1974. Simsa schrieb für *Das Motorrad, auto motor und sport, Motor Revue*; er entwickelte die heutige *mot* aus der Zeitschrift *Roller und Kleinwagen*. Als er von Frankenbergs journalistisches Erbe antrat, fuhr er einen schon angejahrten 911 T, und: Er lud in seinem Vorwort alle Porsche-Freunde, die gerade in Stuttgart sind, in seine Wohnung an. Die Telefonnummer war abgedruckt. So war das damals noch...

Reinhard Seiffert

Simsa gab den nebenberuflichen Chefredakteurs-Posten noch 1974 ab, wegen Arbeitsüberlastung. Den Schreibtisch übernahm Rico Steinemann, bis 1978, danach kam Reinhard Seiffert. Er blieb bis 1993: Sein Nachfolger war Jürgen Pippig.

Der *Christophorus* atmet bis heute den Geist der alten Porsche-Ära, jener Jahre, als sich die Anhänger der Marke wie Bundesbrüder fühlten. Und doch gibt es Anzeichen einer neuen Zeit: Seit 1997 steht dem Porsche-Hausmagazin mit Karen Schulz eine Chefredakteurin vor.

Kein Schwulst, und nur kein Wort zuviel

Eine Zeitreise durch Porsche-911-Prospekte

Generationen von Knirpsen haben sie wie Augäpfel gehütet. Als Tauschgeschäft waren sie fast unbezahlbar: Ein Elfer-Prospekt gegen vier Ford-Taunus-Kataloge - das durfte in den 60ern als fairer Kurs gelten. Porsches Prospektträume haben manchen Dreikäsehoch einen Traum in den Kopf gepflanzt, der nie in Vergessenheit geriet. Viele Porsche-Fans tragen die Sehnsucht nach einem Elfer seit Schultagen mit sich herum. Und selbst reife Männer blätterten und schwärmten mit Hingabe.

Porsche und die Werbung: ein ganz besonderes Kapitel. Die Zuffenhausener brauchten schließlich keine „geheimen Verführer", um für den 911 zu werben - der Elfer verführte die Sportwagen-Freunde bei vollem Bewußtsein... Deshalb ist Porsche-Werbung immer anders gewesen als bei der bürgerlichen Konkurrenz.

Mittelklasse - Eigenheim, Jägerzaun, Ein-fachgarage mit Stahlblechtor - das ist Staffage für die Brot- und Butter-Marken; in Porsches Werbung ist das seit jeher tabu. Porsche warb traditionell wider den Zeitgeist: selbstbewußt, niemals anbiedernd, doch stets eine gehobene Zielgruppe im Blick.

Elfer-Prospekte hatten zumeist eines gemeinsam: Sie sind selten Zeitgeschichte. Porsches Werbe-Welt war eine eigene, in sich geschlossene, ohne Modeströmungen und grelle Effekte. Prospektsammler, die den Zeitgeist suchen, müssen sich in die bunten Blättchen der Werbeabteilungen aus Rüsselsheim, Köln oder Wolfsburg einblenden. Das blieb bis heute so, denn stilistisch haben sich die Porsche-Prospekte seit Ende der 70er Jahre kaum gewandelt. Abgesehen davon, daß sich die Kleidung und die Frisuren der im Hintergrund agierenden Models und Fahrer änderten - oder aber die Anmutung von moderner Architektur, einem Ambiente, das die Porsche-Fotografen mit Vorliebe wählen.

Dafür begegnet man auf Porsches Prospekt- und Werbefotos seit drei Jahrzehnten den (zum Teil) selben Hintergründen. Die Schlösser Ludwigsburg und Solitude (bei Stuttgart) mußten für fast jede 911-

Generation als Foto-Hintergrundmotiv herhalten.

Rückblende: Der erste 911-Prospekt warb noch für ein Auto namens 901, im August 1963. Es war die Zeit der bunten Bildchen, der Autos, die auf Blumenwiesen im Sonnenuntergang parkten. Aber eben, nur keine Mode machen, das war in Zuffenhausen die Losung: Porsche präsentierte eine karge Zeichnung des 911-Profils auf weißem Grund, dazu den Schriftzug des Hauses und die Zahl 901 (Prospektnr. 221/Aug.63). Im Inneren gab es eine große, schwarzweiße Schnittzeichnung, ein paar Schwarzweiß-Bilder eines 901 im Prototypenstadium (mit nur zwei Instrumenten und Dreispeichen-Hupring-Lenkrad) - sehr nüchtern, sehr sachlich, fast steril. Die Besucher der 1963er IAA durften sich nicht einmal an knackigen Werbesprüchen erfreuen. Feierlich und spröde verkündete der Prospekttext: „Die Dr.-Ing. h.c. Porsche KG hat mit dem Typ 901 ein wirtschaftliches und schnelles Automobil geschaffen." Das klingt nicht wie die Geburtsanzeige eines Mythos - Understatement first, damals, 1963.

Immerhin, die 65er Ausgabe des 911-Prospektes (ebenfalls Nr. W 221) zeigte keine Zeichnung mehr, sondern einen roten 911er im Sprint. Auch der Texter hat den spitzeren Griffel schwingen dürfen: „Porsche, seit eh und je die Marke der Individualisten, hat als Krönung aller Erfahrungen im Umgang mit schnellen Autos den Typ 911 geschaffen... Die Karosserieform kann man als greifbaren Beweis dafür ansehen, daß die schöpferische Begabung auch in der dritten Porsche-Generation weiterlebt."

Nun - ganz spurlos sind die 60er Jahre nicht an Porsches Prospekten vorbeigegangen. Mitte der 60er Jahre etwa gab's eine psychedelische Periode. 1966 zum Beispiel erschien ein Katalog, der sich nach außen nobel, ganz gediegen gab: Schwerer, feiner Einband mit eingeprägtem Porsche-Wappen, und auf Seite 2 ein kluger Spruch von Rodin: „Begeisterung ist edlen Geistern stärkender Wein." Nur der Fotograf durfte scheinbar experimentieren, und er inszenierte ein Farbenspiel wie nach schwerem Halluzinogen-Konsum: Ein targaorangefarbener 911 parkt in knalligvioletten Prismen, in verschwommenen Farbwolken aus Kornblumenblau, Knallgelb und Feuerrot. Der heutige Betrachter reibt sich irritiert die Augen, zumal der Text so gar nicht passen mag, wenn er steif von „hochqualifizierter Karosserieverarbeitung" schwärmt.

Von 1966 stammt auch ein 911/912-Katalog, der eine echte Ausnahmestellung in der 911-Chronik einnimmt: Ein Mannequin auf dem Titelbild - das gab's so schnell nicht wieder; Porsche vertraute traditionell auf den kühlen Reiz des Blechs. Dies eine Mal aber lugt ein brünettes Blumenkind durch das Seitenfenster eines roten Elfers, sie hält ein Blumenbukett in der Hand und lächelt lieb. Es ist der zarte, rührende Charme der 60er Jahre, und auf Seite 2 ist das Porsche-Wappen rundrum von Blümchen eingerahmt (Prospektnummer W 215). Innen drin gibt's wieder die psychedelischen Lila-Rot-Kompositionen des unbekannten Lichtbildners. Zur Ehrenrettung sei vermerkt: Schon 1968 kehrte Porsche wieder zur klaren Linie zurück (Nr. W 218): grauer Karton-Einband mit dem Schriftzug „Eleganz - Komfort - Sicherheit - Leistung“, farbige Fahrfotos, sachlicher Text, ein diskreter Hinweis auf die Monte-Carlo-Siege jener Jahre, zum Schluß die übliche, sehr groß geratene Schnittzeichnung. Kein Schwulst, und nur kein Wort zuviel. Das ist der Stil, an dem Porsche über Jahre hinweg festhielt - ebenso wie an jenem unverwüstlichen Slogan vom „Fahren in seiner schönsten Form“, den Porsche erst zu Beginn der 90er Jahre abstreifte.

Nur ab und zu erlaubten sich die Porsche-Werbetexter wirklich euphorische Anwandlungen, wie etwa im ersten Carrera-RS-Katalog (Nr. 1014.10). Der mitreißende Text unter der Headline „Mit dem Rennsportwagen in die Stadt“ ist die längere Leseprobe wert: „Per Achse zum Rennen und wieder nach Hause. Montag ins Büro. Dienstag nach Genf. Abends zurück. Mittwoch zum Shopping. City. Stauung. Kriechverkehr. Aber keine Kerze verrußt. Donnerstag Landstraße, Autobahn, Serpentinen, Feldwege, Baustellen. Freitag nur Kurzstrecken und immer wieder Kaltstarts. Samstag mit Urlaubsgepäck nach Finnland.“ Der Mann, der hier seinen atemlosen Text kreierte, hatte seine Zielgruppe haarscharf im Blick. Der Wochen-Ablauf wendet sich nicht an den Büromenschen mit 40-Stunden-Stechuhr-Plan. Doch er hat nicht den chronisch überarbeiteten, freiberuflichen Mittelständler im Blick - wann hätte der wohl Zeit für Mittwochs-Shopping und zwei arbeitslose Wochenenden hintereinander...? Der Carrera RS, das Lust-Auto für den reiferen, finanziell unabhängigen Bonvivant...

Tatsächlich geriet Porsches Werbung zur Mitte der 70er Jahre differenzierter; sie sprach nicht nur Fans an, deren Entscheidung für einen Porsche im Geiste längst gefallen war (oder jährlich neu fiel, was gar nicht selten vorkam). Zum ersten Mal begann Porsche um Kunden von außen zu werben. Zum ersten Mal bemühte die Werbung nicht nur Faszination, sondern auch Vernunft: „Woran erkennt man einen Porsche-Fahrer, wenn er nicht in seinem Porsche sitzt? Ein Merkmal ist nach unserer Erfahrung berufliche Dynamik, gepaart mit einem Sinn für Sportlichkeit und Fairneß...“ - so ein Inserat aus den 70er Jahren. Im Spiegel schaltete Porsche Anfang 1975 eine ganzseitige Vierfarb-Anzeige, die noch deutlicher aussagt, wo es nach der 73er Energiekrise langging: „Das Mehr am Porsche ist umfangreicher als Sie denken. Denn er ist nun mal sicherer, handlicher, wirtschaftlicher, um-weltfreundlicher und jetzt auch langlebiger...“

Im 1976er 911-Katalog (Nr. 1084.10) bricht Porsche sogar mit der jahrelangen Tradition und bemüht nicht sportliche Landstraßen-Fahrdynamik, sondern parkt zwei Elfer (in knallorange und postgelb - sehr zeittypisch) in der Wildblumenwiese, um ökologische Gedanken zu untermalen: „Ja - Porsche-Fahren ist heute wirtschaftlicher als jemals zuvor, denn der Porsche geht schonend um mit dem Material, mit dem Treibstoff, mit den Insassen und mit der Umwelt. (...) Sie rollen gut 600 Kilometer bis zum nächsten Tankstop an einer ‚Normal‘-Zapfsäule.“ Es ist ein Prospektidyll, das zur gleichen Zeit in dieser Form auch Bieder-Marken wie Ford und Opel für ihre Familienkutschen à la Granada oder Rekord benutzten. Eine bemerkenswerte Annäherung der standesbewußten Porsche-Werber!

Die Porsche-Prospekte wurden in den 70er und 80er Jahren immer dicker, feiner, detaillierter: Wo in den 60er Jahren 8 Seiten reichten, boten Porsche-Händler gegen Ende der 70er Jahre überformatige Bilderhefte von 40 Seiten dar, auf feinstem Papier, mit Hochglanz-Cover, aber nicht ohne kleinere Pannen: Der 1977er 911-Katalog (Nr. 1124.10) zeigt unter anderem den Parkplatz des Weissacher Entwicklungszentrums, und gleich im Vordergrund, auf den Mitarbeiterparkplätzen, steht ein blauer Datsun 240 Z. Ein Weissacher Studienobjekt etwa...?

1978 erhielten die (zuvor fast DIN A 3 großen) Prospekte das kompaktere, quadratische Format der Porsche-Hauszeitschrift *Christophorus* - das blieb bis zu Beginn der 90er Jahre so. Stilistisch übt Porsche seit 15 Jahren Kontinuität: kein Schnickschnack, keine Gags. Allenfalls Rückbesinnung auf Traditionen - bis 1990 war Ferry Porsche ein ganzseitiges Vorwort zu jeder 911-Broschüre reserviert, seitdem erledigt das sein Sohn Ferdinand Alexander.

Mit der (teuren) Anzeigenwerbung tat sich Porsche über die Jahre immer etwas schwer: Mit bescheidenen Etats wurde gelegentlich in Fachblättern und Illustrierten annonciert, sehr zurückhaltend und meist in Schwarz/Weiß während der 60er Jahre, seit Mitte der 70er etwas regelmäßiger und natürlich bunt. Aufsehen erregte Porsche-Anzeigenwerbung erst in der Neuzeit - mit losen Sprüchen, die traditionelle Kunden bislang nicht gewöhnt waren.

Wie kommen Porsche-Fans an den Original-Katalog ihres Elfers, passend zum Baujahr? Porsche selbst kann natürlich nicht mehr helfen. Der Ausweg ist der Besuch eines Oldtimer-Markts („Veterama“ in Ludwigshafen und Mannheim, die Veteranenmärkte in Bockhorn, Ulm oder Kassel - zum Beispiel), wo zahlreiche Automobiliahändler ihr Literaturangebot feilbieten. Oder aber der Weg zu einem professionellen Fachantiquariat. So oder so: Die Oldtimer-Fachpresse (zum Beispiel die Zeitschriften OLDTIMER-MARKT oder MOTOR-KLASSIK) hält in ihrem Anzeigenteil die entsprechenden Adressen oder Markttermine bereit. Seien Sie aber gewappnet: Ein Porsche-911-Prospekt aus den 60ern ist zum Wert-Papier mutiert - es kann bis zu 200 Mark und mehr kosten.

Neunmalklug

Der dornenreiche Weg zum gebrauchten Elfer

Ein Wort zuvor, und gleich eine Warnung! Diese Kaufberatung ist weniger für den Elfer-Routinier gemacht oder für den Technik-Guru, der seit zwei Jahrzehnten nichts anderes tut, als siechen Porsches den Gilb aus den Knochen zu treiben. Das Kapitel ist als Orientierungshilfe für die vielen Seiten-Einsteiger gedacht, die sich den Traum vom 911 auf dem Gebrauchtmarkt erfüllen wollen. Die das, mangels sechsstelliger Konten, vielleicht auch müssen...

Wenn alle Kalifornien-Porsche in einem Zustand wären wie diese, hätte man gut lachen ...

Bevor es zum Lokaltermin geht, bevor das Konto geplündert wird, muß Grundsätzliches geklärt werden (zum Beispiel die Wahl der passenden Modellreihe). Das mag schulmeisterlich klingen, aber - der Elfer ist trefflich geeignet, Porsche-Novizen in den Ruin zu treiben. Diese Kaufberatung will helfen, das Finanz-Fiasko auszubremsen.

Dieses Kapitel wird die unbezahlbaren Kult- und Nischenmodelle vom Schlag eines Carrera RS oder 959 nicht weiter erwähnen, weil das Angebot auf dem Markt gen Null tendiert. Außerdem driften diese Fahrzeuge zu tief in die sechsstelligen Bereiche. Wir wollen uns deshalb mit den verbreiteten Basismodellen beschäftigen, vom Beginn der Elfer-Produktion bis in die achtziger Jahre.

Am Anfang ist, fast immer, der Traum. Bleiben Sie bei der Realität, bevor Sie die ersten Fahrzeuge begutachten. Prüfen Sie Ihren Etat, checken Sie die Rahmenbedingungen. Nur ein Beispiel: Was ist mit einem Stellplatz? Oder einer Garage? Der Innenstadt-Alltag wird keinem 911er gut bekommen; ein ordinärer Parkplatzrempler kostet sofort großes Geld. Vergessen Sie nicht, daß ein Porsche das Temperament der Neider erhitzt - auch dann, wenn er nur so „teuer“ war wie ein neuer Golf.

Ein Elfer, gleich welchen Alters, mag eine trockene Garage, mindestens aber einen ruhigen Parkplatz, der abgeschirmt ist vom fließenden Verkehr und von neidischen Blicken. Kompromisse können nerven - Angst essen Fahrspaß auf.

Punkt zwei: die Kosten. Das ist ein Absatz für die Porsche-Novizen; Kenner dürfen weiterblättern. Vergessen Sie jetzt alles, was Sie von Ihren bisherigen Alltags-Automobilen wissen - und recherchieren Sie. "Wird schon klappen", das hat beim Porsche 911 keine Gültigkeit.

Suchen Sie den Kontakt zu Porsche-Fahrern (zum Beispiel über einen Club), über die (freie) Werkstatt Ihres Vertrauens oder einen Händler. Sprechen Sie mit Ihrer Versicherung, sammeln Sie Informationen. Ein Porsche 911 zählt selbst dann zu den Hochkarätern, wenn Sie ihn günstig gebraucht erstehen, das heißt, die Typklasseeinstufung kann Einsteigern leicht den Atem rauben. Ihre Versicherung weiß mehr dazu! Übrigens: Manche Gesellschaften weigern sich sogar kategorisch, einen 911 unter Vertrag zu nehmen. Auch dann, wenn sie bisher Ihre sämtlichen Familien-Gölfe versichert hat!

Sie sehen: Ein Gespräch mit einem Porsche-Eigner kann für mehr Klarheit sorgen, als Ihnen lieb ist. Preisbeispiel: Für den Tauschmotor eines 911 SC, Baujahr 1980, können satte 28.000 Mark fällig werden - das ist eventuell fast soviel, wie Sie für den gebrauchten Elfer bezahlt haben. Aber auch die Inspektionen gehen ins Kleingeld, wenn Sie keine einschlägigen Schrauber-Erfahrungen haben: Ungefähr 10 Liter Shell-TMO-Synthetik-Öl (entsprechend der Erstbefüllung eines 1980er SC) sind beim Ölwechsel fällig - allerdings nur alle 20.000 Kilometer, bei wenig Fahrleistung aber möglichst jährlich. Eine Porsche-Werkstattstunde pendelte sich 1993 auf ca. 160 Mark ein; und selbst die routinierte freie Werkstatt wird nicht unter 80 Mark zum Maulschlüssel greifen. Und Kompromisse können teuer enden, also lieber Finger weg vom Hinterhof-Pfuscher.

Sie selbst wissen am besten, wie häufig Sie Ihren gebrauchten 911er nutzen möchten. Ein Billig-Kauf mit 150.000 oder 200.000 Kilometern auf der Uhr kann tiefe Löcher ins Budget reißen, wenn er 30.000 Kilometer pro Jahr oder mehr durch den Alltag bewegt werden soll. Bevor Sie Ihrem Traum also grünes Licht geben: Rechnen! Und ehrlich zu sich selber sein: Drücken Sie beim Kalkulieren kein Auge zu.

Und jetzt die gute Nachricht: Der Wertverlust ist so niedrig wie bei kaum einem anderen Automobil auf dem Gebrauchtwagen-Markt. Käufer von Alt-Elfern aus den sechziger und frühen siebziger Jahren fahren sowieso auf der Sonnenseite herum. Sie können das Kapitel vom Wertverlust vergessen; ein früher 911 Targa oder ein S aus den späten Sechzigern pfeift einer sicheren Klassiker-Karriere entgegen. Der Preisverfall ist gleich null, im Gegenteil: Der Kurs wird wahrscheinlich klettern - der 356er hat das schon vor zehn, fünfzehn Jahren bewiesen.

Im Zeitalter der aufgeplusterten Airbag-Tiptronic-Elfer ist die Sehnsucht nach den kargen Tagen spürbar. Allerdings lockt der harte Marktwert der klassischen 911er vielfach die falschen Anbieter. Es sind überproportional viele Blender und Umbauten auf neuere Baujahre im

Umlauf, und speziell die Amis verstehen sich auf schauderhafte Hasendraht-Restaurierungen. Vorsicht bei Amerika-Geschäften am Telefon! Kaufen Sie niemals ein Auto, von dem Sie nur ein paar Polaroids gesehen haben - niemals! Windige US-Firmen sind auf Europäer spezialisiert, die blind zuschlagen, um fünf Riesen zu sparen. Und gerade der 911 (und noch mehr der 912) zählt zu den klassischen Re-Importautos.

Auf solche Furchtbarkeiten muß man gefaßt sein: unterer Frontscheibenrahmen, Armaturenbrettoberkante, A-Säule mit Blätterteig-Konsistenz.

Die Wahl des passenden Elfers ergibt sich, abgesehen von Herzensgründen, aus dem Praxis-Profil. Wird ein Zweitwagen zum Verhätscheln gekauft, ein Klassiker für den Sommer? Oder suchen Sie einen Alltags-Elfer, der auch im Winter vor die Tür muß?

Porsche-Fans ziehen im Verlauf des Jahres 1976 den großen Trennstrich: Ab diesem Zeitpunkt lieferte das Stammhaus den Elfer mit serienmäßig feuerverzinkter Karosserie (und sechsjähriger Durchrostungs-Garantie) aus. Das ist zwar noch kein Allheilmittel gegen Gammel - trotzdem, ein früherer 911 sollte doppelt penibel geprüft werden. Speziell in den sechziger und frühen siebziger Jahren waren die Rostschutz-Methoden noch nicht ausgereift. Kaum einer dieser Altgefahrenen hat die Zeitläufe ohne größere Blechreparaturen überlebt. Und: Viele Früh-Elfer sind irgendwann in schlechte Hände geraten. Zornige junge Männer wußten häufig das Gaspedal zu bearbeiten, nicht aber mit dem Schweißgerät umzugehen.

Drei Todsünden sind bei gebrauchten Alt-911ern an der Tagesordnung: Mangelhaft sanierte Rostaufbrüche, zurechtgepfuschte Unfallschäden, grauenhafte Anbau-Geschwüre aus dem Zubehörregal. Die vollverzinkten 911 mögen weniger rostempfindlich sein - das nützt aber wenig, wenn der Besitzer zum Beispiel einen Unfallschaden mit nicht verzinkten Kotflügeln repariert hat. Auch ein hinteres Seitenteil, nach dem Crash unsachgemäß eingeschweißt, kann an den Nähten wieder gammeln - Zink hin, Zink her.

Generell gilt: Sehen Sie sich nicht nur das Auto an, sondern auch den Besitzer. Lassen Sie ihn bei der Probefahrt zuerst ans Steuer. Wie lange hat er den Wagen gefahren? Wieviele Vorbesitzer verzeichnet der Fahrzeugbrief? Seit 1972 wird in die Wagenpapiere nicht mehr der Beruf, sondern das Geburtsdatum des Eigners eingetragen - das kann sehr aufschlußreich sein. Einen geübten Elfer-Piloten erkennt man am Schlüssel in der linken Hand. Dort, links vom Lenkrad, sitzt nämlich das Zündschloß.

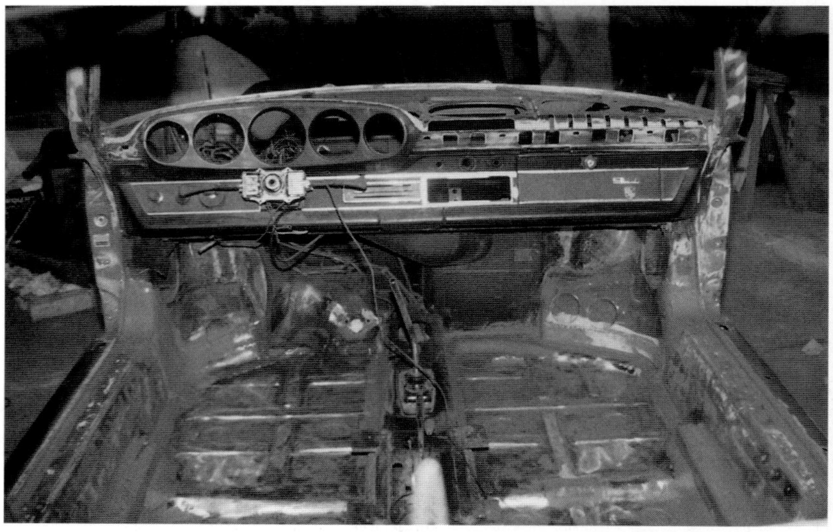

Licht am Ende des Tunnels ...

Die ganz frühen 911er haben ihre zornigen Fünfthand-Piloten meist nicht so gut verkraftet und wurden schon vor Jahren dahingerafft. Jüngere Exemplare sind durch ihren stabilen Preis noch immer dem Zugriff der Manta-Aufsteiger entzogen.

Für Fans zählt nur das Original - und das kann zur Wertanlage werden, während aufgepeppte Elfer nur noch verlieren. Ausnahmen sind natürlich die Produkte zeitgenössischer Tuner wie zum Beispiel Ruf, Buchmann, Gemballa oder König. Geschmackssache ist es allemal.

Die Hinterhof-Aufmotzer haben oft improvisiert und meist vergessen, ihre Stilblüten anständig zu konservieren. Mancher Anbau beschleunigt den Verfall. Also: lieber verzichten.

Angebote auf Automärkten und Hinterhöfen sollten Sie stutzig machen. Wie kam der Elfer in dieses Milieu? Suchen Sie nach seriösen Gebrauchtwagenhändlern oder - noch besser! - privaten Anbietern. Dabei helfen nicht nur Zeitschriften wie *auto motor und sport* oder *Oldtimer-Markt*, sondern auch die bedeutenden überregionalen Tageszeitungen, etwa die *FAZ* oder die *Süddeutsche*. Ihre Leserschaft setzt sich schließlich aus der klassischen Porsche-Zielgruppe zusammen - häufig ist der solvente Erstbesitzer, der auch sonst nicht am Hungertuch nagt, ein angenehmerer Verhandlungspartner als der knallharte Profihändler. „911 Carrera, 1985, erste Hand, Garagenwagen, orig. 17.000 Kilometer, 25.000 Mark“ - diese Annonce hat es im Jahr 1992 tatsächlich gegeben, und sie zeigt, daß gute Käufe noch immer machbar sind.

Neuere Elfer, aus den späteren Achtzigern oder noch jünger, finden sich einfacher: beim Vertragshändler. Die Nachfrage ist mancherorts aber größer als das Angebot, und die Preise können 911-Einsteiger mitunter überraschen. Allerdings kann es sich lohnen, denn die Porsche-Zentren bieten natürlich eine Jahresgarantie für Gebrauchtwagen an.

Beginnen Sie den Elfer-Test am Bug des Wagens. Im Bereich der vorderen Blinker und Scheinwerfer setzen sich von den Radkästen her schnell Salz und Schmutz ab. Die breiige Pampe klebt in den Kanten fest und zieht die Feuchtigkeit an. Auch der Bereich um die Tankklappe begeistert keineswegs mit Rostresistenz.

Gammelstellen am Kotflügel sind weit weniger dramatisch als beim Vorgänger 356: Diese 911-Blechteile sind geschraubt. Allerdings ist die Lochleiste der Schrauben (am Stehblech) oft vom Gilb befallen und zerlegt sich beim Entfernen des Kotflügels. Die Sanierung dieser Stellen ist eine Fieselarbeit und nichts für Dilettanten - vom sauberen Sitz der Kotflügel hängt die exakte Türpassung ab.

Klafft das Spaltmaß, kann das auch andere Gründe haben: laienhaft eingeschweißte Türschweller zum Beispiel.

Diese Blechteile neigen, speziell im Bereich der Wagenheberaufnahmen, zum Durchgammeln. In der Nachbarschaft zerbröselt mit Vorliebe die B-Säule, in der das Türschloß wohnt. Auch das ist eine sensible Reparatur, die Fingerspitzengefühl verlangt. Die Gefahr liegt auch hier im Verzug bzw. dem klaffenden Türspalt. Pfuscher behelfen sich mit GFK und reichlich Lack - ein kleiner, nicht zu starker Magnet hilft Ihnen, solchen Murks aufzudecken. Wer ganz vornehm ans Werk gehen will, besorgt sich einen Spachteldicken-Prüfer (im Kfz-Fachhandel).

Der Batteriekasten (bzw. die -kästen) dokumentiert die Pflege-Mentalität der Vorbesitzer: Oft sind die Auflagen von ausgelaufener Batteriesäure zerfressen. Auch die Fahrzeugfront verrät, wie sorgsam frühere Halter mit dem Schwaben-Sportler umgegangen sind: Steinschlag-Schäden sind bei der Karosserieform nicht zu vermeiden, wurden sie nicht rechtzeitig saniert, wachsen sie sich zu kleinen Rostpickeln und schließlich zu wuchernden Unterrostungen aus. Das können penible Naturen nicht mit ansehen...

Ein tückisches Teil ist im übrigen die obere Gummileiste auf der vorderen "Ziehharmonika-Stoßstange" der Elfer-Modelle ab 1973: Darunter kann sich Nässe sammeln und ebenfalls den knabbernden Verfall forcieren.

Die Türen des 911 sollten Sie auf Rostspuren an den Böden und im Bereich der Falze checken; Ersatz kommt auf gut 3000 Mark pro Paar, und der Lackierer will mindestens einen braunen Schein sehen. Ein vorderer Kotflügel ist nicht preiswerter.

Haarig geraten Blechoperationen am angeschweißten hinteren Seitenteil, das sich ebenfalls schnell dem Rostfraß ergibt. Die Ursache: Drecknester, bestehend aus Schmutz, der von den Rädern in die Ecken gewirbelt wird, der sich ablagert und die Feuchtigkeit aufsaugt. Auch der Öltank ist bis 1975 rostgefährdet. Interessieren Sie sich für einen Targa, sollten Sie sich das Dach genauestens anschauen. Auch Einpassen ist aufwendig - testen Sie die Dichtheit mit einem sanften Regen aus dem Gartenschlauch.

Soweit die - im wahrsten Sinne des Wortes - oberflächlichen Checkpunkte. Und jetzt? Zögern Sie nicht, dem 911 Ihres Interesses von unten nahezukommen! Eine Hebebühne ist gut, Auffahrrampen sind brauchbar, ein Wagenheber hat zumindest einen Vorteil: Wenn's beim Hochkurbeln vernehmlich knistert, hat's die Schweller erwischt. Im Zweifelsfall tun's auch eine Decke zum Drauflegen, eine Taschenlampe und ein kleiner Schraubenzieher.

Eine Totaloperation im vollem Gange. Sie wird tiefe Löcher in die Schatulle des Auftraggebers reißen.

Zwei große Schwachpunkte vermelden erfahrene Porsche-Schrauber: einmal die vordere Quertraverse, also jener Bereich, an dem die vorderen Querlenker fixiert sind; zum anderen die Region um die Federstrebenaufnahmen beim hinteren Radlauf. Die eventuell durchgegammelten Schweller gleich in der Nachbarschaft wurden schon erwähnt.

So gut wie neu: Ein Targa aus der Vor-G-Modell-Ära wartet auf die fachmännische Lackierung.

Checken Sie bei dieser Gelegenheit den Motor auf Ölverlust. Vielleicht haben Sie trotz veröltem Boden Glück: Mitunter verziehen sich bei älteren Modellen die Leichtmetall-Ventildeckel, ein Schaden, der schnell und ohne große Kosten behoben werden kann. Der Tachostand eines betagten 911 ist als Indikator für Defekte so zuverlässig wie ein Horoskop. Porsche-Kenner sprechen von mindestens 150.000 Kilometern, die der Sechszylinder bei sachgemäßer Behandlung durchhalte. Auch 300.000 und mehr sind dokumentiert. Im Zweifelsfall sollten sich 911-Einsteiger in die Hand einer kundigen (meist freien) Werkstatt begeben. Die Kontakte haben Sie ja schon in der Vorbereitungsphase geknüpft. Überlassen Sie die letzte Entscheidung dem dortigen Porsche-Profi. Er kann dem Porsche-Neuling auch vermelden, ob die Spannung der Steuerketten noch im grünen Bereich liegt - die Kettenspanner neigen zum Verschleiß, ein klassisches 911-Problem.

Auch die Stehbolzen, die den Zylinderkopf halten, neigen bei älteren Modellen mitunter zum Abreißen. Ersatz gibt es in verbesserter, korrosionsgeschützter Form. Nur: Wenn sie ein leises Klackern aus Richtung Motor hören sollten, seien Sie gewarnt. Die Reparatur ist teuer, der Motor muß raus und die Köpfe runter. Am Kompressionsdiagramm ist der Schaden in der frühen Phase nicht zu erkennen.

Wichtig für absolute Elfer-Frischlinge: Die Ölstandsanzeige funktioniert nur im Stand, bei waagrechtem Fahrzeug und warmem (laufendem!) Motor. Letztendlich Sicherheit über den tatsächlichen Ölstand bietet aber nur die traditionelle Ölstab-Methode - aber auch hier gilt wegen der Trockensumpfschmierung: der Motor muß laufen.

Weniger Vorbildung braucht es, um aus dem Untergrund eine weitere Achillesferse des Motors zu sichten. Wer jemals einen Käfer fuhr, kennt das Problem der unglückseligen Wärmetauscher - beim

Unterkante Targabügel und natürlich die Türschweller – typische Angriffspunkte für die braune Pest.

maximal 6000 Mark. Eine chronische Macke älterer Elfer sind übrigens auch schiefziehende Handbremsen. Achten Sie auch auf die Fußbremse. Sie verzögert von Haus aus hervorragend, tolerieren Sie keine Mängel. Achten Sie auf die Scheibenstärke. Reparaturen sind auch hier sehr teuer!

Bei Import-Fahrzeugen, speziell aus Amerika, ist ein (preissenkender!) Blick auf die Bereifung gefragt. Die Amis lieben ausgefallene Felgen - kein TÜV hindert sie daran, Räder ohne Prüfnummer oder irgendwelche Freigaben zu verwenden. Vorsicht Falle: Die teutonischen Prüfingenieure werden auf den Austausch bestehen.

Fast immer rollen US-Elfer auch auf den falschen Reifen in die Heimat zurück. Angesichts des flächendeckenden 55-Miles-Tempolimits genügen dort simple R-Gummis, zugelassen bis 160 km/h. Die sind hierzulande natürlich ein Fall für die Deponie, und der Austausch kostet (Beispiel 911 SC, Baujahr 1980, Reifenfabrikat Bridgestone) stramme 1400 Mark. Auch bei Elfern, die ihre Jugend in Deutschland verbracht haben, kann sich ein Blick auf die Pneus lohnen. Sind Reifen aufgezogen, für die das Zuffenhausener Mutterhaus keine Freigabe erteilt hat, ist ein Preisabschlag angesagt. Für Klarheit sorgen die Eintragungen im Original-Brief - oder, bei Import-Autos, eine Rückfrage beim nächsten Porsche-Händler. Und sind die Reifen breit, aber eingetragen, sollten Sie mit deutlichen Abstrichen am Geradeauslauf rechnen.

Ein Wort noch zu den zahllosen Amerika-Importen: Ein kalifornisches Nummernschild ist keineswegs der Garant für rostfreien Zustand. Nicht jeder Elfer hat sein ganzes Autoleben im trockenen Süden verbracht - viele wurden sogar als Gebrauchtwagen aus Deutschland eingeführt! Ein Elfer mit lückenloser US-Vergangenheit aus regenarmen Landstrichen kann durchaus in fast rostfreiem, ungeschweißtem Zustand überlebt haben. Dafür hat die Sonne häufig die Gummis verbrannt und die originale Innenausstattung zermürbt, und amerikanische Werkstätten neigen auch im technischen Bereich zu gewisser Nonchalance. Lassen Sie sich nicht von Rostfreiheit blenden!

Ansonsten sei das Fachmagazin *auto motor und sport* zitiert: „Einen Porsche 911 zu fahren, ist ein großes, aber kein billiges Vergnügen".

Wohl wahr.

911 ist's dasselbe Lied. Unterschied: Hier kostet der Totalersatz ruckzuck vier Riesen! Achten Sie auf den Zustand der anfälligen Dinger - sind Sie durch- oder kräftig angegammelt, muß sich der Anbieter auf einen Preisnachlaß einstellen. Bei nicht funktionierender Heizung kann bei der automatischen Regulierung auch die Elektronik defekt sein. Der Preis für die Platine ist gewaltig.

Die Chance ist recht groß, daß sich unterm Wagen noch ein paar andere Kleinigkeiten ansammeln - Beispiele: Im höheren Alter werden die Manschetten des Lenkgetriebes gern undicht, ebenso wie die Gummitüllen um die Antriebswellen. Angeschlagene Bremsscheiben gehören jenseits der 100.000er-Marke ebenfalls zu den Alltäglichkeiten des 911ers.

Eine Probefahrt kann Ihnen Aufschluß über den Zustand der Getriebe-Synchronisierung geben - zum Beispiel beim Wechsel vom ersten in den zweiten Gang. Nur in ganz tragischen Fällen ist die Komplettüberholung des Räderwerks fällig, Preis:

Beim Elfer ist die Mechanik-Restaurierung fast so teuer wie die Blecharbeiten – unüblich und unerfreulich.

Brot und Spiele

Die Idee der Porsche-Clubs

Die Porsche-Clubkultur ist so alt wie die Marke - das ist einzigartig in Deutschlands Fan-Szene. Nimmt man's ganz genau, dann datiert das erste Porsche-Treffen auf den Herbst 1950, den 75. Geburtstag Fer-

Geselligkeit und Benzingespräche sind Trumpf im Porsche-Clubleben.

dinand Porsches: Da kam eine Handvoll Porsche-Pioniere vor dem Schloß Solitude bei Stuttgart zusammen, um dem Erbauer ihrer Knickscheiben-356 persönlich zu gratulieren. Das war die Stunde Null einer Bewegung, die im heutigen Porsche Club Deutschland e.V. mündet. Er wurde 1981 auf Initiative des Mutterhauses gegründet, als Dachverband der damals 33 regionalen Zusammenschlüsse. Heute hat, neben der gesellschaftlichen Komponente, der Clubsport den Vorrang. Zehn Rennsport-Veranstaltungen stellt der Dachverband im Jahr auf die Räder, unter anderem die Porsche Club Weekends, den Porsche Club RS Yokohama Cup, den Porsche Club 968 CS Yokohama Cup, die Internationale Club Euro Trophy, die Internationale Porsche Club Langstrecken-Trophäe und den Porsche Club Sport Pokal. Das klingt sehr amtlich, sehr professionell - und natürlich sind die Grenzen zwischen Hobby und Profi-Ambiente fließend. Nur ein Hobby? In Anbetracht der durchaus handfesten Investitionen und der rührigen Sponsoren-Szene ist's zumindest kein legerer Zeitvertreib für Zwischendurch. So erhält es eine besondere Dimension, wenn Leo Eigner, Präsident des Porsche Clubs Deutschland, seine Mitglieder mitunter zur Ordnung ruft: „Selbst die Siegerehrungs-Zeremonie ist (vielen Teilnehmern der Sportveranstaltungen, d.V.) nur ein lästiges Anhängsel. Am liebsten wäre es ihnen, wenn man den gewonnenen Pokal nach Hause nachgeschickt bekäme... - ein Porsche-Treffen sollte sich zusammensetzen aus geselligem Beisammensein, Sport, Spiel und Spaß."

Das ist die Gegenwart. Die Vergangenheit geht in die Urzeiten des 356 zurück: Offiziell gründeten sich in den Jahren 1952 und 1953 die ersten regionalen Porsche-Clubs. Methusalem unter den Gemeinschaften ist der PC Westfalen e.V., Sitz in Dortmund, dessen Gründung vom 16. Mai 1952 datiert, dicht gefolgt vom Porsche Club Köln e.V. und dem Württembergischen Porsche Club e.V. mit Sitz in Stuttgart - sie ließen sich ein Jahr danach ins Clubregister eintragen.

Die Club - Idee stammte übrigens von Fritz Huschke von Hanstein, dem Porsche-Allrounder, späteren Rennleiter und Pressechef der Marke. In eine Zeit, als in deutschen Werbeabteilungen von „Corporate Identity" noch keine Rede war, gebar er die Idee vom Porschefahren als gesellschaftlichem Erlebnis. Die Werbewirksamkeit der Clubidee mag bis heute unbezahlbar sein; in den Fünfzigern war sie allerdings mehr als in der Gegenwart ein Teil der Porsche-Philosophie. Früher hielt sie mit gesellschaftlich-dezentem Background recht erfolgreich die Goldkettchen-Klientel fern, der sich Porsche später weniger einfach erwehren konnte.

Im Clubsport wird begeistert auf der letzten Rille gefahren.

Wenngleich die Zeiten mager waren: Alte Clubrecken erinnern sich heute schmunzelnd daran, daß man zu Beginn der 50er um Bombentrichter Slalomrennen fuhr... - Die Rahmenbedingungen änderten sich freilich schnell. Wolfgang Graf Berghe von Trips, der legendäre Formel-1-Pilot, der 1961 in Monza ums Leben kam, hatte seine fahrerische Heimat im 1953 gegründeten Porsche Club Köln.

Auch Langstreckenwettbewerbe mit Fahrerwechseln stehen auf dem Programm.

Das ist die deutsche Szene - als Geschäftsführer des Porsche Club Deutschland e.V. fungiert Hubert Adamschewski (Herrengarten 2, 57072 Siegen, Telefon 0271/56924). Seit Gründung des Dachverbands übrigens hat sich die Regionalszene einem kräftigen Expansionskurs hingegeben - das Verzeichnis der Porsche-Clubs umfaßt gegenwärtig 76 Einzelclubs, seßhaft zwischen Aurich und Altötting. Das ist, international, nur die Spitze des Eisbergs. Wer der Marke Porsche verfallen ist, kann sich zum Fachsimpeln mit Gleichgesinnten in Guatemela, Panama, Taiwan oder Brasilien treffen. Eine Übersicht aller Clubs gibt's im Zuffenhausener Werk, Abteilung Porsche Club Betreuung.

Sind so kleine Elfer

Porsche-Miniaturen für Sammler

Ein Elfer fürs Regal? Das Angebot auf dem Modellmarkt ist praktisch nicht zu überschauen. Alles ist möglich: Einerseits das Sammlermodell, unbespielt, original verpackt, für mehrere Hunderter, zum staubfreien Einlagern in die gewienerte Vitrine, oder auch die Hongkong-Plastik-Miniatur für fünfzig Pfennig vom Flohmarkt. Eine vernünftige, katalogisierte Übersicht läßt sich nicht geben; es würde den Rahmen dieses Buchs sprengen. Der Sammlermarkt ist unüberschaubar groß, selbst Porsche vertreibt über sein Händlernetz Miniaturen. Seltener geworden sind inzwischen die Angebote an Modellboxern aus den Sechzigern und Frühsiebzigern.

Die typische Sammlergröße für Modelle ist 1:43. Dementsprechend dicht drängen die Anbieter mit Modellen in die Regale der Händler. Als deutscher Hersteller wäre NZG zu nennen, der mit über zehn Metallmodellen des 911 auf dem Markt vertreten ist, auch mit der SC/Carrera-Karosserie. Mit Preisen um die 30 Mark und ordentlicher Qualität können sie zu den empfehlenswerten Angeboten zählen. Andere Hersteller wie Schabak sind von Preis und Leistung her vergleichbar, haben aber ein wesentlich knapperes Modellprogramm. Auch Solido/Verem, Eligor, Minichamps und Vitesse müssen Erwähnung finden. Vitesse beispielsweise bietet nahezu die gesamte Porsche-Cup-Palette an - detailgetreu bis hin zum Sponsor-Kleber.

Auch Bausätze gibt es in diesem Maßstab, wobei der Preis nicht immer mit der Qualität gleichzusetzen ist. Hier tummeln sich viele Kleinserienhersteller, die besonders interessant sind für Motorsportbegeisterte. Einer der bekannteren Hersteller ist Provence Moulage. Die etwas unstete Modellpolitik macht eine Übersicht hier noch schwieriger. In Kleinstauflage entstehen aber auch Fertigmodelle. Preise von 200 Mark oder auch mehr sind hier keine Seltenheit. Fälle für den Spezialisten!

Kleinere Maßstäbe (z.B. 1:87) entstanden als Dekoration für Modell-Eisenbahnen. Neben den berühmten Wiking-Miniaturen bietet auch Herpa in dieser Größe Porsche an. Im Fachhandel gibt es einen Satz mit Decals, mit dessen Hilfe Sie die kleinen Elfer zu Carrera-Cup-Modellen tunen können. Noch kleiner geht's auch: In 1:160 (Wiking, IMU, Noch, MZZ) und 1:220 (Noch, MZZ) sind die Minaturen erhältlich - zu parken auf einem Fingernagel.

Trotz Druckgußtechnik zeigt dieser Targa der letzten Generation im Maßstab 1:43 große Verarbeitungspräzision.

Interessant ist auch der Bausatz-Bereich. Wer gerne genau seinen Elfer im Modell besitzen möchte, bedient sich hier. Durch die Eigenleistung wie Lackieren können die Miniaturen dem Original sehr nahe kommen. Selbst Zubehör ist erhältlich: Gurte, Felgen, Fahrerfiguren, das Angebot kennt keine Grenzen. Der gängigste Maßstab ist 1:24 (das bedeutet eine Länge von ca. 17 cm), hier gibt es eine Palette von Herstellern. Italieri oder Tamiya, die die Flatnose und den Turbo im Programm haben, und natürlich Fujimi, der ein sehr umfangreiches Angebot hat. Ein ganz besonderes Bonbon für Technik-Freaks liefert der Modellhersteller Marushin mit Porsche-Plazet: für zweieinhalb Tausender liefern die Japaner den im Original 210 PS starken Carrera-RS 2.7-Motor als Bausatz. Nach dem Zusammenbau der rund 500 Teile, für Profis an einem Tag zu bewältigen, müssen die Ventile eingestellt werden. Dann lauscht man dem Triebwerk, das mit Gas oder Druckluft betrieben werden kann. Den Gipfel an Technik-Voyeurismus erreicht man mit dem Erwerb des Schnittmodells zu 3700 Mark (Vertrieb: Access GmbH, 40210 Düsseldorf).

Trotzdem wird man nicht mit jedem Sonderwunsch fündig, obwohl es selbst solche ausgefallenen Sachen wie ein von Gemballa getunter Elfer zu Kaufen gibt. Dafür ist die Breite des Angebots unermeßlich: Neben den ernsthaften Modellen gibt es jede Menge Elfer-Kitsch, der den Kult rund um das Auto widerspiegelt. Ob 911 als Briefbeschwerer oder Schlüsselanhänger (von Plastik bis Platin), als Radio oder Kissen: nichts ist unmöglich.

Slot-Car-Racing-Bahnen - oder zu deutsch Autorennbahnen - sind ein weiteres Spezialgebiet der Miniatur-Porsche-Leidenschaft. In den 60er Jahren trafen sich in verrauchten Kneipen Spielfreudige, um auf Holzbahnen Rennen auszutragen. Heute gibt es natürlich Vereine, die solche Rennen veranstalten. Die Vorschriften sind streng, die Fahrzeuge müssen den Bestimmungen entsprechen - vor allem in der Optik. Selbst 24-Stunden-Rennen werden ausgetragen... Schon in den 70er Jahren bot beispielsweise Carrera alles erdenkliche Zubehör an, bis hin zum Racing-Computer!

Der dabei üblicherweise verwendete 1:32er Maßstab ist längst nicht mehr im Handel. Weitere gängige Maßstäbe waren 1:40, 1:60 und der heute noch erhältliche 1:24. Auch andere Hersteller wie beispielsweise Faller (1:87) tummelten sich auf dem Markt.

Seit vielen Jahren besteht auch der Porsche Modell Club, initiiert von Hans-Ulrich Upietz, der als kompetenter Ansprechpartner für alle Fragen gilt.

Elfer in allen Größen – echte Sammlerobjekte. ➤

Who is who?

Menschen hinter Namen

Bei Porsche kolportierte man lange Zeit jenes Rezept, mit dem man in Zuffenhausen etwas werden könne: Erstens zur Porsche-Haussippe zählen, zweitens dem Porsche-Kegelclub angehören, drittens Österreicher oder, viertens, seit 1931 dabei sein. Wer zwei der vier Anforderungen erfülle, hieß es, könne sich gute Chancen ausrechnen. Dieser Überblick soll die Porsche-Hausstrukturen etwas transparenter machen; er kann jedoch keinen Anspruch auf Vollständigkeit erheben. Die Auswahl der einzelnen Persönlichkeiten erfolgte im Hinblick auf ihren Einfluß auf den Lebenslauf des Porsche 911.

Ferdinand Porsche (bis 1951)

Ferry Porsche (bis 1972)

Ernst Fuhrmann (1972 bis 1980)

Peter W. Schutz (1981 bis 1987)

Heinz Branitzki (1988 bis 1990)

Arno Bohn (1990 bis 1992)

Wendelin Wiedeking (seit 1992)

Bez, Ulrich: War Vorstandsmitglied für Entwicklung. Übernahm 1988 die Nachfolge Helmuth Botts.

Bott, Helmuth: War Vorstandsmitglied für Entwicklung und maßgeblicher 911-Förderer. Kam 1952 zu Porsche, Pensionierung 1988. Brachte zuvor noch den Carrera 4 auf den Weg. Bott starb 1997.

Falk, Peter: Fuhr ersten 911-Rennerfolg ein, mit Herbert Linge auf der Rallye Monte Carlo 1965. Von 1982 bis 1989 Porsche-Rennleiter, danach Leiter der Fahrwerksentwicklung in Weissach.

Frankenberg, Richard von: Gründer und langjähriger „Redaktor" der Porsche-Kundenzeitschrift *Christophorus*. Kam 1973, 51jährig, bei einem Autounfall ums Leben.

Hanstein, Fritz Sittig Huschke von: Enger Vertrauter Ferry Porsches. Kam 1952 nach Zuffenhausen. Langjähriger Rennleiter, Pressechef, Public-Relations-Fachmann. Huschke von Hanstein starb 1997.

Kaes, Ghislaine: Neffe und Sekretär Ferdinand Porsches. Betreuer des Firmenarchivs. Allrounder in Zuffenhausen: Impulsgeber in puncto Verkaufsförderung, Marketing. Er starb 1986.

Komenda, Erwin: Seit 1931 bei Porsche, starb 1966. Karosseriebau-Experte, verantwortlich unter anderem für Käfer und 356. Komenda war einer der wichtigsten und engsten Mitarbeiter Ferdinand und Ferry Porsches.

Lagaay, Harm: Wurde 1989 Nachfolger Lapines als Stylingchef. Zeichnete zuvor bei BMW den Z1. Er ist für die Linie des Boxster verantwortlich und brachte die neuen Farben ins Porsche-Programm.

Lapine, Anatole: Ab 1972 Porsche-Stylingchef. In seine Ära fiel die Karosserie-Umgestaltung 1974 - und der berühmte Carrera-Bürzel.

Marchert, Horst: Entwicklungsvorstand, Nachfolger Ulrich Bez'.

Mezger, Hans: Langjähriger Leiter der Porsche-Motorenentwicklung.

Piëch, Louise: Schwester Ferry Porsches. Führte die Salzburger Tochterfirma „Porsche Konstruktionen GmbH" und die österreichische Generalvertretung für VW, Audi und Porsche. Louise Piëch starb 1999, elf Monate nach ihrem Bruder Ferry.

Piëch, Ferdinand: Sohn Louise Piëchs. Ab 1963 in Zuffenhausen, zuletzt Entwicklungschef. Als Familienmitglied schied auch er 1972 aus, wechselte zu Audi. Inzwischen Vorstandschef bei VW.

Porsche, Ferdinand Alexander („Butzi"): Ältester Sohn Ferry Porsches. Von 1957 bis 1972 in Zuffenhausen, zuletzt Chefdesigner. „Erfinder" der 911-Form. Nach 1972 Absprung in die Selbständigkeit: Designstudio in Zell am See („Porsche Design": Uhren, Koffer, Brillen).

Porsche, Hans Peter: Ab 1965 Produktionschef in Zuffenhausen. Schied 1972 aus.

Rabe, Karl: Der dienstälteste Mitarbeiter Ferdinand Porsches (seit 1913, bei Austro-Daimler). Seit 1931 in Stuttgart. Ab 1951 mit Einzelprokura Mitglied der Geschäftsleitung. Er galt noch zu Zeiten des 911 als „der persönliche Berater Ferry Porsches in technischen Fragen" (Porsche-Archiv).

Reimspieß, Franz Xaver: Seit 1915 Mitarbeiter und Wegbegleiter Ferdinand Porsches. Bis zu seiner Pensionierung 1966 Leiter der Fahrwerkskonstruktion.

Rombold, Helmut: Langjähriger Leiter der Porsche-Versuchsabteilung.

Prominente 911-Fahrer (eine Auswahl)

Giacomo Agostini, vielfacher Motorrad-Weltmeister: 911 Carrera, 1977. • Barre, Martin, Gitarrist bei Jethro Tull: 911 SC, 1981. Berben, Iris, Schauspielerin: u.a. Carrera 2 Cabrio, 1990. • Burda, Franz, Verleger: unter anderem 911 SC Cabriolet, 1983. Carl Gustav XVI. von Schweden: unter anderem 911 S Targa, 1974. • Diepholz, Otto, „Heute"-Redakteur (ZDF): u.a. 911 SC, 1981. Distel, Sascha, Chansonnier: u.a. 911 S, 1975. • Elstner, Frank, Showmaster: u.a. 911 Turbo, 1981. • Frantz, Justus, Pianist und Intendant: u.a. 959, 1987. • Fröhlich, Gustav, Regiesseur: 911 Targa. • Groß, Michael, Schwimmsportler: u.a. 911 Carrera, 1985. Hanika, Sylvia, Tennisspielerin: u.a. 911 SC, 1981. • Hoeneß, Uli, Fußball-Nationalspieler: 911 Turbo, 1976. • Hussein, König von Jordanien: 911 Carrera, 1975. • Johnson, Don, Schauspieler: 911 Cabrio Turbo-Look, 1986. • Karajan, Herbert von, Dirigent: unter anderem 959, 1987. • Kerner, Nena, Popmusikerin: 911 SC Cabriolet, 1983. • Lauda, Niki, Rennfahrer und Pilot: u.a. 911 Turbo, 1978. • Laufenberg, Frank, Musikjournalist: u.a. 911 Carrera, 1985. • Leisler Kiep, Walther, CDU-Politiker: u.a. 911 SC Targa, 1981. Lindenberg, Udo, Rockmusiker: u.a. 911 Carrera, 1976. • Messner, Reinhold, Extrembergsteiger: 911 SC, 1980. • Mey, Reinhard, Liedermacher: u.a. Carrera RS, 1974. • Mittermayer, Rosi, Ski-Abfahrtsläuferin: 911 SC, 1980. • Müller, Egon, Sandbahn-Weltmeister: 911 Turbo, 1981. • Müller-Westernhagen, Marius, Rockmusiker: 911 SC, 1981. • Mutter, Anne-Sophie, Musikerin: 911 Cabrio, 1984. • Richard, Cliff, Popmusiker: 911 SC Targa, 1982. • Tiriac, Ion, Tennismanager: 959, 1988. • Vogts, Berti, Fußballspieler und -trainer: u.a. 911 Carrera, 1976.

Juan Carlos von Spanien

Roman Polanski

Justus Frantz

Walther Leisler Kiep

Michael Groß

Herbert von Karajan

PORSCHE
STUTTGART

Technische Daten

Alle Daten und Fahrwerte beziehen sich, sofern nicht anders bezeichnet, auf die Coupé-Versionen in Standardausstattung für den deutschen Markt, also ohne Klimaanlage, Turbo-Look o.ä. Wichtige Sportomatic-Fahrwerte sind in Klammern angegeben.

Bei den Angaben im Text und in der Tabelle handelt es sich um Beschreibungen von Fahrzeugen, die für den deutschen Markt vorgesehen waren. Wegen der Fülle der Daten konnten leider Export-Fahrzeuge nicht in gleichem Umfang gewürdigt werden. Auch wenn es sich bei den Werten um offizielle Angaben handelt, kann nicht ausgeschlossen werden, daß abweichende Versionen existieren, die trotzdem original sind. Porsche war (und ist es teilweise auch heute noch) in der Lage, Sonderwünsche für Kunden weit über die Aufpreisliste hinaus zu erfüllen. Auch gab es Änderungen innerhalb eines Modelljahres, die nicht immer explizit als solche dargestellt, sondern pauschal in das entsprechende Jahr aufgenommen wurden.

Dieses Buch liefert aber grundsätzliche Hinweise über die jahresbezogene Ausstattung und Motorvariante.

Für alle Modelle gilt: (siehe auf den folgenden neun Tabellenseiten)

Motor:
Sechszylinder-Viertakt-Boxermotor im Heck, zwei obenliegende Nockenwellen, angetrieben durch Kette, achtfach gelagerte Kurbelwelle, Luftkühlung durch Gebläse, Druckumlaufschmierung mit Trockensumpf.

Modelle 912/912E: Vierzylinder-Viertakt-Boxermotor, zentrale Nockenwelle, angetrieben durch Stirnräder, vierfach gelagerte Kurbelwelle, Druckumlaufschmierung.

Porsche Turbo: KKK-Abgasturbolader.

959: zwei KKK-Lader, zwei Dreiwege-Katalysatoren, 959-Motor mit Vierventil-Technik; Luftkühlung für Zylinder und Wasserkühlung für Zylinderköpfe; zweimal zwei obenliegende Nockenwellen.

Ab Modell 911 Carrera 4: Alle Fahrzeuge für Deutschland mit Dreiweg-Kat; Doppelzündung

Fahrwerk:
Selbsttragende Karosserie; vorn Einzelradaufhängung an Querlenkern und Dämpferbeinen, Schraubenfedern; hinten Einzelradaufhängung an Schräglenkern; vorn und hinten Gasdruckstoßdämpfer, vier Scheibenbremsen, mechanische Handbremse, auf die Hinterräder wirkend.

Fußnoten zu den folgenden Tabellenseiten:

1) Im Bereich der Fahrwerte sind stark differierende Daten anzutreffen. Die hier ausgewählten Werte beruhen zum größten Teil auf Werksangaben, die anhand zeitgenössischer Testberichte korrigiert wurden. Die Verbrauchswerte sind meist groben Schwankungen unterworfen – hier dienten die damaligen Testverbräuche als Anhaltswert. Wann immer möglich sind die noch heute gültigen DIN-Drittelmixwerte angegeben. Mitunter waren keine zuverlässigen Zahlen mehr zu ermitteln, statt mitunter vagen Angaben wurde auf eine Nennung verzichtet. Wenn nicht anders bezeichnet, beziehen sich alle Daten auf Coupé-Versionen mit werksseitiger Standardausrüstung, also z.B. ohne Sportomatic oder Zubehör-Karosserieteile.

2) Auf Wunsch lieferte Porsche für diese Modelle auch das halbautomatische Sportomatic-Getriebe (siehe eigenes Kapitel). Die Sportomatic bestand aus einem hydraulischen Wandler, der automatisch betätigten Einscheiben-Trokkenkupplung und einem Viergang-, später Dreigang-Schaltgetriebe. Die Getriebegänge und auch der Achsantrieb waren bei Sportomatic-Elfern anders übersetzt. Sportomatic-Exemplare waren etwa 15 Kilogramm schwerer, etwa 5 km/h langsamer, die beschleunigten rund eine Sekunde langsamer auf 100 km/h und genehmigten sich circa einen Liter Sprit mehr – das jedenfalls berichten zeitgenössische Testberichte oder auch Datenguru Werner Oswald in seinem Standardwerk „Deutsche Automobile 1945 bis 1990".

	911/911 L	912	911 S
Motor Hubraum	1991	1582	1991
Bohrung und Hub	80×66	82,5×74	80×66
Verdichtungsverhältnis	1:9	1:9,3	1:9,8
PS/kW bei U/min.	130/95 bei 6100	90/66 bei 5800	160/117 bei 6600
Literleistung in PS	65,2	56,8	80,3
max. Drehm. mkg bei U/min.	17,8 bei 4200	12,4 bei 3500	18,2 bei 5200
Gemischzufuhr	Zwei Dreifachvergaser Solex bzw. Weber	zwei Fallstromvergaser Solex	zwei Dreifachvergaser
Tankinhalt in Liter	62	62	62
Batterie 12 V/Kapazität Ah	45	45	45; ab 1968: 2×36
Lichtm.-Leistung in Watt	490	200/300/420	490, ab 1968: 770
Kraftübertragung Kupplung/Art	Einscheiben-Trockenkupplung	Einscheiben-Trockenkupplung	Einscheiben-Trockenkupplung
Getriebe (Schaltwagen)	Fünfgang[2]	Vier-/Fünfgang[2]	Fünfgang[2]
Getriebeübersetzung 1. Gang 2. Gang 3. Gang 4. Gang 5. Gang	bis 6/65 / ab 6/65 2,833 / 3,091 1,778 / 1,809 1,217 / 1,318 0,962 / 1,040 0,821 / 0,857	Viergang / Fünfgang 3,091 / 3,091 1,684 / 1,889 1,125 / 1,318 0,857 / 1,040 / 0,857	 3,091 1,889 1,318 1,040 0,857
Achsantriebsübersetzung	4,428	4,428	4,428
Fahrwerk Bremssystem	Einkreis, ab 8/67: Zweikreis	Einkreis, ab 8/67: Zweikreis	Einkreis, ab 8/67: Zweikreis
Felgen/Reifen vorne Felgen/Reifen hinten	4½ J×15 mit 165 HR 15, ab 8/67: 5½ J×15	4½ J×15 mit 6,95 H 15 oder 165 HR 13, ab 8/67: 5½ J×15	4½ J×15 mit 165 HR 15, ab 8/67: 5½ J×15; ab 1968: 6 J×15 mit 185/70 VR 15
Abmessungen L×B×H in mm	4163×1610×1320	4163×1610×1320	4163×1610×1320
Radstand in mm	2211	2211; ab 1968: 2268	2211; ab 8/67: 1367/1335
Spur v. und h. in mm	1337/1317; ab 6/66: 1353/1321; ab 8/67: 1367/1335	1337/1317; ab 6/66: 1353/1321; ab 8/67: 1367/1335	1353/1325; ab 8/67: 1367/1335
Wendekreis in Metern	10,3	10,3; ab 1968: 10,7 (links) bzw. 10,9 (rechts)	
Leer- u. zul. Gesamtgew. in kg	1095/1400	995/1290; ab 1968: 1010/1300	1085/1400, ab 1968: 1100/1400[4]
Fahrleistungen[1] Vmax	210 km/h	185 km/h	225 km/h
Beschl. 0–100 km/h/sek.	9	12,5	6,7
Beschl. 0–200 km/h/sek.	28,8 (auf 180)	–	26,6 (auf 180 km/h)
1 km stehender Start/sek.	28,0	33,3	28,3
Verbrauch l/100 km (DIN: 90/120 km/h/Stadt)	ca. 15 (Super)	ca. 12 (Super)	ca. 15,5 (Super)
Bauzeit	1964–1968	1965–1969	1966–1969

	911 T	911 E (2,0)	911 T (2,2)
Motor Hubraum	1991	1991	2195
Bohrung und Hub	80×66	80×66	84×66
Verdichtungsverhältnis	1:8,6	1:9,1	1:8,6
PS/kW bei U/min.	110/81 bei 5800	140/103 bei 6500	125/92 bei 5800
Literleistung in PS	55,2	70,3	56,9
max. Drehm. mkg bei U/min.	16,0 bei 4200	17,8 bei 4500	18,0 bei 4200
Gemischzufuhr	Zwei Dreifachvergaser Weber	mech. Bosch-Saugrohreinspritzung	zwei Dreifachvergaser Solex/Zenith
Tankinhalt in Liter	62	62	62
Batterie 12 V/Kapazität Ah	45; ab 1968: 2×36	2×36	2×36
Lichtm.-Leistung in Watt	490; ab 1968: 770	770	770
Kraftübertragung Kupplung/Art	Einscheiben-Trockenkupplung	Einscheiben-Trockenkupplung	Einscheiben-Trockenkupplung
Getriebe (Schaltwagen)	Vier-/Fünfgang[2)]	Vier-/Fünfgang[2)]	Vier-/Fünfgang[2)]
Getriebeübersetzung 1. Gang 2. Gang 3. Gang 4. Gang 5. Gang	Viergang / Fünfgang 3,091 / 3,091 1,632 / 1,889 1,040 / 1,318 0,794 / 1,040 / 0,857	Viergang / Fünfgang 3,091 / 3,091 1,633 / 1,889 1,040 / 1,318 0,793 / 1,040 / 0,793	Viergang / Fünfgang 3,091 / 3,091 1,632 / 1,778 1,040 / 1,218 0,759 / 0,926 / 0,759
Achsantriebsübersetzung	4,428	4,428	4,428
Fahrwerk Bremssystem	Zweikreis	Zweikreis	Zweikreis
Felgen/Reifen vorne Felgen/Reifen hinten	$5^1/_2$ J×15 mit 165 HR 15	6 J×15 mit 185/70 VR 15, Sportomatic: $5^1/_2$ J×14 mit 185 HR 14	$5^1/_2$ J×15 mit 165 HR 15
Abmessungen L×B×H in mm	4163×1610×1320	4163×1610×1320	4163×1610×1320
Radstand in mm	2211; ab 1968: 2268	2268	2268
Spur v. und h. in mm	1367/1335; ab 1968: 1362/1343	1374/1355; Sportomatic: 1364/1345	1362/1343
Wendekreis in Metern	10,3; ab 1968: 10,7 (links) bzw. 10,9 (rechts)	10,7 (links) bzw. 10,9 (rechts)	10,7 (links) bzw. 10,9 (rechts)
Leer- u. zul. Gesamtgew. in kg	1095/1400; ab 1968: 1110/1400	1100/1400	1100/1400
Fahrleistungen[1)] Vmax	205 km/h	210 km/h	205 km/h
Beschl. 0–100 km/h/sek.	8,3	9	10
Beschl. 0–200 km/h/sek.	–	–	–
1 km stehender Start/sek.	29,0	29,2 (Sportomatic)	30,0
Verbrauch l/100 km (DIN: 90/120 km/h/Stadt)	ca. 15,5 (Super)	ca. 15,5 (Super)	ca. 14,5 (Super)
Bauzeit	1967–1969	1968–1969	1969–1971

	911 E (2,2)	911 S (2,2)	911 T (2,4)
Motor Hubraum	2195	2195	2341
Bohrung und Hub	84×66	84×66	84×70,4
Verdichtungsverhältnis	1:9,1	1:9,8	1:7,5
PS/kW bei U/min.	155/114 bei 6200	180/132 bei 6500	130/95 bei 5600
Literleistung in PS	70,6	82,0	55,5
max. Drehm. mkg bei U/min.	19,5 bei 4500	20,3 bei 5200	20,0 bei 4000
Gemischzufuhr	Bosch-Saugrohreinspritzung	Bosch-Saugrohreinspritzung	zwei Dreifachvergaser Solex/Zenith
Tankinhalt in Liter	62	110	62
Batterie 12 V/Kapazität Ah	2×36	2×36	2×36
Lichtm.-Leistung in Watt	770	770	770
Kraftübertragung Kupplung/Art	Einscheiben-Trockenkupplung	Einscheiben-Trockenkupplung	Einscheiben-Trockenkupplung
Getriebe (Schaltwagen)	Fünfgang[2)]	Fünfgang[2)]	Vier-/Fünfgang[2)]
Getriebeübersetzung 1. Gang 2. Gang 3. Gang 4. Gang 5. Gang	 3,091 1,778 1,218 0,926 0,759	 3,091 1,778 1,218 0,926 0,759	Viergang / Fünfgang 3,180 / 3,180 1,780 / 1,830 1,130 / 1,260 0,820 / 0,960 / 0,760
Achsantriebsübersetzung	4,429	4,429	4,429
Fahrwerk Bremssystem	Zweikreis	Zweikreis	Zweikreis
Felgen/Reifen vorne Felgen/Reifen hinten	6 J×15 mit 185/70 VR 15	6 J×15 mit 185/70 VR 15	$5^1/_2$ J×15 mit 165 HR 15
Abmessungen L×B×H in mm	4163×1610×1320	4163×1610×1320	4147×1610×1320
Radstand in mm	2268	2268	2271
Spur v. und h. in mm	1374/1355	1374/1355	1360/1342
Wendekreis in Metern	10,7 (links) bzw. 10,9 (rechts)	10,7 (links) bzw. 10,9 (rechts)	10,7 (links) bzw. 10,9 (rechts)
Leer- u. zul. Gesamtgew. in kg	1110/1400	1110/1400	1110/1400
Fahrleistungen[1)] Vmax	215 km/h	230 km/h	205 km/h
Beschl. 0–100 km/h/sek.	9	8	10
Beschl. 0–200 km/h/sek.	–	29,1	–
1 km stehender Start/sek.	29,0	28,0	28,0
Verbrauch l/100 km (DIN: 90/120 km/h/Stadt)	ca. 15,5 (Super)	ca. 16,0 (Super)	ca. 15,0 (Normal)
Bauzeit	1969–1971	1969–1971	1971–1973

	911 E (2,4)	911 S (2,4)	Carrera (2,7)
Motor Hubraum	2341	2341	2687
Bohrung und Hub	84×70,4	84×70,4	90×70,4
Verdichtungsverhältnis	1:8	1:8,5	1:8,5
PS/kW bei U/min.	165/121 bei 6200	190/140 bei 6500	210/154 bei 6300
Literleistung in PS	70,4	81,1	78,2
max. Drehm. mkg bei U/min.	21,0 bei 4500	22,0 bei 5200	26,0 bei 5100
Gemischzufuhr	Bosch-Saugrohreinspritzung	Bosch-Saugrohreinspritzung	Bosch-Saugrohreinspritzung
Tankinhalt in Liter	62; ab 8/72: 80	62; ab 8/72: 80	80
Batterie 12 V/Kapazität Ah	2×36	2×36	66
Lichtm.-Leistung in Watt	770	770	770
Kraftübertragung Kupplung/Art	Einscheiben-Trockenkupplung	Einscheiben-Trockenkupplung	Einscheiben-Trockenkupplung
Getriebe (Schaltwagen)	Vier-/Fünfgang [2]	Vier-/Fünfgang [2]	Vier-/Fünfgang [2]
Getriebeübersetzung 1. Gang 2. Gang 3. Gang 4. Gang 5. Gang	Viergang / Fünfgang 3,180 / 3,180 1,780 / 1,830 1,130 / 1,260 0,820 / 0,960 / 0,760	Viergang / Fünfgang 3,180 / 3,180 1,780 / 1,830 1,130 / 1,260 0,820 / 0,960 / 0,760	Viergang / Fünfgang 3,182 / 3,182 1,600 / 1,833 1,040 / 1,261 0,724 / 0,926 / 0,724
Achsantriebsübersetzung	4,429	4,429	4,429; ab 8/74: 3,875
Fahrwerk Bremssystem	Zweikreis	Zweikreis	Zweikreis
Felgen/Reifen vorne	6 J×15 mit 185/70 VR 15	6 J×15 mit 185/70 VR 15	6 J×15 mit 185/70 VR 15
Felgen/Reifen hinten	6 J×15 mit 185/70 VR 15	6 J×15 mit 185/70 VR 15	7 J×15 mit 215/60 VR 15
Abmessungen L×B×H in mm	4147×1610×1320	4147×1610×1320	4291×1652×1320
Radstand in mm	2271	2271	2271
Spur v. und h. in mm	1372/1354	1372/1354	1372/1380
Wendekreis in Metern	10,7 (links) bzw. 10,9 (rechts)	10,7 (links) bzw. 10,9 (rechts)	10,7 (links) bzw. 10,9 (rechts)
Leer- u. zul. Gesamtgew. in kg	1110/1400	1110/1400	1110/1400
Fahrleistungen [1] Vmax	220 km/h	230 km/h	240 km/h
Beschl. 0–100 km/h/sek.	8,5	7,5	6,5
Beschl. 0–200 km/h/sek.	–	26,6	23,0
1 km stehender Start/sek.	28,0	26,9	25,4
Verbrauch l/100 km (DIN: 90/120 km/h/Stadt)	ca. 16,0 (Normal)	ca. 17,0 (Normal)	ca. 17,0 (Normal)
Bauzeit	1971–1973	1971–1973	1973–1975

	911 (2,7)	911 S (2,7)	Turbo
Motor Hubraum	2687	2687	2993
Bohrung und Hub	90×70,4	90×70,4	95×70,4
Verdichtungsverhältnis	1:8; ab 8/75: 1:8,5	1:8,5	1:6,5
PS/kW bei U/min.	150/110 bei 5700; ab 8/75: 165/121 bei 5800	175/129 bei 5800	260/191 bei 5500
Literleistung in PS	55,5; 165 PS: 61,5	65,1	86,7
max. Drehm. mkg bei U/min.	24,0 bei 3800; 165 PS: 24,0 bei 4000	24,0 bei 4000	33,5 bei 4000
Gemischzufuhr	Bosch K-Jetronic	Bosch K-Jetronic	Bosch K-Jetronic
Tankinhalt in Liter	80	80	80
Batterie 12 V/Kapazität Ah	66	66	66
Lichtm.-Leistung in Watt	770; ab 8/74: 980	770; ab 8/74: 980	980
Kraftübertragung Kupplung/Art	Einscheiben-Trockenkupplung	Einscheiben-Trockenkupplung	Einscheiben-Trockenkupplung
Getriebe (Schaltwagen)	Vier-/Fünfgang[2]	Vier-/Fünfgang[2]	Viergang[2]
Getriebeübersetzung 1. Gang 2. Gang 3. Gang 4. Gang 5. Gang	Viergang / Fünfgang 3,180 / 3,180 1,600 / 1,830 1,040 / 1,260 0,724 / 0,925 / 0,724	Viergang / (ab 8/74) / Fünfgang / (ab 8/74) 3,180 / 3,180 / 3,180 / 3,180 1,600 / 1,600 / 1,830 / 1,830 1,040 / 1,080 / 1,260 / 1,260 0,724 / 0,821 / 0,925 / 1,000 / / 0,724 / 0,821	 2,250 1,304 0,893 0,656
Achsantriebsübersetzung	4,429	4,429; ab 8/74: 3,875	4,22
Fahrwerk Bremssystem	Zweikreis	Zweikreis	Zweikreis
Felgen/Reifen vorne	5½ J×15 mit 165 HR 15; ab 8/74: 6 J×15 mit 185/70 VR 15	6 J×15 mit 185/70 VR 15	7 J×15 mit 205/50 VR 15
Felgen/Reifen hinten	5½ J×15 mit 165 HR 15; ab 8/74: 6 J×15 mit 185/70 VR 15	6 J×15 mit 185/70 VR 15	8 J×15 mit 225/50 VR 15
Abmessungen L×B×H in mm	4291×1610×1320	4291×1610×1320	4291×1775×1304
Radstand in mm	2271	2271	2272
Spur v. und h. in mm	1360/1342	1372/1354	1432/1502
Wendekreis in Metern	10,7 (links) bzw. 10,9 (rechts)	10,7 (links) bzw. 10,9 (rechts)	10,8 (links) bzw. 11,0 (rechts)
Leer- u. zul. Gesamtgew. in kg	1110/1400; 165 PS: 1440	1110/1400	1210/1525
Fahrleistungen[1] V max	210 km/h; 165 PS: 220 km/h	225 km/h	250 km/h
Beschl. 0–100 km/h/sek.	9,0 (150 PS); 8,0 (165 PS)	8,5	6,0
Beschl. 0–200 km/h/sek.	31,3 (auf 180 km/h, 150 PS)	k. A.	19,8
1 km stehender Start/sek.	28,9 (150 PS)	28,7	24,0
Verbrauch l/100 km (DIN: 90/120 km/h/Stadt)	ca. 14,0 (Normal) 165 PS: ca. 15 Liter (Normal)	ca. 15,0 (Normal)	ca. 20,0 (Super)
Bauzeit	1973–1977	1973–1975	1975–1977

	912 E	Carrera (3,0)	911 SC
Motor Hubraum	1971	2993	2994
Bohrung und Hub	94×71	95×70,4	95×70,4
Verdichtungsverhältnis	1:7,6	1:8,5	1:8,5; ab 9/79: 1:8,6; ab 8/80: 1:9,8
PS/kW bei U/min.	87/64 bei 4000	200/147 bei 6000	180/132 bei 5500; ab 9/79: 188/138 bei 5500; ab 8/80: 204/150 bei 5900;
Literleistung in PS	44,1	66,8	60,2; 188 PS: 62,8; 204 PS: 68,2
max. Drehm. mkg bei U/min.	12,7 bei 4900	26,0 bei 4200	27,0 bei 4200; 204 PS: 27 bei 4300
Gemischzufuhr	Bosch K-Jetronic	Bosch K-Jetronic	Bosch K-Jetronic
Tankinhalt in Liter	80	80	80
Batterie 12 V/Kapazität Ah	45	66	66 oder 88
Lichtm.-Leistung in Watt	980	980	980; ab 9/81: 1050
Kraftübertragung Kupplung/Art	Einscheiben-Trockenkupplung	Einscheiben-Trockenkupplung	Einscheiben-Trockenkupplung
Getriebe (Schaltwagen)	Fünfgang[2]	Vier-/Fünfgang[2]	Fünfgang[2]
Getriebeübersetzung 1. Gang 2. Gang 3. Gang 4. Gang 5. Gang	 3,180 1,830 1,126 0,926 0,724	Viergang / Fünfgang 3,180 / 3,180 1,600 / 1,830 1,080 / 1,260 0,724 / 0,926 / 0,724	 3,180 1,830 1,250 0,960 0,786
Achsantriebsübersetzung	4,428	3,875	3,875
Fahrwerk Bremssystem	Zweikreis	Zweikreis	Zweikreis
Felgen/Reifen vorne	5½ J×15 mit 165 HR 15	6 J×15 mit 185/70 VR 15	6 J×15 mit 185/70 VR 15 6 J×16 mit 205/55 VR 16
Felgen/Reifen hinten	5½ J×15 mit 165 HR 15	7 J×15 mit 215/60 VR 15	7 J×15 mit 215/60 VR 15 7 J×16 mit 225/50 VR 16
Abmessungen L×B×H in mm	4291×1610×1340	4291×1652×1320	4291×1652×1320
Radstand in mm	2271	2271	2271
Spur v. und h. in mm	1362/1343	1372/1380	1369/1379
Wendekreis in Metern	10,7 (links) bzw. 10,9 (rechts)	10,7 (links) bzw. 10,9 (rechts)	10,8 (links) bzw. 11,0 (rechts)
Leer- u. zul. Gesamtgew. in kg	1020/1300	1150/1440	1160/204 PS: 1180/je 1500
Fahrleistungen[1] Vmax	177 km/h	ca. 235 km/h	180/188 PS: 225 km/h 204 PS: 235 km/h
Beschl. 0–100 km/h/sek.	13,5	7,0	180/188 PS: 7; 204 PS: 6,5
Beschl. 0–200 km/h/sek.	–	27,9	180/188 PS: 29,3; 204 PS: 26,3
1 km stehender Start/sek.	–	26,2	180/188 PS: 26,2; 204 PS: 25,9
Verbrauch l/100 km (DIN: 90/120 km/h/Stadt)	ca. 13,0 (Normal)	ca. 17,0 (Normal)	180/188 PS: 9,2/11,4/17,3 (Normal) 204 PS: 8,0/9,7/13,4 (Super)
Bauzeit	1975–1976	1975–1977	1977–1983

	911 Turbo	911 Carrera (3,2)	959
Motor Hubraum	3299	3164	2850
Bohrung und Hub	97×74,4	95×74,5	95×67
Verdichtungsverhältnis	1:7,0	1:10,3; ab 8/86: 1:9,5	1:8,3
PS/kW bei U/min.	300/221 bei 5500	231/170 bei 5900; ab 1985 auch mit Kat (auf Wunsch), dann 207/152 bei 5900; ab 8/86 mit Kat und 217/160 bei 5900	450/331 bei 6500;
Literleistung in PS	90,9	207 PS: 65,4; 217 PS: 68,6; 231 PS: 73,0	158,0
max. Drehm. mkg bei U/min.	42,0 bei 4000	217 PS: 26,5 bei 4800 231 PS: 28,4 bei 4800	50 bei 5500
Gemischzufuhr	Bosch K-Jetronic	Bosch Motronic	Bosch Motronic
Tankinhalt in Liter	80	80	85
Batterie 12 V/Kapazität Ah	88	66 oder 88	66
Lichtm.-Leistung in Watt	980; ab 9/81: 1050; ab 9/83: 1260	1260	1610
Kraftübertragung Kupplung/Art	Einscheiben-Trockenkupplung	Einscheiben-Trockenkupplung	Einscheiben-Trockenkupplung
Getriebe (Schaltwagen)	Viergang; ab 1989 Fünfgang	Fünfgang	Sechsgang
Getriebeübersetzung 1. Gang 2. Gang 3. Gang 4. Gang 5. Gang 6. Gang	Viergang / Fünfgang 2,250 / 3,154 1,300 / 1,789 0,893 / 1,269 0,620 / 0,967 / 0,756	bis 8/86 / ab 8/86 3,181 / 3,154 1,833 / 1,895 1,261 / 1,333 0,966 / 1,036 0,763 / 0,861	 3,500 2,059 1,409 1,036 0,813 0,639
Achsantriebsübersetzung	4,220; bei Fünfgang: 3,444	bis 8/86: 3,875; ab 8/86: 3,444	4,125
Fahrwerk Bremssystem	Zweikreis	Zweikreis	Zweikreis, ABS
Felgen/Reifen vorne	7 J×16 mit 205/55 VR 16	6 J×15 mit 185/70 VR 15; ab 8/86: 195/65 VR 15; auf Wunsch und ab 8/88: 6 J×16 mit 205/55 VR 16	8 J×17 mit 235/45 VR 17
Felgen/Reifen hinten	8 J×16 mit 255/50 VR 16; ab 8/85: 9 J×16 mit 245/45 VR 16	7 J×15 mit 215/60 VR 15; auf Wunsch und ab 8/88: 7 J×16 mit 255/50 VR 16	10 J×17 mit 255/40 VR 17
Abmessungen L×B×H in mm	4291×1775×1310	4291×1652×1320	4260×1840×1280
Radstand in mm	2272	2272	2272
Spur v. und h. in mm	1432/1492	1370/1380	1504/1550
Wendekreis in Metern	11,0 (links) bzw. 11,2 (rechts)	10,7 (links) bzw. 10,9 (rechts)	11,1 (links) bzw. 11,3 (rechts)
Leer- u. zul. Gesamtgew. in kg	1380/1680	1200/1500; ab 8/86: 1530 (Turbokook: + 50 kg)	1450/1720
Fahrleistungen[1)] Vmax	ca. 260 km/h	207 PS: 235 km/h; 217 PS: 240 km/h; 231 PS: 247 km/h	315 km/h
Beschl. 0–100 km/h/sek.	5,5	6,5–7,0	4,0
Beschl. 0–200 km/h/sek.	17,7	231 PS: 23,1	14,3
1 km stehender Start/sek.	24,0	231 PS: 25,6	–
Verbrauch l/100 km (DIN: 90/120 km/h/Stadt)	8,1/15,3/20,0 (Super)	231 PS: 6,8/9,0/13,6 (Super)	18 (Super) Testverbrauch
Bauzeit	1977–1989	1983–1989	1987–1988

	911 Carrera 2/4	911 Turbo (bzw. 911 Turbo S)	911 Carrera RS
Motor Hubraum	3600	3299	3600
Bohrung und Hub	100×76,4	97×74,4	100×76,4
Verdichtungsverhältnis	1:11,3	1:7,0;	1:11,3
PS/kW bei U/min.	250/184 bei 6100	320/236 bei 5750; S: 381/280 bei 6000	260/191 bei 6100
Literleistung in PS	69,4	97,2; S: 115,5	72,2
max. Drehm. mkg bei U/min.	31,0 bei 4800	45,0 bei 4500; S: 49,0 bei 4800	325 Nm bei 4800
Gemischzufuhr	Bosch Motronic	Bosch KE-Jetronic	Bosch Motronic
Tankinhalt in Liter	77	77	77
Batterie 12 V/Kapazität Ah	72	72	72
Lichtm.-Leistung in Watt	1610	1610	1610
Kraftübertragung Kupplung/Art	Einscheiben-Trockenkupplung	Einscheiben-Trockenkupplung	Einscheiben-Trockenkupplung
Getriebe (Schaltwagen)	Fünfgang	Fünfgang	Fünfgang
Getriebeübersetzung 1. Gang 2. Gang 3. Gang 4. Gang 5. Gang	 3,500 2,118 1,444 1,086 0,868	 3,154 1,789 1,269 0,967 0,756	 3,154 1,789 1,269 0,967 0,756
Achsantriebsübersetzung	3,444	3,444	3,444
Fahrwerk Bremssystem	Zweikreis, ABS	Zweikreis, ABS	Zweikreis, ABS
Felgen/Reifen vorne	6 J×16 mit 205/55 ZR 16	7 J×17 mit 205/50 ZR 17 S: 8J×18 mit 235/40 ZR 18	7,5 J×17 mit 205/50 ZR 17
Felgen/Reifen hinten	8 J×16 mit 255/50 ZR 16	8 J×17 mit 255/40 ZR 17 S: 10 J×18 mit 265/35 ZR 18	9 J×17 mit 255/50 ZR 17
Abmessungen L×B×H in mm	4250×1652×1320	4250×1775×1310	4250×1652×1320
Radstand in mm	2272	2272	2272
Spur v. und h. in mm	1380/1374	1434/1493	k. A.
Wendekreis in Metern	11,0	11,5	k. A.
Leer- u. zul. Gesamtgew. in kg	Carrera 2 Coupé: 1400; Carrera 4 Coupé: 1450; Tiptronic: + 30; Cabrio: + 30; zul. Gesamtgew. C2: 1690; C4: 1790	1470/1810	1220/k. A.
Fahrleistungen[1)] Vmax	260 km/h; (Tiptronic: - 3 km/h)	275 km/h; S: 290 km/h	260 km/h
Beschl. 0—100 km/h/sek.	5,9 (Tiptronic: ca. 7,0)	5,0; S: 4,6	5,3
Beschl. 0—200 km/h/sek.		19,3; S: 14,2	18,8
1 km stehender Start/sek.		24,3; S: 22,4	k. A.
Verbrauch l/100 km (DIN: 90/120 km/h/Stadt)	C2: 7,8/9,7/17,1; C4: 8,0/9,5/17,9 (Super bleifrei)	8,5/10,4/21,0	8,1/9,8/—
Bauzeit	1989—1993 (Modellvorstellung C4: 1988)	1990—1992; S: Kleinserie 1992	1992—1993

	911 Carrera RS 3,8	911 Turbo 3,6	911 (993)
Motor Hubraum	3746	3600	3600
Bohrung und Hub	102,0×76,4	100×76,4	100×76,4
Verdichtungsverhältnis	1:11,0	1:7,5	1:11,3
PS/kW bei U/min.	300/221 bei 6500	360/265 bei 5500	272/200 bei 6100
Literleistung in PS	80,0	100,0	75,5
max. Drehm. mkg bei U/min.	360 Nm bei 5250	520 Nm bei 4200	330 Nm bei 5000
Gemischzufuhr	Bosch Motronic	Bosch Motronic	Bosch Multipoint M 2.10
Tankinhalt in Liter	77	77	74,5
Batterie 12 V/Kapazität Ah	72	72	75
Lichtm.-Leistung in Watt	1610	1610	1610
Kraftübertragung Kupplung/Art	Einscheiben-Trockenkupplung	Einscheiben-Trockenkupplung	Einscheiben-Trockenkupplung
Getriebe (Schaltwagen)	Fünfgang	Fünfgang	Sechsgang
Getriebeübersetzung 1. Gang 2. Gang 3. Gang 4. Gang 5. Gang 6. Gang	 3,150 1,900 1,400 1,090 0,870	 3,154 1,789 1,269 0,967 0,756	 3,818 2,150 1,560 1,242 1,072 0,820
Achsantriebsübersetzung	3,444	3,444	
Fahrwerk Bremssystem	Zweikreis, ABS	Zweikreis, ABS	Zweikreis, ABS
Felgen/Reifen vorne	9 J×18 mit 235/40 ZR 18	8 J×18 mit 225/40 ZR 18	7 J×16 mit 205/55 ZR 16
Felgen/Reifen hinten	11 J×18 mit 285/35 ZR 18	10 J×18 mit 265/35 ZR 18	9 J×16 mit 245/45 ZR 16
Abmessungen L×B×H in mm	4250×1652×1320	4275×1775×1290	4245×1735×1300
Radstand in mm	2272	2272	2272
Spur v. und h. in mm	1420/1470	1442/1488	1405/1444
Wendekreis in Metern	12,8	11,45	11,74
Leer- u. zul. Gesamtgew. in kg	1210/1430	1470/1810	1370/1710
Fahrleistungen[1)] Vmax	270 km/h	280 km/h	270 km/h
Beschl. 0–100 km/h/sek.	4,9	4,8	5,6
Beschl. 0–200 km/h/sek.	16,6	16,4	
1 km stehender Start/sek.	k. A.	23,3	25,1
Verbrauch l/100 km (DIN: 90/120 km/h/Stadt)	8,5/10,6/–	8,3/10,3/21,3 (Turbo)	7,4/9,1/17,9
Bauzeit	1992	ab 1993	ab 1993

	911 Carrera 2/4 (993)	911 Carrera RS (993)	911 Turbo (993)
Motor Hubraum	3600	3746	3600
Bohrung und Hub	100 x 76.4	102 x 76,4	100 x 76,4
Verdichtungsverhältnis	1:11,3	1:11,3	1:8,0
PS/kW bei U/min	272/200, ab 8/95 285/210 bei 6100	300/221 bei 6500	408/300 bei 5750
Literleistung in PS	75,5/79,1	80,0	113
max. Drehm. in Nm bei U/min	330/5000, 285 PS: 340/5250	355/5400	540 bei 5400
Gemischzufuhr	Bosch Multipoint	Bosch Motronic 5.2	Bosch Motronic 5.2
Tankinhalt in Litern	74	74	74, auf Wunsch 92
Batterie 12/V/Kapazität Ah	75	75	75
Lichtmaschinen-Leistung in Watt	1610	1610	1610
Kraftübertragung Kupplung/Art	Einscheiben-Trockenkupplung	Einscheiben-Trockenkupplung	Einscheiben-Trockenkupplung
Getriebe (Schaltwagen)	Sechsgang	Sechsgang	Sechsgang
Getriebeübersetzung 1. Gang 2. Gang 3. Gang 4. Gang 5. Gang 6. Gang	 3,818 2,150 1,560 1,242 1,072 0,820	 3,154 2,000 1,522 1,242 1,024 0,821	 3,818 2,150 1,560 1,212 0,873 0,750
Antriebsübersetzung	3,444	3,444	3,444
Fahrwerk Bremssystem	Zweikreis, ABS	Zweikreis, ABS	Zweikreis, ABS
Felgen/Reifen vorne	7 J x 16 mit 205/55 ZR 16	8 J x 18 mit 225/40 ZR 18	8 J x 18 mit 225/40 ZR 18
Felgen/Reifen hinten	9 J x 16 mit 245/45 ZR 16	10 J x 18 mit 265/35 ZR 18	10 J x 18 mit 285/30 ZR 18
Abmessungen L x B x H in mm	4275 x 1735 x 1300	4245 x 1735 x 1270	4245 x 1795 x 1285
Radstand in mm	2272	2272	2272
Spur vorne/ hinten in mm	1405/1444	1413/1452	1411/1504
Wendekreis in Metern	11,74	11,74	11,74
Leer- und zul. Gesamtgewicht in kg	1370/1710	1270/1550	1500/1840
Fahrleistungen Vmax	270 bzw. 275 km/h	277 km/h	292 km/h
Beschl. 0-100 km/h in sek.	5,3 (285 PS)	5,1	4,5
0-200 km/h	21,0 (285 PS)	19,6	15,1
1 km stehender Start/sek.	24,8 (285 PS)	24,3	22,4
Verbrauch l/100 km (DIN: 90/120 km/h/Stadt)	7,4/9,1/17,9	7,6/9,5/20,1	8,2/10,3/21,0
Bauzeit	1993-1998	1995-97	1995-1998

	911 Carrera 4S und S (993)	911 Carrera GT 2 (993)
Motor Hubraum	3600	3600
Bohrung und Hub	100 x 76,4	100 x 76,4
Verdichtungsverhältnis	1:11,3	1:8,0
PS/kW bei U/min	285/210 bei 6100	430 (316) bei 4500
Literleistung in PS	79,1	124,6
max. Drehm. in Nm bei U/min	340/4250	540 bei 4500
Gemischzufuhr	Bosch Multipoint	Bosch Motronic 5.2
Tankinhalt in Litern	74	74
Batterie 12/V/Kapazität Ah	75	75
Lichtmaschinen-Leistung in Watt	1610	1610
Kraftübertragung Kupplung/Art	Einscheiben-Trockenkupplung	Einscheiben-Trockenkupplung
Getriebe (Schaltwagen)	Sechsgang	Sechsgang
Getriebeübersetzung 1. Gang 2. Gang 3. Gang 4. Gang 5. Gang 6. Gang	 3,818 2,150 1,560 1,242 1,072 0,820	 3,818 2,150 1,560 1,210 0,970 0,750
Antriebsübersetzung	3,444	3,444
Fahrwerk Bremssystem	Zweikreis, ABS	Zweikreis, ABS
Felgen/Reifen vorne	8 J x 18 mit 225/40 ZR 18	9 J x 18 mit 235/40 ZR 18
Felgen/Reifen hinten	10 J x 18 mit 285/30 ZR 18	11 J x 18 mit 285/35 ZR 18
Abmessungen L x B x H in mm	4245 x 1795 x 1285	4245 x 1853 x 1270
Radstand in mm	2272	2272
Spur vorne/ hinten in mm	1411/1504	1411/1540
Wendekreis in Metern	11,74	k.A.
Leer- und zul. Gesamtgewicht in kg	1472/1790	ab 1175/k.A.
Fahrleistungen Vmax	272 km/h	297 km/h
Beschl. 0-100 km/h in sek.	5,4	3,9
0-200 km/h	22,5	13,3
1 km stehender Start/sek.	25,5	21,7
Verbrauch l/100 km (DIN: 90/120 km/h/Stadt)	8,1/9,6/18,8	12 bis 25 (Testwert)
Bauzeit	1995-1998	1995-1998

Die Preise auf dem deutschen Markt (Quelle: Porsche-Preislisten aus Werksbesitz)

Jahr	Preis vom	Typ	Grundpreis DM
1965	April	911 912	22 900 17 590
1965	August	911 912	21 900 16 250
1966	Juli	911 911 S 912	20 980 24 480 17 590
1966	Oktober	911 911 Targa 911 S 911 S Targa 912	20 980 24 480 22 380 25 880 17 590
1968	August	911 T 911 T Targa 911 E 911 E Targa 911 S 911 S Targa 912 912 Targa	19 970 21 745 24 695 26 474 26 918 28 694 17 538 19 314
1971	August	911 T 911 T Targa 911 E 911 E Targa 911 S 911 S Targa	22 980 25 200 25 980 28 200 30 680 32 900
1972	August	911 T 911 Targa 911 E 911 E Targa 911 S 911 S Targa	23 480 25 700 27 775 29 995 31 500 33 720
1973	März	911 T 911 T Targa 911 E 911 E Targa 911 S 911 S Targa Carrera RS	24 480 26 700 28 720 31 000 32 480 34 700 34 000
1974	März	911 911 Targa 911 S 911 S Targa Carrera Carr. Targa	29 250 31 470 32 950 35 440 39 950 41 950
1975	September	911 911 Targa Carrera Carr. Targa Turbo	34 350 36 850 44 450 46 950 66 450
1976	August	911 911 Targa Carrera Carr. Targa Turbo	35 950 38 450 46 350 48 850 67 850
1977	Juni	911 SC 911 SC Targa Turbo	39 900 42 700 78 500
1978	August	911 SC 911 SC Targa Turbo	42 950 45 890 79 900
1979	August	911 SC 911 SC Targa Turbo	46 950 49 950 82 950

Jahr	Preis vom	Typ	Grundpreis DM
1980	August	911 SC 911 SC Targa Turbo	49 900 52 900 85 950
1981	August	911 SC 911 SC Targa Turbo	51 850 54 850 89 800
1982	August	911 SC 911 SC Targa 911 SC Cabrio 911 Turbo	55 690 58 910 64 500 96 400
1985	August	911 Carrera 911 Carr. Targa 911 Carr. Cabrio 911 Turbo	72 000 76 000 82 000 119 000
1986	August	911 Carrera 911 Carr. Targa 911 Carr. Cabrio 911 Turbo	75 250 79 250 85 250 125 000
1987	Juli	911 Carrera 911 Carr. Targa 911 Carr. Cabrio 911 Turbo 911 Turbo Targa 911 Turbo Cabrio	80 500 84 600 90 800 131 000 138 000 152 000
1989	April	911 Carrera 911 Carrera Targa 911 Carrera Cabrio 911 Carrera 4 911 Speedster (Turbo Look) 911 Turbo 911 Turbo Targa 911 Turbo Cabrio	86 000 90 500 96 800 114 500 110 000 138 800 146 000 160 900
1989	August	911 Carrera 2 911 Carrera 2 Targa 911 Carrera 2 Cabrio 911 Carrera 4 911 Carrera 4 Targa 911 Carrera 4 Cabrio	103 500 108 700 118 000 116 600 121 800 131 100
1990	Juli	911 Carrera 2 911 Carrera 2 Targa 911 Carrera 2 Cabrio 911 Carrera 4 911 Carrera 4 Targa 911 Carrera 4 Cabrio 911 Turbo	108 920 114 360 124 025 122 600 128 040 137 705 178 500
1991	Juli	911 Carrera 2 911 Carrera 2 Targa 911 Carrera 2 Cabrio 911 Carrera 4 911 Carrera 4 Targa 911 Carrera 4 Cabrio 911 Turbo	116 800 122 450 132 450 129 450 135 100 145 100 190 250
1992	August	911 Carrera 2 911 Carrera 2 Targa 911 Carrera 2 Cabrio 911 Carrera 4 911 Carrera 4 Targa 911 Carrera 4 Cabrio 911 Turbo 3.6 (Jan. 93)	122 340 128 250 138 740 135 550 141 460 151 950 204 000
1993	Oktober	911 (993) Carr. Coupé 911 Carr. 2 Cabriolet 911 Speedster 911 Carr. 4 Coupé (Turbo Look) 911 Turbo 3,6 911 Carrera RS 3,8	125 760 142 620 134 000 145 900 207 880 225 000

Die Preise auf dem deutschen Markt

Jahr	Preis vom	Typ	Grundpreis DM
1994	August	911 Carrera Coupé 911 Carrera Cabriolet 911 Carrera 4 Coupé 911 Carrera 4 Cabriolet	125 760 142 620 134 340 151 190
1995	August	911 Carrera Coupé 911 Carrera Targa 911 Carrera Cabriolet 911 Carrera 4 Coupé 911 Carrera 4 S Coupé 911 Carrera RS 911 Turbo 911 Carrera GT2	132 950 145 000 150 800 142 000 158 100 153 350 219 850 276 000
1996	August	911 Carrera Coupé 911 Carrera Targa 911 Carrera Cabriolet 911 Carrera 4 Coupé 911 Carrera S Coupé 911 Carrera 4 S Coupé 911 Turbo 911 Carrera GT2	132 950 146 500 150 800 143 500 137 500 159 800 222 500 278 875
1997	August	911 Carrera Coupé 911 Carrera Targa 911 Carrera Cabriolet 911 Carrera 4 Coupé 911 Carrera S Coupé 911 Carrera 4 S Coupé 911 Turbc	132 950 153 290 150 800 143 500 137 500 159 800 222 500

Die Aufpreis-Listen der Modelle

Eine Auswahl aus verschiedenen Jahrgängen

911/912, Modelljahr 1968
(Auszug aus der Preisliste von 1967)
Radzierdeckel mit farbigem Wappen, 20,–;
Reifen Phoenix 165 HR 15 P 110, 108,–;
Reifen Dunlop SP 165 HR 15, 108,–;
Leichtmetallfelgen („Fuchsfelgen"), 695,–;
Chromfelgen, 298,–;
Talbotspiegel, lose, 23,50;
911-S-Instrumente, 120,–;
Außenthermometer, 75,–;
Verchromte Klappleuchte im Kofferraum, 35,–;
Velouran-Fußmatten, 59,–;
Beckengurt für Vordersitz, 54,–;
Schrägschultergurt, 56,–;
Becken-Schrägschultergurt, 68,–;
Ersatzteiltasche 911 S, 145,–;
Ersatzteiltasche 912, 125,–;
Ersatzteiltasche 911 T, 145,–;
Ersatzteiltasche 911 L, 145,–;
Gummipuffer für Stoßstangenhörner, 20,–;
Vordere Stoßst.hörner m. Gummipuffer, 65,–;
Koni-Stoßdämpfer, 120,–;
Zusatzheizung, 695,–
Zusatzgebläse, 175,–;
Klimaanlage, 2980,–;
Lederkoffer schwarz, 180,–;
Lederkoffer schwarz, 125,–;
Zwei schwarze Lederriemen für Fond, 16,–;
Reisetasche, Skai, 85,–;
Reisetasche, Leder, 130,–;
Lederkoffer für Fond, schwarz, 145,–;
Hemdenkoffer für Fond, Leder, 89,–;
Hemdenkoffer für Fond, Skai, 59,–;
Holzlenkrad, 150,–;
Erhöhte Lenkradnabe, 75,–;
Lederlenkrad, 150,–;
Halogenhauptscheinwerfer, 125,–;
Warnblinkleuchte, 40,–;
Heckscheibenwischer, 180,–;
Halogen-Nebellampe gelb, 150,–;
Halogen-Nebellampe weiß, 150,–;
Nebelleuchte weiß, 110,–;
Elektrische Antenne, 300,–;
Motorentstörung, 45,–;
Antenne, 48,50;
Lautsprecher, 35,–;
Radio Blaupunkt Bremen, 350,–;
Radio Blaupunkt Stuttgart, 420,–;
Radio Blaupunkt Frankfurt, 540,–;
Radio Blaupunkt Hannover, 505,–;
Radio Blaupunkt Köln, 745,–;
Radio Blaupunkt New York, 745,–;
Radio Blaupunkt Boston, 300,–;
Radio Becker Europa, 540,–;
Radio Becker Grand Prix, 795,–;
Persenning Targa, 120,–;
Recaro-Sportsitz, 50,–;
Sonderlackierung nach Muster, 735,–;
Halogenfernlicht über Stoßstange, 190,–;
Halogen-Nebellicht gelb über Stoßstange, 190,–;
Sitzerhöhung für beide Sitze, 27,–;
Sitze in Leder statt Kunstleder, 390,–;
Sitze in Pepitastoff, 50,–;
Beschlag für Schlummerrolle, 12,50;
Schlummerrolle mit Beschlag, Leder, 80,–;
Schlummerrolle mit Beschlag, Kunstleder, 59,–;
Elektrisches Schiebedach, 985,–;
Getönte Rundumverglasung Targa, 140,–;
Getönte Rundumverglasung Coupé, 190,–;
Getönte Windschutzscheibe, 115,–;
Getönte Heckscheibe, 30,–;
Beheizbare Heckscheibe Coupé, 250,–;
Beheizbare Heckscheibe getönt, 280,–
100-Liter-Tank, 298,–;
Dachgepäckträger mit Skihalter, 195,–;
Vier Lederriemen für Dachgepäckträger, 33,–;
Dachskihalter Coupé, 62,–;
Dachskihalter Targa, 90,–;
Getönte feste Heckscheibe Targa, 150,–;
Abschlepphaken hinten, 20,–;
Sperrdifferential, 240,–;
Sportomatic, 990,–;
Fünfganggetriebe, 200,–

911 T/E/S
(Auszug aus der Preisliste vom 1. August 1972)
Kopfstützen links und rechts, 130,– (alle Modelle);
Leichtmetallfelgen 6Jx15 geschmiedet, 1395,–/320,–/Serie (T/E/S);
Koni-Dämpferbein, 320,–/320,–/145,–;
Stabilisatoren, 250,–/250,–/Serie;
Sportsitze links und rechts, 250,– (alle Modelle);
Automaticgurte, 250,– (alle Modelle);
85-Liter-Tank (mit Notrad), 380,–/Serie/Serie;
Heckscheibenwischer, 225,– (alle Modelle);
Nebellampen H3 gelb, 170,– (alle Modelle);
Zusatzscheinwerfer H3 weiß, 190,– (alle Modelle);
Stahlfelgen 6 J×15 (nur T), 300,–;
Spoiler, 350,–/Serie/Serie;
Druckgußfelgen 6Jx15, 995,–/Serie/nicht lieferbar;
Druckgußfelgen 5 1/2Jx15, 695,– (nur für T);
Dreipunkt-Statikgurte, 135,– (alle Modelle);
Getöntes Glas für Coupé, 365,– (alle Modelle);
Getöntes Glas für Targa, 240,– (alle Modelle);
Comfort-Ausstattung, 490,–/490,–/Serie;
Elektrisches Schiebedach, 1230,– (alle Modelle);
Elektrische Fensterheber f. Coupé, 495,– (alle Modelle);
Nebelschlußleuchte, 53,– (alle Modelle);
Sonderlackierung nach Farbkarte, 690,– (alle Modelle);
Sonderlackierung nach Wahl, 1200,– (alle Modelle);
Ledersitze, 595,– (alle Modelle);
Ganzlederausstattung, 1360,– (alle Modelle);
Fünfganggetriebe, 470,– (alle Modelle);
Sportomatic, 1000,– (alle Modelle)

911 SC und Turbo, Modelljahr 1978
(Auszug aus der Preisliste vom 1. Juni 1977)
Dämpferbein, 240,–/Serie (SC/Turbo);
Leichtmetallfelgen geschmiedet 6Jx16, 1990,–/nicht lieferbar;
Sperrdifferential 40 %, 850,– (beide Modelle);
Dreigang-Sportomatic, 1190,– (nur SC);
Stoßstangen mit Aufpralldämpfern vorn und hinten, 380,– (beide);
Schwarzmatte Chrom- und Eloxalteile für SC, 350,–;
Schwarzmatte Chrom- und Eloxalteile SC Targa, 495,–;
Außenspiegel rechts, 185,–/185,–;
Getönte Verglasung mit elektrisch beheizter
Windschutzscheibe, für Coupé, 850,–/Serie;
Getönte Verglasung für Targa, 295,–;
Getönte Verglasung für Coupé, 460,–;

Wesentliche Grundlage während der Recherche waren die gesammelten Pressemitteilungen, Verkaufsprospekte und Unterlagen des Porsche-Archivs. Die nachfolgend aufgeführten Quellen standen während der Arbeit an diesem Buch außerdem zur Verfügung; die Reihenfolge richtet sich nach Intensität der Nutzung.

Zeitschriften

Christophorus: Sämtliche Jahrgänge bis 1993
auto motor und sport: Jahrgänge 1963 bis 1993
mot: Jahrgänge 1963 bis 1993
sportauto: verschiedene Einzelausgaben
autorevue: Jahrgänge 1983 bis 1993
Oldtimer-Markt: Jahrgänge 1980 bis 1993
Motor Klassik: Jahrgänge 1984 bis 1993
Auto-Zeitung: Jahrgänge 1980 bis 1993
Motor Revue: verschiedene Ausgaben
Carrera: verschiedene Einzelausgaben
Der Spiegel: Jahrgänge 1961 bis 1993
manager magazin: Jahrgänge 1983 bis 1993

Bücher

Anderson, Bruce: *Porsche 911 Tuning-Handbuch.* Schrader-Verlag, München.
Bentley, J. und Porsche, F.: *Porsche - ein Traum wird Wirklichkeit, ein Auto macht Geschichte.* ECON-Verlag, Düsseldorf-Wien.
Boschen, Lothar und Barth, Jürgen: *Das große Buch der Porsche-Sondertypen und Porsche-Konstruktionen.* Motorbuch-Verlag, Stuttgart.
Boschen, Lothar und Barth, Jürgen: *Das große Buch der Porsche-Typen.* Zwei Bände. Motorbuch-Verlag, Stuttgart.
Frère, Paul: *Die Porsche 911-Story.* Motorbuch-Verlag, Stuttgart.
Gruber, Dr.Thomas und Dr.Georg Konradsheim: *Carrera RS.* Deutsch oder englisch, limitierte Auflage. T.A.G.-Verlag, Wien.
Lewandowski, Jürgen: *Porsche 959.* Südwest Verlag, München.
Moesch, Michael und Gratz, Eberhard: *Porsche Speedster. Eine ewig junge Idee.* Südwest Verlag, München.
Pascal, Dominique: *Porsche au Mans.* Französisch. êditions Presse Audiovisuel.
Pasini, Stefano: Catalogue Raisonné *Porsche 1946-1986.* Englisch/Italienisch/Französisch. International Publishing Group, Mailand.
Porsche, Ferry: *Ein Leben für das Auto.* Motorbuch Verlag, Stuttgart.
Porter, Lindsay und Peter Morgan: *Porsche 911: Restaurierung.* Schrader-Verlag, München.
Seiff, Ingo: *Das große Porsche-Buch.* Verlag Hoffmann & Campe, Hamburg.
Seiff, Ingo: *Porsche 911. Ein Mythos.* Verlag Ellert und Richter, Hamburg.
Seiffert, Reinhard: *Carrera 4 - Porsche Allrad 1900-1990.* Südwest Verlag, München.
Seiffert, Reinhard: *Porsche Turbo.* Südwest-Verlag München.
Upietz, Ulrich und Zentgraf, Ekkehard: *Porsche. Spielzeug und Miniaturen. Designstudien und Windkanalmodelle.* Gruppe C Motorsport Verlag GmbH.
Zeichner, Walter: *Porsche 911 mit Targa, Carrera, Cabriolet 1963-1986.* Aus der Reihe Schrader Motor-Chronik. Schrader-Verlag, Suderburg.

Für die zahlreichen Informationen, für Tips und Fotos, für Geduld und Zeit bedanke ich mich bei:

- Prof. Dr. Ferry Porsche

- der Dr.Ing. h. c. F. Porsche Aktiengesellschaft, besonders
Klaus Parr und Ursula Jopp von der Abteilung Öffentlichkeitsarbeit/Historisches Archiv;
Peter Schneider, dem Leiter des Porsche-Museums;
Jürgen Pippig als Chefredakteur des Christophorus und seiner Redaktion;
Norbert Grabotin, der den Bereich Technik und Umwelt betreut
sowie allen anderen Porsche-Mitarbeitern, die mich unterstützt haben;
- den Fotografen, die für dieses Buch fotografiert haben:
Andreas Beyer, Wiesbaden (Bilder des frühen 911 und Targa);
Michael Herbold, Ludwigshafen (Modell-Kapitel);
Klaus Mäurich, Bacharach (Clubsport);
Dieter Rebmann, Filderstadt (Gegenüberstellung der Modellgenerationen, Einzelaufnahmen 911, 911 S, Carrera 4 und Turbo);
Gaby Barthold
Hans-Peter Bipp, München
E.Deilmann, Hattingen
Hans Günter Folger, Paderborn-Elsen
Firma FVD-Brombacher, Umkirch
Uwe Gemballa, Leonberg
Felix Greve, Karlsruhe
Willy Koenig, München
Robert Krawietz, Karlsruhe
Dr. Gerhart Müller, Nürnberg
Michael Otteni, Appenweier
Porsche Design GmbH, F.A.Porsche
Franco Sbarro, Les Tuileries-de-Grandson
Alois Ruf, Pfaffenhausen
Anna Righi, Riva del Garda
Oliver Sandner, Friedelsheim
Vittorio Strosek, Utting
Firma techart, Leonberg
Herbert Thaler, Bibingen
Bernhard Werst, Ludwigshafen
und ganz besonders bei Hans-Georg Scholz, Didderse (Porsche 911-Club Norddeutschland e.V.)